iOS系统取证研究

杨静◎著

中国纺织出版社有限公司

内 容 提 要

本书以iOS系统取证为对象，深入地阐述了iOS系统取证的原理及应用，系统地介绍了从电子数据取证、手机取证到iOS系统取证等相关理论基础，结合实用的iOS系统取证工具和实际案例，深入浅出地讲解了iOS系统取证基础、取证方法和备份数据分析等相关应用。本书内容通俗易懂，理论联系实际，有较强的可操作性和实用性，便于读者学习。本书适合作为网络空间安全、信息安全、计算机科学与技术、通信、公安技术等相关专业本科高年级和研究生的教材，也可供高校教师，相关科研、技术和管理人员，以及公检法司律等领域工作者参考和使用，还特别适合作为电子数据取证从业人员或相关人员的基础级入门参考书。

图书在版编目（CIP）数据

iOS 系统取证研究 / 杨静著. -- 北京：中国纺织出版社有限公司，2023.12

ISBN 978-7-5229-1222-6

Ⅰ. ① i… Ⅱ. ①杨… Ⅲ. ①移动终端—应用程序—证据—数据收集—研究 Ⅳ. ① D918.4

中国国家版本馆 CIP 数据核字（2023）第 213941 号

责任编辑：朱利锋 孔会云　　责任校对：高 涵
责任印制：王艳丽

中国纺织出版社有限公司出版发行
地址：北京市朝阳区百子湾东里A407号楼　邮政编码：100124
销售电话：010—67004422　传真：010—87155801
http://www.c-textilep. com
中国纺织出版社天猫旗舰店
官方微博 http://weibo.com/2119887771
三河市宏盛印务有限公司印刷　各地新华书店经销
2023年12月第1版第1次印刷
开本：787 × 1092　1/16　印张：9.5
字数：218千字　定价：72.00元

前　言

在高度信息化的今天，移动智能终端已经成为人们日常生活中不可或缺的一部分，而利用移动智能终端实施犯罪也接踵而至，因此，电子数据取证迅速为大众所关注。iOS系统取证作为其中的重要代表，受到了相关领域从业人员的普遍重视，iOS系统取证的研究对于维护社会稳定、保护个人隐私具有重要意义。

本书注重理论联系实际，深入浅出地阐述了iOS系统取证的原理与应用。本书分为6章。前3章介绍了相关理论基础知识，第1章是电子数据取证概述，第2章介绍手机取证，第3章是iOS系统取证概述。后3章突出可操作性和实用性，在理论的基础上尽量给出相关案例，第4章介绍了iOS系统取证基础，第5章介绍了iOS系统取证方法，第6章介绍了iOS系统备份数据分析。

本书撰写过程中，除了作者自身的工作经验和研究内容外，还参考了众多国内外优秀论文、书籍和在互联网上公布的相关资料，已尽可能地在参考文献中列出。由于资料来源的广泛性，难以将所有文献一一注明出处，在此向所参考文献资料的所有作者表示由衷的感谢。同时，感谢2023年湖北警官学院教研重点项目JYXM2023A02、法庭科学湖北省重点实验室资助课题2023KFKT011和电子取证及可信应用湖北省协同创新中心的资助。

由于作者水平有限，书中难免存在疏漏和欠妥之处，敬请各位专家及广大读者不吝批评、指正。

杨静

2023年6月

目　录

第 1 章　电子数据取证概述 …… 001

1.1　电子数据取证的概念 …… 001

1.2　电子数据取证的架构 …… 002

1.3　电子数据取证的类型 …… 003

1.4　电子数据取证的原则 …… 004

1.5　电子数据取证的流程 …… 005

1.6　电子数据取证的技术 …… 007

1.7　电子数据取证的技术规范 …… 010

1.8　电子数据取证的工具 …… 014

1.9　电子数据取证的应用 …… 016

1.10　电子数据取证的范畴 …… 018

1.11　电子数据取证的作用及重要性 …… 019

1.12　电子数据取证的特征 …… 020

1.13　电子数据取证过程中需要注意的问题 …… 021

1.14　电子数据取证的发展 …… 026

1.15　电子数据取证中的挑战与新技术 …… 028

第 2 章　手机取证 …… 031

2.1　手机取证概述 …… 031

2.2　手机取证的法规和标准 …… 032

2.3　手机取证流程 …… 032

2.4　手机取证的技术规范 …… 033

2.5　手机取证的相关技术 …… 034

2.6　常用的手机取证工具 …… 035

2.7 手机证据的获取 …… 039
2.8 取证数据的处理 …… 042
2.9 手机取证的数据分析和解释所需专业技能 …… 043
2.10 手机取证过程中保护个人隐私和数据安全的原则及给取证人员的建议 …… 044
2.11 保证取证过程透明性的措施及给取证人员的建议 …… 045
2.12 保证数据安全的措施 …… 046
2.13 手机取证中需要注意的信息安全问题 …… 047
2.14 手机取证的难点 …… 047
2.15 提高手机取证的效率和准确性的建议 …… 048

第 3 章 iOS 系统取证概述 …… 050
3.1 移动操作系统概述 …… 050
3.2 iOS 系统的特点 …… 051
3.3 iOS 系统的结构 …… 051
3.4 iOS 系统的构成 …… 052
3.5 iOS 系统的应用程序 …… 055
3.6 iOS 系统数据结构与分析 …… 056
3.7 保证 iOS 系统安全的方法和机制 …… 058
3.8 iOS 系统取证流程 …… 060
3.9 iOS 系统取证技术和取证注意事项 …… 061
3.10 iOS 系统取证的特点 …… 062
3.11 iOS 系统取证工具及选取 …… 063
3.12 iOS 系统取证步骤 …… 065

第 4 章 iOS 系统取证基础 ………… 067
4.1 概述 ………… 067
4.2 iOS 设备的存储 ………… 067
4.3 iOS 系统架构 ………… 068
4.4 应用沙箱 ………… 069
4.5 iOS 软件支持 ………… 069
4.6 iCloud 同步 ………… 070
4.7 Apple 连续互通 ………… 071
4.8 密码、Touch ID 和 Face ID ………… 072
4.9 USB 连接 ………… 073
4.10 越狱 ………… 074
4.11 文件系统 ………… 076
4.12 AFU/BFU ………… 078
4.13 加密备份 / 不加密备份 ………… 080
4.14 iOS 设备的刷机 ………… 084
4.15 设备型号识别 ………… 084
4.16 配对信息 Lockdown 文件 ………… 088

第 5 章 iOS 系统取证方法 ………… 090
5.1 数据获取与建议 ………… 090
5.2 取证方法参考 ………… 091
5.3 iOS 数据获取 ………… 092

第 6 章 iOS 系统备份数据分析 ………… 107
6.1 iTunes 备份文件 ………… 107

6.2 数据文件 …… 113
6.3 iOS 中的域 …… 114
6.4 AS 5100 …… 115
6.5 手机取证分析系统举例 …… 118
6.6 AXIOM …… 119
6.7 iBackupBot …… 121
6.8 Elcomsoft Phone Viewer …… 122
6.9 第三方手机助手软件 …… 122
6.10 关键位置相关信息 …… 122

参考文献 …… 143

第 1 章　电子数据取证概述

1.1　电子数据取证的概念

电子数据取证（electronic evidence discovery，EED）是指通过科技手段获取、分析、保存、呈现和保护与电子设备有关的证据，以支持法律程序和调查活动。利用计算机科学、数学、法律等多种学科知识，对电子设备、网络等数字存储系统中的数据进行取证、分析和呈现的过程。这些证据可以是存储在计算机、手机、网络、云端存储等电子设备中的文件、数据库记录、电子邮件、通信记录、图像、音频、视频等形式的电子数据。电子数据取证的目的是在法律和调查程序中确定或排除某些事实，保护证据的真实性、完整性和可靠性，确保证据在法庭上的可用性和可信度。它可以用于调查各种类型的犯罪行为，包括网络犯罪、金融犯罪、知识产权侵权、企业内部调查等。

电子数据取证需要遵循一定的法律和技术规范，包括保护证据的完整性、保护隐私、保护知识产权、遵循相关的法律程序和法律法规。电子数据取证需要专业的技术人员和设备，以及合适的方法和程序，来确保证据的可靠性和可用性。取证人员需要使用各种技术和工具，例如数据恢复、数据分析、数据挖掘、数据可视化、数据加密和解密等，以获取和分析电子证据。需要注意的是，在进行电子数据取证时，需要遵守相关的法律程序和法律法规，保护个人隐私和商业机密，确保取证过程的合法性和可靠性。同时，需要注意保护数据的完整性和真实性，避免数据被篡改或者损坏。图1–1是电子数据取证流程框图。

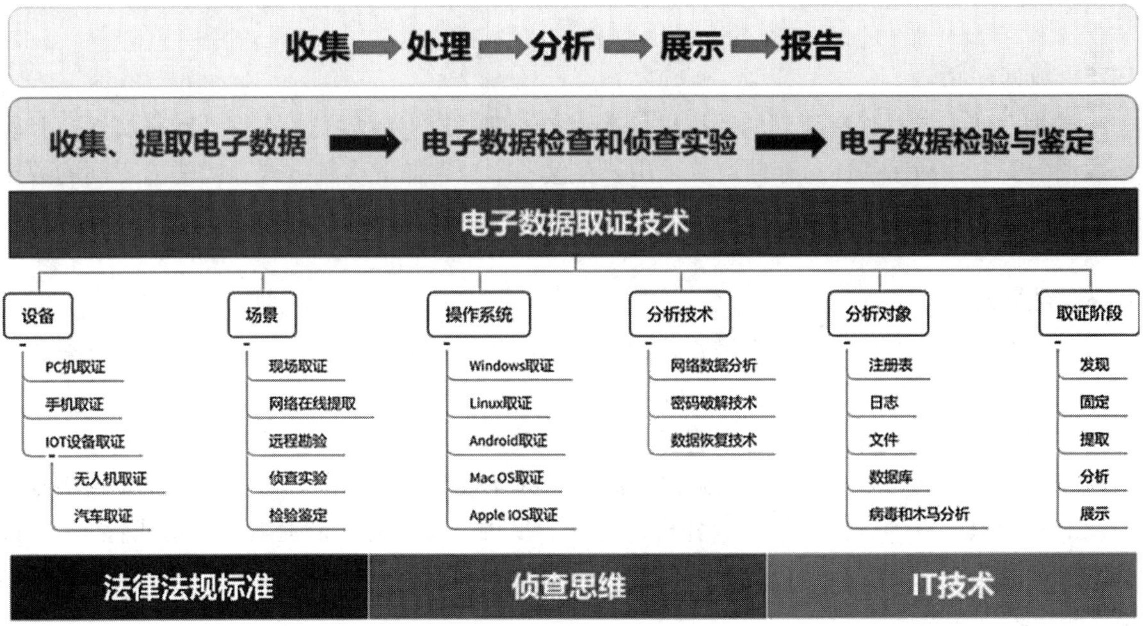

图1–1　电子数据取证流程框图

1.2 电子数据取证的架构

1.2.1 数据采集

数据采集是电子数据取证的第一步，指收集存储在电子设备或网络中的数字信息。数据采集可以通过多种方式进行，可以通过物理访问、网络访问、逻辑访问等方式进行，采集的数据可以包括电子邮件、通信记录、社交媒体消息、照片、视频等。

1.2.2 数据分析

分析是电子数据取证的第二步，指对采集的数据进行分析、筛选和整理，以找出与调查相关的证据。分析可以采用数据挖掘、人工智能等技术手段，以提高分析的效率和准确性。数据分析是电子数据取证的核心环节，数据分析包括数据过滤、数据恢复、数据解密、数据关联等。

1.2.3 数据展示

数据展示是指将分析后的数据进行可视化展示，以便取证人员或法官更好地理解和分析数据。数据展示可以采用报告、图表、视频、音频等多种形式，以适应不同的呈现需求和呈现场合。

1.2.4 数据保护

数据保护是指保护取证过程中的数据安全和完整性。数据保护包括数据备份、数据加密、数据存储、数据传输等。

1.2.5 数据存储

数据存储是指对处理得到的数据进行存储和管理，以保障数据的完整性和真实性，并确保数据的安全性和保密性。存储可以采用云存储、本地存储等多种方式，以适应不同的数据量和数据类型。

1.2.6 数据共享

数据共享是指在取证过程中需要将数据共享给其他相关人员或机构，以便协同调查和审判。数据共享需要考虑数据安全和隐私保护等问题。

总之，电子数据取证的架构需要考虑到数据采集、数据分析、数据展示、数据保护、数据存储和数据共享等多个方面，以确保取证过程的高效性和准确性。取证人员需要具备专业的技能和知识，以确保数据采集、分析、处理、呈现等各个环节的有效性和适当性。同时，取证人员需要对电子数据取证的架构进行充分测试和验证，以确保架构的适用性。图1–2是电子数据取证架构图。

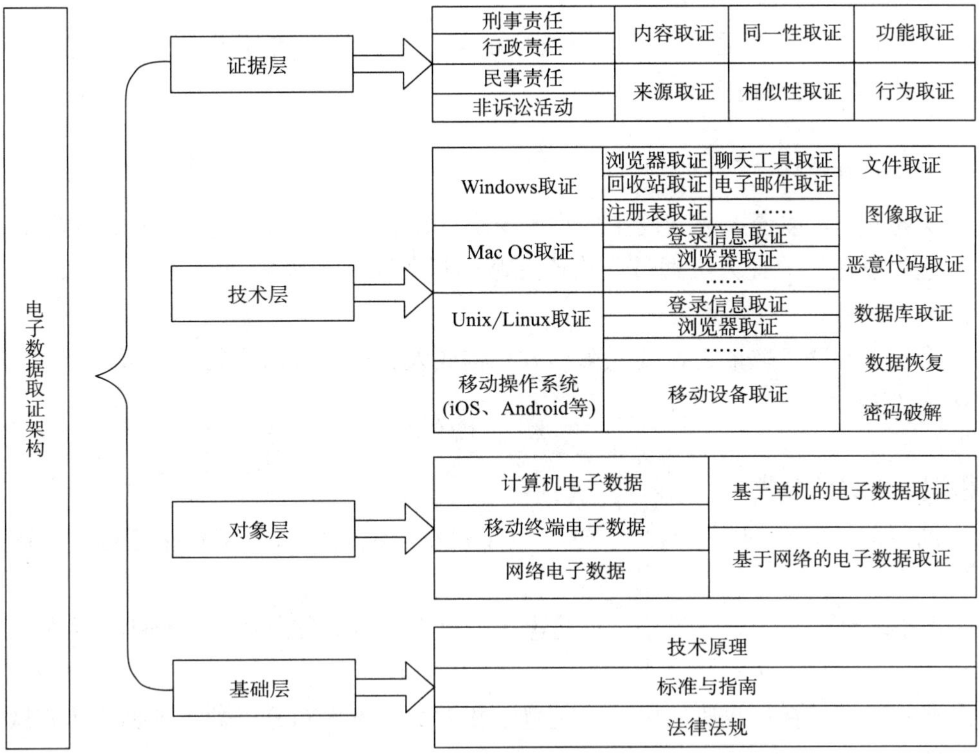

图1-2 电子数据取证架构图

1.3 电子数据取证的类型

由于电子取证（digital forensics）是通过收集、分析和评估电子设备和数字媒体中的信息来解决法律和安全问题的过程，电子数据取证的类型可以从多个角度进行分类。以下是常见的几种分类方式。

1.3.1 根据取证对象分类

（1）网络取证。网络取证是对网络上可能存在的犯罪行为进行调查的过程。网络取证可以包括调查计算机网络、服务器、路由器等设备，以及对网络流量、通信记录和数据包进行分析。

（2）移动设备取证。移动设备取证是对移动设备内存、存储和其他数据进行收集和分析的过程。这包括智能手机、平板电脑、笔记本电脑和其他便携式设备。

（3）计算机取证。计算机取证是对计算机系统、存储设备和其他硬件进行收集和分析的过程。这包括个人计算机、服务器、打印机、扫描仪等设备。

（4）数据库取证。数据库取证是对数据库中存储的数据进行收集和分析的过程。这包括关系型数据库、非关系型数据库、企业资源计划（ERP）系统等。

（5）网站取证。网站取证是对互联网上的网站进行收集和分析的过程。这包括网站的内容、日志、数据库和其他相关数据。

（6）云取证。云取证是对云计算环境中的数据进行收集和分析的过程。这包括对云存储、云应用和云基础设施进行取证。

1.3.2 根据取证方式分类

（1）现场取证。取证人员直接在案发现场采集数字证据，例如现场勘查、现场采集等。

（2）远程取证。取证人员通过网络或互联网远程访问和采集数字证据，例如远程取证、在线取证等。

（3）第三方取证。取证人员委托第三方机构或人员进行数据采集和分析，例如数据恢复公司、取证服务机构等。

1.3.3 根据取证目的分类

（1）刑事取证。在刑事案件中，通过电子数据取证收集和分析数字证据，为破案提供支持。

（2）民事取证。在民事诉讼中，通过电子数据取证收集和分析数字证据，为仲裁和诉讼提供支持。

（3）行政取证。在行政执法中，通过电子数据取证收集和分析数字证据，为行政处罚和行政调查提供支持。

以上是电子取证中常见的类型，但这些类型并不是相互独立的，可能会有重叠和交叉。在进行电子取证时，需要根据具体情况和需求选择合适的取证类型。总之，电子数据取证的类型多种多样，取证人员需要根据具体情况选择合适的取证类型和方法，以确保电子数据取证工作的有效性和准确性。

1.4 电子数据取证的原则

1.4.1 合法性原则

电子数据取证必须在法律框架内进行，并符合相关法律程序和法规。电子数据取证必须遵守相关法律和法规，包括隐私保护、证据规则和证人证言等，且必须经过合法授权或获得当事人的允许。取证人员需要确保取证过程的合法性和合规性，以避免违法和不当行为。

1.4.2 完整性原则

电子数据取证需要保证数据的完整性，即数据的内容和状态在取证过程中不受损害或篡改。取证人员需要采用合适的技术和工具，保护证据不受损坏、篡改或丢失，采用适当的数据保护和备份措施，以确保数据的完整性和安全性。

1.4.3 可靠性原则

电子数据取证需要保证数据的可靠性和准确性。取证人员需要采用可信的工具和方法，对数据进行严格的检验和验证，以确保数据的可靠性和准确性。

1.4.4 取证人员搜索原则

电子数据取证搜索必须在合理范围内进行，不得超出搜索授权的范围。取证人员必须采用适当的搜索技术和工具，以确保搜索的全面性和准确性。

1.4.5 保密原则

电子数据取证涉及大量的个人数据和隐私信息，取证人员需要严格遵守相关的隐私和数据保护法律和规定，采用适当的安全措施，防止数据未经授权地访问、泄露或滥用，确保数据的保密性和隐私性。

1.4.6 专业性原则

电子数据取证需要具备专业的知识和技能，取证人员需要具备丰富的经验和技能，以确保取证工作的高效性、准确性和合法性。

1.4.7 公正性原则

电子数据取证需要保证工作的公正性和客观性。取证人员需要遵循客观、中立、公正的原则，对数据进行客观分析和评估，确保取证结果的公正性和可信度。

1.4.8 透明原则

电子数据取证必须透明和可追溯。

1.4.9 可证明原则

电子数据取证必须能够证明证据的来源和真实性。

取证人员必须记录和保存所有电子数据取证操作的详细过程和结果，以便日后审查和验证。电子数据取证需要遵守相关法律和法规，保证数据的完整性、可靠性和保密性，具备专业的知识和技能，以及保持公正和客观的态度，以确保取证工作的高效性、准确性和合法性。

1.5 电子数据取证的流程

1.5.1 计划和准备

在进行电子数据取证之前，取证人员需要了解案件的背景和相关信息以及评估取证的风险和成本，需要对取证的范围、目标、资源和时间等方面进行计划和准备。这包括确定取证目的和范围、收集相关信息和证据、制定电子数据取证操作计划和标准作业程序（standard operating procedure，SOP）。

1.5.2 数据采集

数据采集是电子数据取证的核心环节，取证人员需要采集、复制和保存相关的电子数据，包括电子邮件、文档、照片、视频、音频等。取证人员需要采用适当的工具和技术，以确保数据的完整性、真实性和可靠性。数据采集的方式包括现场采集、远程采集和第三方采集等。

1.5.3 数据处理和分析

数据处理和分析是为了从大量数据中挖掘出重要的信息和证据。在处理阶段，取证人员需要对采集到的数据进行处理和分析，以确定其中的证据和事实。取证人员需要采用适当的数据处理和分析工具，以确保数据的准确性和可靠性。在分析阶段，取证人员需要对处理后的数据进行进一步分析和评估，以确定其中的证据和事实。取证人员需要采用适当的数据分析和评估工具，以识别模式、不一致性和其他重要信息，确保数据的可靠性和准确性。数据处理和分析的方式包括数据清理、数据标准化、数据分析和数据可视化等。

1.5.4 数据呈现和报告

数据呈现和报告是将分析结果转化为可理解和可操作的信息和建议。取证人员需要将取证结果呈现给相关的人员和机构，包括法庭、律师、企业高管等，同时需要采用适当的呈现方式和工具，以呈现数据的可视化结果和报告，以确保呈现结果的准确性和可信度。数据呈现和报告的方式包括制作报告、制作图表和制作交互式模型等。

1.5.5 审查和验证

审查和验证是为了检查EDD操作的完整性、准确性和可靠性。取证人员需要保存所有EDD操作的详细过程和结果，并提供证据和证明材料。审查和验证的方式包括内部审查、外部审查和法庭审查等。

图1–3 电子数据取证部分流程框图

1.5.6 存档

在存档阶段，取证人员需要对取证过程和结果进行存档和备份，以确保数据的安全和完整性。取证人员需要采用合适的数据存储和备份工具，以确保数据的长期保存和保护。

电子数据取证的流程并不是完全固定的，需要根据具体情况进行调整和改进，以应对不断变化的电子数据取证环境和挑战，确保电子数据取证工作的有效性和准确性。图1–3是电子数据取证部分流程框图。

1.6　电子数据取证的技术

1.6.1　电子数据取证的技术类型

电子数据取证技术是指用于采集、处理、分析和呈现电子数据的技术和工具，可分为以下几种：

（1）数据采集技术。数据采集技术包括现场采集、远程采集和第三方采集等。现场采集是指在物理上接触和采集数字设备或存储介质，例如硬盘、手机等；远程采集是指通过网络或互联网远程访问和采集数字设备或存储介质；第三方采集是指委托第三方机构或人员进行数据采集。

（2）数字取证技术。数字取证技术是指用于获取、提取和分析电子数据的技术手段，包括数据取证软件、数据提取工具、数据分析工具等。这些技术可以帮助取证人员获取电子数据的信息，进行数据分析和整理，以确定其中的证据和事实。

（3）网络取证技术。网络取证技术是指用于获取、分析和监控网络数据的技术手段，包括网络流量分析、网络数据包捕获、网络日志分析等。这些技术可以帮助取证人员分析和监控网络流量，以确定其中的证据和事实。

（4）数字水印技术。数字水印技术是指在电子数据中嵌入一些不可见的信息，以证明数据的来源和真实性。这些技术可以帮助取证人员确定数据的真实性和原始性，以确保数据的可靠性和合法性。

（5）数据复制技术。数据复制技术用于复制、保存和保护数字证据。例如，制作数字镜像、制作数据备份、制作数据快照等。

（6）数据分析技术。数据分析技术用于从大量数据中提取、分析和挖掘重要的信息和证据。例如，采用数据挖掘技术、采用数据统计分析技术、采用数据可视化技术等。

（7）数据恢复技术。数据恢复技术是指用于恢复和修复已经删除或损坏的电子数据的技术。例如，采用数据恢复软件、采用硬件恢复技术、采用数据重建技术等，包括数据恢复软件、数据恢复服务等。这些技术可以帮助取证人员恢复已经损坏或删除的数据，以确定其中的证据和事实。

（8）数据加密和解密技术。数据加密和解密技术用于保护数字数据的安全性和保密性。例如，采用加密算法、采用解密算法、采用加密软件等。

（9）数据安全技术。数据安全技术用于保护数字数据不受损坏、篡改、丢失和泄露。例如，采用数据备份和恢复技术、采用防病毒和防恶意软件技术、采用访问控制和身份认证技术等。

1.6.2　电子数据取证的技术手段

1.6.2.1　磁盘镜像

磁盘镜像是将硬盘或其他存储介质的所有数据复制到另一个存储介质中，以便进行取证分析。磁盘镜像可以保证取证的完整性和真实性，是电子数据取证的重要技术手段。磁盘镜像的过程通常分为以下几个步骤：

（1）确定取证目标。首先需要确定取证的目标，包括取证的设备、存储介质、目录或文件等。

（2）选择取证工具。根据取证目标选择相应的取证工具，例如Forensic Toolkit（FTK）、EnCase等。

（3）检查硬件环境。在进行磁盘镜像前，需要检查硬件环境，包括电源、数据线、存储介质等，确保硬件环境的正常运行。

（4）制作磁盘镜像。选择合适的磁盘镜像工具，例如dd、F-Response、Imager等，将目标存储介质的所有数据复制到另一个存储介质中，通常可以选择完全一致的镜像或者只复制数据区域的镜像。

（5）校验磁盘镜像。在制作磁盘镜像后，需要对镜像进行校验，以确保数据的完整性和真实性。可以使用哈希值校验或数字签名等方法进行校验。

（6）分析取证数据。在校验通过后，可以使用相应的取证工具对取证数据进行分析，包括查找目标文件、恢复删除文件、查找隐藏数据等。需要注意的是，在进行磁盘镜像时，应选择合适的取证工具和磁盘镜像工具，采用合适的镜像方式和校验方法，确保取证数据的完整性和真实性。

1.6.2.2 数据恢复

数据恢复是电子数据取证过程中的一项关键技术，它可以帮助取证人员从已经损坏或丢失的存储介质中恢复数据。

（1）数据恢复方式。数据恢复可以通过物理恢复和逻辑恢复两种方式进行，具体如下：

①物理恢复。物理恢复是指从硬件故障或物理损坏的存储介质中恢复数据的过程。物理恢复通常需要使用专业的数据恢复设备和技术，例如硬盘读写头的更换、芯片移植等。物理恢复的成本较高，但可以恢复更多的数据。

②逻辑恢复。逻辑恢复是指从逻辑故障或软件损坏的存储介质中恢复数据的过程。逻辑恢复通常需要使用数据恢复软件，例如Recuva、EaseUS Data Recovery等。逻辑恢复的成本较低，但只能恢复部分数据。

（2）数据恢复的步骤。

①诊断故障。首先需要确定损坏的原因，例如硬件故障、逻辑故障等。

②选择恢复工具。根据故障类型选择相应的数据恢复工具，例如数据恢复软件或数据恢复设备。

③恢复数据。使用相应的恢复工具进行数据恢复。在恢复数据时，需要注意保护数据的完整性和真实性，避免数据被篡改或者损坏。

④校验恢复数据。在恢复数据后，需要对恢复数据进行校验，以确保数据的完整性和真实性。可以使用哈希值校验或数字签名等方法进行校验。

需要注意的是，数据恢复过程中可能会遇到一些困难，例如无法恢复全部数据、恢复的数据可能已经被篡改等。因此，数据恢复只能作为电子数据取证的辅助手段，不能作为独立的取证工具使用。

1.6.2.3　数据分析

数据分析是指对取证数据进行分析、归类、过滤的过程。数据分析可以帮助取证人员从取证数据中发现关键信息，以支持调查和证明案件事实。数据分析通常包括以下几个步骤：

（1）数据清理。在进行数据分析前，需要对取证数据进行清理，去除无用信息和重复数据，以减少数据分析的时间和成本。

（2）数据挖掘。数据挖掘是指从大量数据中发掘隐藏的模式和关联性的过程。数据挖掘可以使用机器学习、数据可视化等技术，帮助取证人员发现隐藏的信息和关联性。

（3）文本分析。文本分析是指对文本数据进行分析，以发现其中的关键信息和模式。文本分析可以使用关键词搜索、主题分析等方法，帮助取证人员发现文本数据中的重要信息。

（4）统计分析。统计分析是指使用统计学方法对数据进行分析，以发现其中的关联性和趋势。统计分析可以使用回归分析、聚类分析等方法，帮助取证人员发现数据中的有用信息。

需要注意的是，数据分析需要遵循科学的方法和技术，以确保分析结果的可靠性和有效性。

1.6.2.4　数据挖掘

数据挖掘是指通过工具和技术，从大量数据中发现隐藏的模式、关联和异常，提取有用的信息。数据挖掘可以帮助取证人员发现新的线索和证据。数据挖掘可以应用于各种类型的数据，包括文本、图像、视频、音频、数据库等。数据挖掘的过程通常包括以下几个步骤：

（1）数据预处理。在进行数据挖掘前，需要对数据进行预处理，包括数据清理、数据转换、数据集成等。数据预处理的目的是去除无用信息和重复数据，以减少数据挖掘的时间和成本。

（2）特征选择。在进行数据挖掘时，需要选择合适的特征，以发现数据中的模式和关联性。特征选择可以使用各种方法，例如主成分分析、卡方检验、信息增益等。

（3）模型构建。在确定特征后，需要选择合适的模型，例如分类、聚类、关联规则等。模型可以使用各种算法，例如决策树、神经网络、支持向量机等。

（4）模型评估。在构建模型后，需要对模型进行评估，以确保模型的效果和可靠性。模型评估可以使用各种方法，例如交叉验证、混淆矩阵、ROC曲线等。

（5）模型应用。在评估模型后，可以将模型应用于实际数据中，以发现数据中的模式和关联性。模型应用可以使用各种方法，例如数据可视化、关键词搜索、主题分析等。

数据挖掘可以帮助取证人员发现电子数据中的关键信息和模式，例如发现犯罪嫌疑人的通信模式、发现网络攻击的源头、发现商业竞争对手的营销策略等。

1.6.2.5　数据可视化

数据可视化是电子数据取证中的一项重要技术，它可以将数据转换成可视化的图表和图形，以便进行更直观和有效的分析。数据可视化可以应用于各种类型的数据，包括文本、图像、视频、音频、数据库等。数据可视化的过程通常包括以下几个步骤：

（1）数据清理。在进行数据可视化前，需要对数据进行清理，去除无用信息和重复数据，以减少数据可视化的时间和成本。

（2）数据转换。在进行数据可视化时，需要将数据转换成可读的格式，例如将二进制文件转换成文本文件，以便进行文本搜索和分析。

（3）选择可视化工具。在进行数据可视化时，需要选择合适的可视化工具，例如Tableau、Power BI等。不同的可视化工具支持不同的图表和图形，可以根据需要进行选择。

（4）设计可视化图表。在选择可视化工具后，需要设计可视化图表，包括选择图表类型、选择颜色和字体等。设计可视化图表时，需要考虑可读性和易理解性，以便更好地传达数据的含义。

（5）数据可视化。在设计可视化图表后，可以使用相应的可视化工具将数据转换成可视化的图表和图形。数据可视化可以使用各种图表和图形，例如条形图、散点图、热力图等。

数据可视化可以帮助取证人员更直观地理解和分析数据，例如发现数据中的模式和趋势、发现关键信息和异常值等。

1.6.2.6 数据加密和解密

数据加密和解密是电子数据取证中的一项重要技术，它可以帮助取证人员保护数据的机密性和完整性。数据加密是指对明文数据进行加密，生成密文数据，以防止未经授权的人员访问和使用数据。数据解密是指对密文数据进行解密，恢复成明文数据，以便进行数据分析和调查。数据加密和解密的过程通常包括以下几个步骤：

（1）密钥生成。在进行数据加密和解密前，需要生成密钥。密钥可以使用各种算法生成，例如对称加密算法、非对称加密算法等。密钥的安全性对数据加密和解密的安全性至关重要。

（2）数据加密。在生成密钥后，可以使用相应的加密算法对明文数据进行加密。加密算法可以使用各种算法，例如AES、DES等。加密后的数据成为密文数据，只有拥有正确密钥的人员才能解密。

（3）密文传输。在将密文数据传输给其他人员时，需要保护数据的安全性和完整性，例如使用安全传输协议、数字签名等。

（4）数据解密。在获取密文数据后，需要使用相应的解密算法和正确的密钥对密文数据进行解密，生成明文数据。解密后的数据可以进行数据分析和调查。

在进行数据加密和解密时，需要注意保护密钥的安全性，避免密钥被泄露，导致数据被未经授权的人员访问和使用。

1.7 电子数据取证的技术规范

1.7.1 证据保全

在收集电子证据之前，必须采取措施保护证据的完整性和真实性，避免证据被修改或篡改，以保证证据在后续的调查和审判过程中能够得到有效的利用。电子数据取证的技术规范中，有以下几个方面需要注意：

（1）保护现场。在进行电子数据取证前，需要保护电子设备和数据的现场。取证人员需要采取措施，防止现场的电子设备和数据受到损坏、干扰或破坏，例如禁止插拔电源、禁止使用电子设备等。

（2）确保数据安全。在进行电子数据取证时，需要确保数据的安全性。取证人员需要采取措施，防止数据被篡改、删除或破坏。例如，可以对数据进行备份、加密、写保护等措施，以确保数据的完整性、真实性和可靠性。

（3）保护物证。在进行电子数据取证时，需要保护物证的完整性和真实性。取证人员需要采取措施，防止物证被污染、修改或破坏。例如，可以对物证进行封存、标记、记录等措施，以确保物证的完整性和真实性。

（4）记录取证过程。在进行电子数据取证时，需要记录取证过程中的所有细节和操作。取证人员需要采取措施，记录取证的时间、地点、人员、工具、方法等信息，以确保取证过程的可追溯性和可信度。

（5）保护个人隐私。在进行电子数据取证时，需要保护个人隐私和商业机密。取证人员需要采取措施，防止调查过程中涉及的个人隐私和商业机密被泄露或滥用。例如，可以对涉及的数据进行脱敏、加密或匿名化处理，以保护个人隐私和商业机密。

电子数据取证中的证据保全是非常重要的，它直接影响到电子证据的可信度和可靠性。

1.7.2　数据采集

采取措施获取电子设备、网络等数字存储系统中的数据，并进行保存和备份，以便后续的分析和呈现。电子数据取证的技术规范中，需要注意以下几个方面：

（1）确定采集目标。在进行数据采集前，需要明确采集的目标和范围。取证人员需要了解案件的背景和相关信息，确定需要采集的电子设备、网络和数据类型等。

（2）选择采集工具。在进行数据采集时，需要选择合适的采集工具。不同的采集工具支持不同的数据类型和格式，例如硬盘镜像工具、网络抓包工具、数据恢复工具等。

（3）采集数据。在选择采集工具后，可以开始采集数据。采集数据的过程需要遵循相应的操作规范，例如遵循取证顺序、遵循取证流程、遵循取证标准等。

（4）数据备份。在采集数据后，需要对数据进行备份。数据备份可以使用各种方式，例如制作硬盘镜像、制作数据备份、进行数据加密等。

（5）数据验证。在备份数据后，需要对数据进行验证。数据验证是指通过比对原始数据和备份数据，检测备份数据的完整性、真实性和可靠性。

（6）记录采集过程。在进行数据采集时，需要记录采集过程中的所有细节和操作。取证人员需要采取措施，记录采集的时间、地点、人员、工具、方法等信息，以确保采集过程的可追溯性和可信度。

在进行数据采集时，需要保护个人隐私和商业机密，确保采集过程的合法性和可靠性。

1.7.3　数据分析

对采集到的电子数据进行分析和处理，以发现关键信息、提取证据和支持调查。电子数据取证的技术规范中，需要注意以下几个方面：

（1）数据清理。在进行数据分析前，需要对数据进行清理和过滤。数据清理是指去除无用信息和重复数据，以减少数据分析的时间和成本。

（2）数据转换。在进行数据分析时，需要将数据转换成可读的格式，例如将二进制文件转换成文本文件，以便进行文本搜索和分析。

（3）数据挖掘。在进行数据分析时，可以使用数据挖掘技术，发现数据中的模式、趋势和异常值等。数据挖掘可以使用各种算法，例如聚类分析、关联规则分析、时间序列分析等。

（4）数据可视化。在进行数据分析时，可以使用数据可视化技术，将数据转换成可视化的图表和图形，以便快速发现数据中的规律和趋势。

（5）数据关联。在进行数据分析时，需要将数据进行关联和匹配，以发现数据之间的关系和联系。数据关联可以使用各种算法，例如关系数据库、图数据库等。

（6）数据统计。在进行数据分析时，可以使用数据统计技术，对数据进行统计和分析，以支持调查和证据呈现。数据统计可以使用各种方法，例如频率分析、概率分布、回归分析等。

1.7.4 数据存储

对采集到的电子数据进行存储和备份，以保证数据的可靠性和完整性。电子数据取证的技术规范中，需要注意以下几个方面：

（1）存储媒介选择。在进行数据存储时，需要选择合适的存储媒介。不同的存储媒介有各自的特点和优缺点，例如硬盘、光盘、U盘、云存储等。

（2）存储位置。在进行数据存储时，需要选择安全的存储位置。存储位置应该远离干扰和破坏，例如选择防火墙、密码保护等安全设施。

（3）安全备份。在进行数据存储时，需要进行安全备份。备份数据应该保存在不同的存储媒介中，以防止单点故障和数据丢失。

（4）数据加密。在进行数据存储时，需要进行数据加密。加密可以保护数据的机密性和安全性，防止数据泄露和滥用。

（5）数据保留。在进行数据存储时，需要遵循相关的法律程序和法律法规，对数据进行保留。数据保留的期限和方式应该符合法律规定，以便后续的审判和调查。

1.7.5 数据呈现

将分析和处理后的电子数据以可视化的方式呈现给有关方面，包括法庭、律师和取证人员等，以支持调查和证据呈现。电子数据取证的技术规范中，有以下几个方面需要注意：

（1）呈现方式。在进行数据呈现时，需要选择合适的呈现方式。不同的数据类型和目标人群有不同的呈现方式，例如报告、图表、图形、动画等。

（2）数据可信度。在进行数据呈现时，需要保证数据的可信度和可靠性。数据呈现应该基于分析和处理后的原始数据，避免数据被篡改或者损坏。

（3）数据保密。在进行数据呈现时，需要保护数据的保密性和机密性。数据呈现应该遵循相关的法律程序和法律法规，保护个人隐私和商业机密。

（4）数据解释。在进行数据呈现时，需要对数据进行解释和说明。数据呈现应该清晰、准确地呈现数据信息，并提供数据背景和分析结果的解释。

（5）数据审查。在进行数据呈现时，需要进行数据审查。数据审查是指对呈现的数据进行审核和验证，以保证数据的可靠性和完整性。

（6）数据备份。在进行数据呈现时，需要对数据进行备份。

1.7.6　隐私保护

在采集、分析、存储和呈现证据的过程中，必须遵守相关的隐私法律法规，保护个人隐私和商业机密。电子数据取证的技术规范中，有以下几个方面需要注意：

（1）定义隐私范围。在进行数据呈现前，需要明确需要保护的隐私范围。取证人员需要了解案件的背景和相关信息，确定需要保护的个人隐私和商业机密等敏感信息。

（2）隐私信息脱敏。在进行数据呈现时，需要对涉及隐私信息的数据进行脱敏处理。脱敏是指对数据进行转换和加密，以隐藏隐私信息的真实内容，例如使用星号或者数字代替敏感信息。

（3）隐私控制。在进行数据呈现时，需要对隐私信息进行控制和限制。取证人员需要采取措施，限制相关人员和机构的访问权限，以保证隐私信息的安全性和机密性。

（4）隐私审查。在进行数据呈现时，需要对存在隐私信息的数据进行审查。隐私审查是指对数据进行审核和验证，以确保隐私信息的安全性和机密性。

（5）隐私保密协议。在进行数据呈现前，需要签署隐私保密协议。隐私保密协议是指对数据呈现过程中涉及的隐私信息进行保密约定，明确相关人员和机构的保密义务和责任。

1.7.7　法律合规

在进行电子数据取证的过程中，必须遵循相关的法律程序和法律法规，确保证据的合法性和可用性。电子数据取证的技术规范中，有以下几个方面需要注意：

（1）遵守隐私法律。在进行数据呈现时，需要遵守相关的隐私法律，保护个人隐私和商业机密等敏感信息。例如，在数据呈现过程中，需要对涉及个人隐私的数据进行脱敏处理，以保护隐私信息的安全性和机密性。

（2）遵守证据规则。在进行数据呈现时，需要遵守相关的证据规则，确保数据呈现的证据合法有效。例如，在数据呈现过程中，需要保证证据的完整性和真实性，避免数据被篡改或者损坏。

（3）遵守保密法律。在进行数据呈现时，需要遵守相关的保密法律，保护国家和机构的机密信息。例如，在数据呈现过程中，需要对涉及国家和机构机密的数据进行保密处理，以保护机密信息的安全性和机密性。

（4）遵守个人信息保护法律。在进行数据呈现时，需要遵守相关的个人信息保护法律，保护个人信息的安全和隐私。例如，在数据呈现过程中，需要对涉及个人信息的数据进行保护和限制，以保护个人信息的安全性和机密性。

（5）遵守调查程序。在进行数据呈现时，需要遵守相关的调查程序，确保数据呈现的合法性和可靠性。例如，在数据呈现过程中，需要遵循相关的调查程序和规定，确保数据呈现的证据合法有效。

1.7.8 专业技能

电子数据取证的专业技能是指取证人员在进行电子数据取证过程中需要掌握的技能和知识，包括技术、法律和管理等方面。电子数据取证的技术规范中，有以下几个方面需要注意：

（1）数据采集技能。数据采集是电子数据取证最基础的环节，取证人员需要掌握采集各种类型数据的技能，包括文件、日志、网络数据等。

（2）数据分析技能。数据分析是电子数据取证的核心环节，取证人员需要掌握各种数据分析技能，包括数据提取、数据恢复、数据分析等。

（3）数据处理技能。数据处理是电子数据取证的重要环节，取证人员需要掌握各种数据处理技能，包括数据转换、数据清洗、数据加密等。

（4）法律知识。电子数据取证涉及很多法律问题，取证人员需要掌握相关的法律知识，包括隐私法律、证据规则、保密法律、个人信息保护法律等。

（5）调查程序。电子数据取证需要遵循一定的调查程序和规定，取证人员需要掌握相关的调查程序和规定，包括证据保全、证据收集、数据分析、数据呈现等。

（6）项目管理。电子数据取证需要涉及多个环节和多个人员，取证人员需要掌握项目管理技能，包括项目规划、资源调配、进度控制等。

1.8 电子数据取证的工具

电子数据取证工具可以帮助取证人员采集、处理、分析和呈现数字证据。在电子数据取证过程中使用的工具种类繁多，从不同的角度对电子数据取证工具进行分类可以加深我们对电子数据取证工具的理解。

1.8.1 根据采集、分析、处理、存储和呈现等多个环节进行分类

（1）取证影像工具。这些工具用于创建数字存储介质的逐位复制，包括硬盘、USB驱动器和存储卡等。常用的取证影像工具包括FTK Imager、Encase和dd等。

（2）数据分析工具。这些工具用于分析和处理大量数据，识别模式、不一致性和其他重要信息。常用的数据分析工具包括Tableau、OpenText Axcelerate和Relativity等。

（3）搜索和审查工具。这些工具用于搜索和审查大量数字数据，以找到相关证据。常用的搜索和审查工具包括Nuix、Concordance和IPRO Eclipse等。

（4）移动设备取证工具。这些工具用于从移动设备（如智能手机和平板电脑）中提取数据。常用的移动设备取证工具包括Cellebrite UFED和Oxygen Forensic Detective等。

（5）网络取证工具。这些工具用于调查网络流量，发现潜在的安全漏洞、恶意活动或其

他问题。常用的网络取证工具包括Wireshark和Netscout等。

（6）密码恢复工具。这些工具用于从数字设备或文件中恢复密码。常用的密码恢复工具包括Elcomsoft和Passware等。

（7）数据恢复工具。这些工具用于恢复因硬件或软件故障而被删除、丢失或损坏的数据。常用的数据恢复工具包括Recuva、EaseUS和Stellar Data Recovery等。

在电子数据取证过程中，有许多不同类型的工具可供选择，这取决于具体的需要和情况。为了确保取证过程的高效性、准确性和合法性，需要根据实际情况选择合适的工具。

1.8.2　根据电子数据取证工具的用途进行分类

（1）数据采集工具。数据采集工具用于获取需要取证的数据，主要包括数据镜像工具、物理访问工具、逻辑访问工具、网络抓包工具等。常用的工具包括 FTK Imager、EnCase、X-Ways Forensics、dd、dcfldd、Wireshark 等。

（2）数据分析工具。数据分析工具用于对采集到的数据进行分析，以确定数据中的证据和事实。常用的工具包括 Autopsy、Sleuth Kit、Forensic Toolkit（FTK）、EnCase、X-Ways Forensics、OpenText Encase、AccessData、ProDiscover、iLook Investigator、Magnet AXIOM 等。

（3）数据恢复工具。数据恢复工具用于从损坏的硬盘或其他存储介质中恢复丢失的数据。常用的工具包括 TestDisk、PhotoRec、R-Studio、GetDataBack、EaseUS Data Recovery Wizard、Recuva 等。

（4）数据展示工具。数据展示工具用于将分析后的数据进行可视化展示，以便取证人员或法官更好地理解和分析数据。常用的工具包括 Timeline Maker、Tableau、Microsoft Excel、Microsoft Powerpoint、Microsoft Word 等。

（5）数据保护工具。数据保护工具用于保护取证过程中的数据安全和完整性。常用的工具包括 BitLocker、VeraCrypt、TrueCrypt、PGP 等。

1.8.3　常用的数据分析工具和软件

现今市场上数据分析工具和软件选择较多，这些工具和软件提供了各种各样的功能和应用，可帮助用户从数据中提取、分析、可视化和呈现有价值的信息。以下是一些常用的数据分析工具和软件：

（1）Microsoft Excel。Excel是一个常用的电子表格软件，具有数据排序、筛选、计算、图表绘制等功能，可以快速对数据进行分析和处理。

（2）Tableau。Tableau是一种可视化分析软件，可以将数据转化为交互式图表、地图和仪表盘等形式，帮助用户更好地理解和分析数据。

（3）R语言。R语言是一种开源的统计和数据分析软件，具有强大的数据分析、可视化和建模能力，被广泛应用于学术界和商业领域。

（4）Python。Python是一种通用编程语言，也被广泛应用于数据分析和科学计算领域，具有丰富的数据分析库和工具，如NumPy、Pandas和Matplotlib等。

（5）SPSS。SPSS是一种统计分析软件，可进行数据描述统计、假设检验、因子分析、回归分析等多种分析，被广泛应用于社会科学、商业和医学等领域。

（6）SAS。SAS是一种商业化的统计分析软件，具有数据处理、统计分析和数据挖掘等功能，被广泛应用于金融、医疗和政府等领域。

（7）MATLAB。MATLAB是一种数学软件，具有高级数学计算、数据分析和可视化等功能，被广泛应用于工程、科学和金融等领域。

不同的数据分析工具具有不同的功能和特点，取证人员应根据具体任务和需求选择适合的工具和软件，以确保数据分析工作的有效性和准确性。

1.8.4 目前市场上常用的电子数据取证工具及特点

（1）EnCase。是一种常用的数字取证工具，可以采集、处理、分析和呈现数字证据。它支持多种数字设备和文件系统，可以帮助取证人员快速、准确地分析和处理大量数据。

（2）FTK。是另一种常用的数字取证工具，它具有强大的搜索和分析功能，可以帮助取证人员快速、准确地分析和处理各种数字证据。

（3）Sleuth Kit。是一个开源的数字取证工具，可以帮助取证人员采集、处理、分析和呈现数字证据。它支持多种文件系统和文件格式，可以在多种操作系统上运行。

（4）AccessData。是一个集成了数字取证、数据分析和风险评估等功能的工具。它可以帮助取证人员快速、准确地采集、处理、分析和呈现数字证据。

（5）Oxygen Forensic Suite。是一个移动设备取证工具，可以帮助取证人员采集、处理和分析移动设备上的数字证据。

（6）Cellebrite UFED。是另一个移动设备取证工具，可以帮助取证人员采集、处理和分析移动设备上的数字证据。

除了上述具体介绍的电子数据取证工具，还有很多其他的电子数据取证工具可供选择，例如，X-Ways Forensics、ProDiscover、Autopsy等。这些工具和软件都有其独特的优点和用途，用户可以根据自己的需求和技能水平选择适合自己的工具。

1.9 电子数据取证的应用

1.9.1 电子数据取证的应用领域

电子数据取证作为一种重要的技术手段，已经被广泛应用于各个领域，包括但不限于以下几个方面：

（1）刑事案件。电子数据取证可以收集、分析、处理、保存存储在电子设备或网络中的数字信息，如电子邮件、通信记录、社交媒体消息、照片、视频等，作为刑事案件的证据。电子数据取证在刑事案件中的应用越来越广泛，比如寻找罪证、证明犯罪嫌疑人的身份等，对破案起到了重要作用。

（2）民事案件。电子数据取证也被广泛应用于民事诉讼中，比如证明合同的存在、寻找侵权证据等，对维护当事人的合法权益起到了重要作用。

（3）行政执法。电子数据取证可以对存储在电子设备或网络中的数字信息进行收集、分析、处理、保存、呈现等，作为行政执法的证据，可以提高行政执法的效率和准确性。

（4）企业内部调查。在企业内部调查中，电子数据取证可以对员工、管理人员或其他相关人员的电子设备或网络数据进行收集、分析、处理、保存、呈现等，作为调查的证据，可以有效地发现和预防企业内部违规行为。

（5）知识产权保护。电子数据取证可以帮助保护知识产权，比如证明专利侵权、知识产权盗窃等，可以有效地保护企业的知识产权。

（6）数据恢复。电子数据取证也可以用于数据恢复，比如从损坏的硬盘或其他存储介质中恢复丢失的数据。

（7）电子取证服务。电子数据取证服务已成为一种新兴的服务行业，为各种机构和企业提供电子数据取证、数据分析和数据保护等服务。

电子数据取证在各个领域中都有广泛的应用，可以帮助取证人员和技术人员收集证据、查明事实、维护法律和正义。图1–4是电子数据取证主要应用领域。

图1–4　电子数据取证主要应用领域

1.9.2　电子数据取证的应用场景

电子数据取证在现代社会中有广泛的应用场景，主要包括以下几个方面：

（1）网络安全。电子数据取证可以用于调查网络攻击、黑客入侵、网络钓鱼等网络安全事件，收集证据、查明犯罪嫌疑人的身份和行踪。

（2）金融欺诈。电子数据取证可以用于调查金融欺诈、洗钱等金融犯罪事件，收集证据、查明犯罪嫌疑人的身份和行踪。

（3）知识产权侵权。电子数据取证可以用于调查知识产权侵权事件，例如盗版、侵犯商标权、专利权等，收集证据、查明侵权行为和犯罪嫌疑人的身份和行踪。

（4）企业内部调查。电子数据取证可以用于企业内部调查，例如员工行为违规、机密泄露、财务违规等，收集证据、查明违规行为和责任人的身份和行踪。

（5）法律诉讼。电子数据取证可以用于法律诉讼，例如刑事案件、民事案件、仲裁案件等，收集证据、查明事实、证明责任。

（6）数据恢复。电子数据取证可以用于数据恢复，例如误删除、数据损坏、系统故障等，恢复丢失的数据或者恢复被破坏的系统。

电子数据取证已经成为现代法律、企业和社会管理的不可或缺的一部分，其应用领域越来越广泛，将有助于保障公正、维护安全、促进创新和发展。随着数字技术的不断发展和应用，电子数据取证的应用领域也将不断扩大。图1–5是2017~2023年中国电子数据取证市场规模。

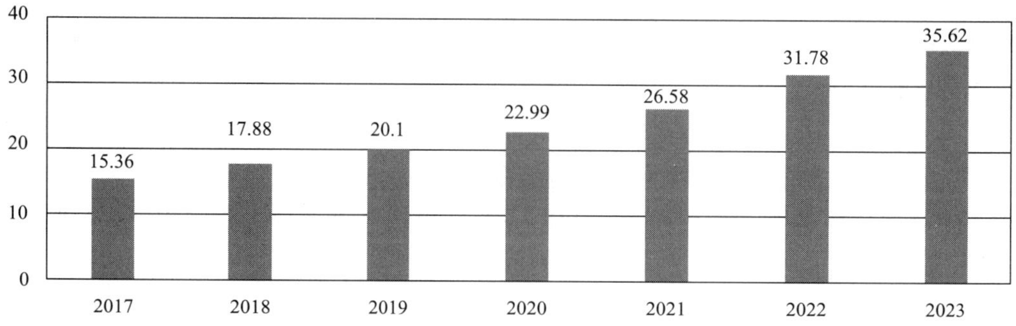

图1–5　2017~2023年中国电子数据取证市场规模（单位：亿元）

1.10　电子数据取证的范畴

1.10.1　常见的电子数据取证范畴

电子数据取证的范畴非常广泛，包括各种数字设备和存储介质上的数据。以下是一些常见的电子数据取证范畴：

（1）计算机数据。计算机数据包括计算机硬盘、内存、操作系统、应用程序、日志文件等。这些数据可以帮助取证人员了解计算机的使用情况和痕迹，挖掘关键信息和证据。

（2）移动设备数据。移动设备数据包括智能手机、平板电脑、笔记本电脑等。这些设备中存储了大量的个人信息、通信记录、位置信息等，可作为电子数据取证的重要来源。

（3）互联网数据。互联网数据包括电子邮件、社交媒体、网站日志、网络通信等。这些数据可以帮助取证人员了解互联网上的活动和交流，挖掘关键信息和证据。

（4）数字媒体数据。数字媒体数据包括照片、视频、音频等。这些数据可以帮助取证人员了解事件的情况和细节，挖掘关键信息和证据。

（5）物联网数据。物联网数据包括智能家居、智能交通、智能制造等领域的数据。这些数据可以帮助取证人员了解物联网设备的使用情况和痕迹，挖掘关键信息和证据。

1.10.2　电子数据取证种类

电子数据取证的范畴非常广泛，涉及各种数字设备和存储介质上的数据，包括各种类型的电子数据，这些数据可能涉及刑事案件、民事案件、商业纠纷、知识产权、网络安全等领域。

（1）电子邮件。电子邮件是一种常见的电子数据类型，它包括发送和接收的邮件内容、附件、邮件头和元数据等信息。

（2）文档和表格。文档和表格是指各种类型的电子文档和电子表格，如Word文档、Excel表格、PDF文档等。

（3）照片和视频。照片和视频是指各种类型的图像和视频数据，包括照片、视频、摄像头录像等。

（4）数据库和日志。数据库和日志是指各种类型的数据存储和记录，包括数据库、系统日志、网络日志等。

（5）社交媒体和聊天记录。社交媒体和聊天记录是指各种类型的社交媒体和即时通信软件的聊天记录，如微信、QQ、微博等。

（6）网络流量数据。网络流量数据是指网络通信中的数据流，包括网络数据包、网络日志、网络流量记录等。

（7）电子设备和存储介质。电子设备和存储介质是指各种类型的电子设备和存储介质，如计算机、手机、U盘、硬盘等。

取证人员需要根据实际情况和取证目标，选择合适的取证范畴和方法，以确保取证工作的准确性、可靠性和合法性。

1.11　电子数据取证的作用及重要性

1.11.1　电子数据取证的作用

电子数据取证在现代社会中已经变得越来越重要，它对于维护社会公正、打击犯罪、保护个人权益等方面都具有重要的作用。电子数据取证的重要作用主要体现在以下几个方面：

（1）作为证据。电子数据取证可以帮助取证人员获取、保护和分析数字证据，这些证据可以作为法庭上的重要证据，帮助司法机关判定案件的真相和罪责。

（2）防止数据丢失和篡改。电子数据取证可以帮助取证人员及时采取措施，防止数字数据的丢失和篡改，从而保证数据的完整性和可靠性。

（3）保护个人隐私。电子数据取证可以帮助取证人员在取证过程中保护个人隐私，避免不必要的侵犯和滥用。

（4）打击犯罪。电子数据取证可以帮助执法机关打击各种犯罪活动，如网络犯罪、金融犯罪、知识产权侵权等，维护社会公正和稳定。

（5）维护企业利益。电子数据取证可以帮助企业及时发现和解决内部违规行为和安全问题，保护企业的合法权益和声誉。

1.11.2　电子数据取证的重要性

对于维护公正、保护权益、促进安全和法治建设等方面，电子数据取证具有以下重要性：

（1）取证证据的重要性。电子数据取证可以帮助取证人员获取电子数据的信息，确定其中的证据和事实，为案件的取证和审判提供有力的证据。

（2）案件调查的高效性。电子数据取证可以帮助取证人员快速获取大量的电子数据，进行数据分析和整理，加快案件调查的进度和效率。

（3）安全事件的追溯性。电子数据取证可以帮助企业和机构追溯安全事件的发生和原因，确定安全事件的范围和影响，提高安全事件的处置和预防能力。

（4）知识产权保护的重要性。电子数据取证可以帮助企业和机构保护知识产权，确定知识产权的侵权行为和证据，维护企业和机构的合法权益。

（5）法律制度的健全性。电子数据取证可以促进法律制度的健全性和完善性，为司法体系的公正和合法提供有力的支持和保障。

电子数据取证在现代社会中具有广泛的应用和重要的作用，需要各级司法机关、执法机关、企业和个人重视和应用。

1.12　电子数据取证的特征

由于电子数据的虚拟性和易损毁性，使得其取证在法律和技术等多个方面都需要满足，并不断面临着新的挑战。在实际操作中，一个疏忽就有可能造成取证缺陷和被污染，从而降低其证明力。电子数据取证的特征如下。

1.12.1　依赖性

电子计算机的硬件、软件以及各种网络设备中，电子数据呈现出高度的分散性，其分布范围涵盖了实体空间和虚拟空间，形成了广泛的图形分布。由于电子数据具有一定的隐蔽性，所以在获取和存储过程中易出现丢失或被篡改等情况。电子数据取证工作的复杂性因其分散性而增加，这使得其对数据提取技术的依赖程度进一步提高。由于网络环境下的开放性和匿名性等特征使得在收集电子数据时面临着诸多风险。为了精准提取分布于计算机和网络设备中的电子数据，必须运用数据提取技术，将虚拟空间与实体空间相互连接，以确保数据的准确性。

1.12.2　价值低密度性

电子数据取证工作的核心在于全面、及时地提取有价值的电子数据，因为在海量数据中，有价值的电子数据所占比例较小，且其价值低密度性。从实际应用情况来看，由于电子数据自身存在着数据量大和更新速度快以及来源复杂等特征，导致了它对传统的计算机取证技术提出了更高要求。当前，国内的一些电子数据取证产品尚未能够很好地应对电子数据的这一独特特征，在实践中，仍然存在着数据提取不完整、数据提取不完整等问题。

1.12.3　复杂性

数据库是一种高度组织化、可共享、统一管理的数据集合，它能够长期存储在计算机中，为我们提供丰富的信息资源。随着计算机信息处理技术的发展，大数据时代的到来，给电子数据取证带来了新的挑战。取证人员需要运用数据库技术，对形式多样、种类繁多的复杂数据进行分类整理和存储，获取有效数据，避免有价值的电子数据被其复杂的形式和种类所掩盖。

1.12.4　易被毁坏性

电子数据的易损性不仅在于其易受违法犯罪分子的篡改和毁灭，更在于其易受取证人员操作失误的严重破坏。由于电子犯罪的隐蔽性以及其作案手段和方式的复杂性，使得对电子数据进行有效保护变得十分困难。因此，在无法确保电子犯罪证据的完整性的情况下，数据保全和数据恢复技术提供了重要的技术支持，以确保和还原电子数据的原始状态。

1.13　电子数据取证过程中需要注意的问题

电子数据取证是一项复杂的工作，需要注意以下几个主要问题。

1.13.1　合法性

电子数据取证必须遵循相关的法律程序和法律法规，确保取证过程的合法性。必须取得相关的授权和许可，遵循相关的程序和规定。

1.13.2　数据完整性

在电子数据取证过程中，必须保证数据的完整性和真实性，避免数据被篡改或者损坏。必须采用合适的工具和技术，保证数据的完整性和可靠性。采用哈希值校验等技术，比对采集到的数据的哈希值和源数据的哈希值，验证数据的完整性和真实性。保护数据完整性是确保数据不被篡改的重要措施。以下是一些避免数据被篡改和保护数据完整性的建议：

（1）采用数据镜像技术。在进行电子数据取证时，取证人员需要采用数据镜像技术。这种技术可以对数据存储设备进行完全复制，并保留数据的完整性和真实性，避免对数据的篡改。

（2）使用数据哈希算法。在进行电子数据取证时，取证人员需要使用数据哈希算法。这种算法可以将数据转换为哈希值，通过比对哈希值来验证数据的完整性和真实性，防止数据被篡改。

（3）采用数字签名技术。在进行电子数据取证时，取证人员需要采用数字签名技术。这种技术可以对数据进行加密处理，并生成数字签名以验证数据的完整性和真实性，防止数据被篡改。

（4）限制数据的读写权限。在进行电子数据取证时，取证人员需要限制数据的读写权限。只有授权人员才能读取和写入数据，避免非授权人员对数据进行篡改。

（5）保护数据存储设备。在进行电子数据取证时，取证人员需要保护数据存储设备。对于移动存储设备，需要加密处理并设置密码；对于固定存储设备，需要限制物理访问权限，避免数据被篡改。

1.13.3 隐私保护

在电子数据取证过程中，必须保护个人隐私和商业机密。必须遵守相关的隐私法律法规，采取措施保护个人隐私和商业机密，避免数据泄露和侵犯个人隐私，需要注意以下隐私保护措施：

（1）限制访问权限。只有授权的人员可以访问和处理电子数据，避免数据被未经授权的人员访问和泄露。

（2）保护个人隐私。在获取和处理电子数据时，必须尊重个人隐私权。不得获取和处理与案件无关的个人信息。

（3）保护商业机密。在获取和处理电子数据时，必须尊重商业机密和知识产权，避免泄露商业机密和侵犯知识产权。

（4）避免数据篡改。在获取和处理电子数据时，必须采取措施避免数据被篡改。所有获取和处理数据的行为必须被记录，并进行数字签名等措施确保数据的完整性和真实性。为了避免数据被篡改，电子数据取证过程中可以采取以下措施：

①保护现场。在电子数据取证现场，必须保护现场的完整性。禁止任何人员进入现场，避免现场被破坏或污染。在电子数据取证过程中，保护现场是确保数据不被篡改的重要措施。以下是一些避免数据被篡改和保护现场的建议：

a.保护现场的完整性。在开始电子数据取证之前，需要确保现场的完整性。取证人员需要对现场进行记录和拍照，并采取措施限制现场人员的进出，以确保现场的完整性和真实性。

b.保护现场的安全性。在进行电子数据取证过程中，需要确保现场的安全性。取证人员需要采取措施，保护现场的物理安全和数据安全，例如使用密码保护数据存储设备、锁定房间门等。

②记录现场过程。在进行电子数据取证过程中，需要记录现场过程。取证人员需要对现场过程进行详细记录，包括现场人员、时间、地点等信息，以便后续分析和证据呈现。

③使用专业工具。在进行电子数据取证过程中，需要使用专业的工具。取证人员需要使用适当的工具采集、分析、处理和呈现数据，以确保数据的完整性和真实性。

④限制现场人员的活动。在进行电子数据取证过程中，需要限制现场人员的活动。取证人员需要采取措施，限制现场人员的进出，避免人为干扰和数据篡改。

⑤保护数据存储设备。在进行电子数据取证过程中，需要保护数据存储设备。取证人员需要采取措施，保护数据存储设备的物理安全和数据安全，例如使用密码保护数据存储设备、锁定存储设备等。

（5）遵守隐私法律法规。在获取和处理电子数据时，必须遵守相关的隐私法律法规，包括数据保护法、电子通信法等，保护个人隐私和商业机密。

（6）数据安全保护。在获取和处理电子数据时，必须采取措施确保数据的安全，包括密码保护、加密传输、数据备份等，防止数据泄露和丢失。

（7）数据保留期限。在获取和处理电子数据时，必须遵守数据保留期限，保证数据在需要时可用，同时在无须保留时及时删除数据。

（8）专业技能。电子数据取证需要具备专业的技能和知识，包括计算机技术、法律知识等方面的知识。必须由专业的技术人员和设备来执行，以确保取证过程的可靠性和有效性。

1.13.4 记录过程

在电子数据取证过程中，必须记录整个取证过程，包括取证人员、时间、取证工具、取证数据等细节。必须确保取证过程可追溯，以保证证据的可靠性和有效性。在进行电子数据取证时，必须记录整个取证过程。记录取证人员、时间、取证工具、取证数据等细节，确保取证过程的可追溯性。记录取证过程是确保数据不被篡改的重要措施，以下是一些避免数据被篡改和记录取证过程的建议：

（1）记录现场过程。在进行电子数据取证时，取证人员需要记录现场过程。记录现场过程可以包括现场人员、时间、地点、采集数据类型、使用的工具和技术等信息，以便后续分析和证据呈现。

（2）记录数据采集过程。在进行电子数据取证时，取证人员需要记录数据采集过程。记录数据采集过程可以包括数据来源、采集时间、采集方式、采集工具和技术等信息，以便后续分析和证据呈现。

1.13.5 采用专业工具

采用专业的取证工具，例如磁盘镜像工具、数据恢复工具等，避免数据被篡改，以下是一些使用专业工具避免数据被篡改的建议：

（1）使用专业的取证工具。在进行电子数据取证时，取证人员需要使用专业的取证工具。这些工具具有采集数据、分析数据、恢复数据等功能，可以确保数据的完整性和真实性。

（2）使用专业的数据处理工具。在进行电子数据取证时，取证人员需要使用专业的数据处理工具。这些工具可以清除数据中的无关信息，提取重要信息，并进行数据转换和加密，以确保数据的完整性和真实性。

（3）使用专业的数据分析工具。在进行电子数据取证时，取证人员需要使用专业的数据分析工具。这些工具可以对数据进行深入分析，发现数据中的异常情况和关联性，并生成可视化报告，以便后续分析和证据呈现。

（4）使用专业的数据恢复工具。在进行电子数据取证时，取证人员需要使用专业的数据恢复工具。这些工具可以恢复被删除或丢失的数据，并确保恢复的数据的完整性和真实性。

（5）使用专业的加密工具。在进行电子数据取证时，取证人员需要使用专业的加密工具。这些工具可以对数据进行加密处理，以确保数据的安全性和机密性。

1.13.6 数字签名

数字签名是一种重要的保护数据不被篡改的技术手段。数字签名可以确保数据的完整性和真实性，防止数据被篡改。以下是数字签名的工作原理和使用建议：

（1）数字签名的工作原理。数字签名利用了公钥加密的技术，通过对数据进行加密处理，生成数字签名，并将数字签名与数据一起传输。接收方可以使用签名者的公钥解密数字签名，并与接收到的数据进行比对，以验证数据的完整性和真实性。

（2）使用数字签名的建议。在进行电子数据取证时，取证人员可以采用数字签名技术，对数据进行加密处理，并生成数字签名以验证数据的完整性和真实性。使用数字签名可以保护数据不被篡改，并防止数据被非法修改。同时，取证人员需要确保数字签名的安全性，保护数字签名不被篡改和泄露。

（3）数字证书的使用。数字签名需要使用数字证书来确保签名的有效性。数字证书包含签名者的公钥和证书颁发机构的数字签名，可以用于验证签名者的身份和签名的有效性。取证人员需要确保数字证书的真实性和有效性，以保证数字签名的可靠性和有效性。

1.13.7 数据备份

在电子数据取证过程中，必须备份原始数据，以防止证据被损坏或者丢失。必须采用可靠的备份方式，确保备份数据的完整性和真实性。

1.13.8 保护存储介质

将取证数据存储在安全的存储介质中，是确保数据不被篡改的重要措施。例如加密的存储介质，避免数据被篡改或丢失。以下是一些避免数据被篡改和保护存储介质的建议：

（1）限制物理访问权限。在进行电子数据取证时，取证人员需要限制物理访问权限。只有授权人员才能接触存储介质，避免非授权人员对存储介质进行操作和篡改。

（2）加密存储介质。在进行电子数据取证时，取证人员需要使用加密存储介质。加密存储介质可以对数据进行加密处理，以保护数据的安全性和机密性，避免数据被非法篡改。

（3）定期备份数据。在进行电子数据取证时，取证人员需要定期备份数据。备份数据可以保护原始数据的完整性和真实性，防止数据被篡改或丢失。

（4）使用封存技术。在进行电子数据取证时，取证人员需要使用封存技术。封存技术可以对存储介质进行物理封存，并记录封存信息，以确保存储介质的完整性和真实性，避免数据被篡改。

（5）进行存储介质验证。在进行电子数据取证时，取证人员需要进行存储介质验证。存储介质验证可以包括对存储介质的物理检查、数据恢复测试、数据哈希比对等，以确保存储介质的完整性和真实性。

1.13.9 禁止网络及其他设备连接

在进行电子数据取证时，必须禁止被取证设备与外部网络及其他设备连接，避免数据被远程修改或篡改。以下是一些建议：

（1）禁止外部存储设备插入。在进行电子数据取证时，取证人员需要禁止外部存储设备插入。外部存储设备可能包含恶意软件或病毒，会对存储介质造成损坏或篡改，从而影响数据的完整性和真实性。

（2）禁止网络连接。在进行电子数据取证时，取证人员需要禁止网络连接。网络连接可能使存储介质受到攻击或感染病毒，从而导致数据被篡改或丢失。同时，网络连接也可能导致数据泄露和非法访问，危及数据的安全性和机密性。

（3）禁止软件安装和运行。在进行电子数据取证时，取证人员需要禁止软件的安装和运行。软件可能包含恶意代码或病毒，会对存储介质造成损坏或篡改，从而影响数据的完整性和真实性。

（4）禁止移动存储介质连接。在进行电子数据取证时，取证人员需要禁止移动存储介质。移动存储介质可能被感染病毒或受到攻击，从而导致数据被篡改或丢失。

1.13.10　保证数据的一致性

电子数据取证的不一致性可能来自数据的不同来源、格式、存储位置、处理方式等多种因素。为应对这些不一致性，以下是一些标准化流程和方法：

（1）制定电子数据取证标准操作程序（SOP）。SOP可以帮助取证人员制定一套标准的操作流程，以确保电子数据取证操作的一致性和可追溯性。SOP包括采集、处理、分析、存储和呈现等多个环节，取证人员需要严格按照SOP操作。

（2）EDRM模型。EDRM模型是一种标准化的电子数据取证流程模型，包括信息管理、诉讼风险评估、发现、保护、收集、处理、分析和生产等阶段。EDRM模型可以帮助取证人员系统化地处理电子数据取证过程中的各个环节，以确保取证工作的准确性和一致性。

（3）采用标准化工具和技术。标准化工具和技术可以帮助取证人员处理各种不同类型的数据，确保数据处理的一致性和可靠性。采用标准化的数据采集工具、数据分析工具和数据呈现工具等，例如：

①搜索策略。搜索策略是电子数据取证过程中的一个重要环节，可以采用一些标准化的搜索策略来确保搜索结果的准确性和一致性。例如，可以使用关键词搜索、布尔搜索、通配符搜索、正则表达式搜索等方法来进行数据搜索和过滤。

②数据收集和分析工具。数据收集和分析工具可以帮助取证人员更好地收集、处理和分析电子数据，以确保数据的准确性和一致性。例如，可以使用数字取证工具、数据分析工具、可视化工具等来进行数据处理和分析。

（4）进行数据标准化和规范化处理。数据标准化和规范化处理可以将不同格式、不同来源的数据转化为标准化的格式和规范化的模式，以便于数据的分析和处理。例如，将不同的时间格式转化为标准的时间格式、将不同的数据编码转化为标准的编码等。

（5）进行数据验证和核对。数据验证和核对可以帮助取证人员确认数据的准确性和完整性，以避免错误和误解。例如，比对数据的原始来源和复制品、比对数据的时间戳和元数据等。

（6）进行数据分析和质量控制。数据分析和质量控制可以帮助取证人员识别数据的模式和异常，以确保数据的准确性和可靠性。数据分析和质量控制是确保取证工作准确性和一致性的一个重要环节，可以采用一些标准化的质量控制措施来确保数据的准确性和一致性。例如，可以采用双重审核、数据验证、数据比对以及进行统计分析、趋势分析和异常检测等。

（7）标准化报告。标准化报告可以帮助取证人员更好地记录和汇报取证过程和结果，以确保数据的准确性和一致性。例如，可以采用标准化的报告模板和格式，记录数据来源、取证过程、取证结果等信息。

取证人员需要不断学习和掌握最新的标准化流程和方法，以应对不断变化的电子数据取证环境和挑战。

1.14 电子数据取证的发展

1.14.1 电子数据取证的发展阶段

随着科技的发展，电子数据取证已经成为现代法律系统中不可或缺的一部分，其发展历程大致可以分为以下几个阶段：

（1）初期阶段，即20世纪80年代至90年代初。在这个阶段，电子数据取证主要是针对计算机硬件和软件的取证，涉及的数据也相对较少。这个阶段的主要挑战是技术水平不够成熟，以及缺乏相应的法律和政策支持。

（2）中期阶段，即20世纪90年代中期至21世纪初。在这个阶段，随着互联网和电子设备的普及，电子数据取证的范围开始扩大，除了计算机硬件和软件，还包括了移动设备、网络通信、社交媒体等领域。同时，一些国家也开始出台了相关的法律和政策，为电子数据取证提供了更好的法律保障。

（3）高峰阶段，即2005～2010年。在这个阶段，随着技术的不断进步，电子数据取证的技术手段也变得更加成熟和多样化。同时，随着互联网和电子设备的普及，电子数据也变得更加庞大和复杂，这也为电子数据取证带来了更大的挑战。在这个阶段，一些国家也相继出台了更加完善的法律和政策，以适应电子数据取证的发展需要。

（4）当前阶段，即2010年至今。在当前阶段，随着人工智能、区块链、大数据等技术的发展，电子数据的规模和复杂度进一步增加，这也为电子数据取证带来了更大的挑战和机遇。同时，一些国家也在加强对电子数据取证的监管和规范，以确保取证的合法性和准确性。

1.14.2 世界各国电子数据取证的发展现状

电子数据取证技术和法律的发展是全球性的趋势，各个国家都在积极推进相关的发展。需要注意的是，不同国家的电子数据取证法律和规定可能存在差异，取证人员需要了解和遵守当地的法律法规和程序，以确保电子数据取证工作的合法性和有效性。以下是一些主要国家的电子数据取证发展情况：

（1）美国。美国是电子数据取证技术最为发达的国家之一，其在电子数据取证的法律制度、技术工具和相关培训方面都拥有较为先进的经验和体系。美国也是电子数据取证技术和法律发展较成熟的国家之一。美国联邦政府和各州政府都制定了相关的电子数据取证法律和规定，同时发展了许多电子数据取证技术和工具，如EnCase、FTK和Sleuth Kit等。

（2）英国。英国在电子数据取证方面也有较为成熟的经验和体系，其制定了相关的法律和指南，建立了专门的电子数据取证机构和培训机构，推广了一系列电子数据取证的最佳实践，如Forensic Toolkit和X-Ways Forensics等。

（3）澳大利亚。澳大利亚在电子数据取证方面也取得了一定的进展，其建立了专门的电子数据取证机构和培训机构，制定了相关的法律和指南，推广了一系列电子数据取证的最佳实践。

（4）日本。日本是亚洲电子数据取证技术和法律发展较为成熟的国家之一。日本政府制定了电子数据取证相关的法律和规定，同时发展了许多EDD技术和工具，如Forensic i2、WinHex和Cellebrite UFED等。

（5）德国。德国是欧洲电子数据取证技术和法律发展较快的国家之一。德国政府制定了相关的电子数据取证法律和规定的同时，发展了许多电子数据取证技术和工具，如dd、Autopsy和Helix等。

（6）中国。相较于其他国家，中国的电子数据取证发展已经取得一定的进展，但是仍面临着一些挑战和问题，如法律制度的完善、电子数据取证技术的创新和发展、电子数据取证人才的培养等。中国在电子数据取证方面的发展也在逐步推进，制定了相关的法律和指南，建立了专门的电子数据取证机构和培训机构，推广了一系列电子数据取证的最佳实践。中国政府先后制定了《中华人民共和国网络安全法》《电子数据取证规则》等法律法规，并发展了许多电子数据取证技术和工具，如360安全卫士、金山毒霸等。同时，中国也不断推动电子数据安全和保护技术的创新和发展。

①法律法规。中国已经制定了一系列相关的法律法规和指南，如《中华人民共和国刑事诉讼法》《中华人民共和国网络安全法》《网络数据取证技术规范》等，为电子数据取证提供了法律保障和指导。同时，制定了《电子数据取证规则》等法律法规，明确了电子数据取证的程序和标准，保护了当事人的合法权益和社会公共利益。

②技术工具。随着数字化和网络化的不断深入，中国的电子数据取证技术也在不断发展和进步，涉及数字取证、网络取证、数据分析、数据恢复等领域。中国已经发展了许多电子数据取证的技术工具和软件，如360安全卫士、金山毒霸、启明星辰等。这些工具和软件可以帮助取证人员采集、处理、分析和呈现电子数据。

③人才培养。中国也在积极培养电子数据取证人才，如推出网络安全等相关专业和课程，组织电子数据取证技术比赛和培训，以提高电子数据取证人才的技能和素质。中国现已培养了大量的电子数据取证专业人才和技术人员。许多高校和培训机构开设了相关的课程和培训，为电子数据取证领域的人才培养提供了支持。

④应用案例。电子数据取证已经广泛应用于中国的刑事、民事和行政诉讼中。例如，在打击网络犯罪、保护网络安全、维护知识产权等方面，电子数据取证已经成为有效的手段和证据。

⑤建立机构。中国也在逐步建立专门的电子数据取证机构和培训机构，如公安机关网络安全技术中心、电子数据取证研究所等，以提供专业的电子数据取证服务和培训。

中国电子数据取证发展迅速，并已成为重要的司法技术和手段。随着信息化和数字化的加速发展，电子数据取证在中国的应用前景广阔。

总之，各国的电子数据取证发展情况因国情、法律制度、技术水平和文化背景等因素而有所不同。但是，随着数字化和网络化的不断深入，电子数据取证已经成为各国司法体系中不可或缺的一部分，其发展和应用将会越来越广泛和重要。

1.14.3 世界各国电子数据取证的发展趋势

随着数字技术的发展和普及，电子数据取证正在快速发展，以下是电子数据取证发展的主要趋势：

（1）数字化程度持续提高。随着数字化程度的不断提高，越来越多的数据存储在电子设备或网络中，这对电子数据取证提出了更高的要求。电子数据取证需要不断适应新技术和新形式的数据，包括社交媒体数据、云存储数据、物联网数据等。

（2）数据量和复杂度增加。随着数据量的增加和数据复杂度的提高，电子数据取证需要更加高效和精细的技术手段。数据分析、数据挖掘、人工智能等技术的应用，可以提高电子数据取证的效率和准确性。

（3）法律法规不断完善。随着电子数据取证的应用范围的不断扩大，相关法律法规也在不断完善。越来越多的国家和地区出台了电子数据取证的相关法律法规，对电子数据取证的标准、流程、程序等做出了明确规定，保障了电子数据取证的合法性和可靠性。

（4）保障数据隐私和安全。随着数据泄露和隐私泄露事件的频发，数据隐私和安全问题受到越来越多的关注。电子数据取证需要在保障数据隐私和安全的前提下，进行数据采集、处理、存储和呈现等各个环节的操作。

（5）自动化、集成化、标准化。为了提高电子数据取证的效率和准确性，自动化、集成化和标准化已经成为电子数据取证的重要趋势。采用自动化的工具和技术，可以提高电子数据取证的效率和准确性，同时集成化和标准化可以提高电子数据取证的可重复性和可靠性。

随着数字技术的不断发展和应用，电子数据取证将会面临更多的机遇和挑战。取证人员需要不断提高自身的专业技能和知识水平，以适应电子数据取证的发展趋势，提高调查工作的效率和准确性。

1.15 电子数据取证中的挑战与新技术

1.15.1 电子数据取证中的挑战

在电子数据取证工作中，最常见的挑战之一是数据量的大幅增加。随着数字数据的不断增长，取证人员需要处理的数据量也越来越大，这增加了数据采集、处理、分析和呈现的难度。同时，数据的多样性和复杂性也增加了数据的处理难度。另一个常见的挑战是数据的保密性和隐私性。在采集、处理和呈现数据时，取证人员需要确保数据的保密性和隐私性，以避免未经授权地访问、泄露或滥用数据。此外，技术的快速更新和变化也是电子数据取证工作中的挑战之一。取证人员需要不断学习和掌握新的技术和工具，以保持对最新技术的了解和应用。电子数据取证工作中，法律和伦理问题也是常见的挑战。最后，数据完整性和可靠性也是电子数据取证工作中的重要挑战。取证人员需要确保数据采集、处理、分析和呈现的过程中没有发生数据的损坏、篡改或丢失，以保证数据的完整性和可靠性。电子数据取证工作中面临的挑战很多，取证人员需要具备专业的技能和知识，能够灵活应对不同的挑战，以确保电子数据取证工作的有效性和准确性。归纳在电子数据取证工作中常见的挑战主要包括以下几个方面：

（1）数据量和复杂度。随着电子数据的规模和复杂度不断增加，取证工作变得越来越困难。取证人员需要花费大量的时间和精力来处理和分析大量的数据，以确定其中的证据和事实。

（2）技术变化和更新。电子数据取证技术不断发展和更新，取证人员需要不断学习和掌握新的技术和工具，以适应变化的技术环境。

（3）隐私和数据保护。电子数据取证涉及大量的个人数据和隐私信息，取证人员需要遵守相关的隐私和数据保护法律和规定，以确保数据的安全和保密。

（4）缺乏标准化流程和方法。由于电子数据取证工作的复杂性和多样性，缺乏标准化的流程和方法可能会导致取证结果的不准确性和不一致性。

（5）成本和时间限制。电子数据取证需要投入大量的时间、人力和物力资源，成本较高。并且，取证工作通常需要在紧迫的时间限制下完成，这会增加工作的难度和压力。

（6）跨境调查和合规问题。在涉及跨境调查和合规问题时，取证人员需要遵守不同国家和地区的法律和规定，这可能会增加工作的复杂性和风险。

电子数据取证工作面临着诸多挑战，取证人员需要具备专业知识和技能，以应对不断变化的技术和法律环境，确保取证工作的高效性、准确性和合法性。

1.15.2　电子数据取证中的新技术

随着数字技术的不断发展，电子数据取证工作也在不断地演变和创新。以下是一些新技术和工具，可以用于电子数据取证工作：

（1）人工智能和机器学习。人工智能和机器学习技术可以帮助取证人员更快速、准确地分析和处理大量数据，以识别模式、不一致性和其他重要信息。例如，机器学习算法可以用于自动化分类、标记和排除不相关的数据，以提高数据分析的效率和准确性。人工智能和机器学习技术还可以用于自动化数据分析和处理，以提高取证效率和准确性。例如，利用机器学习算法进行文本分类和情感分析，可以更快速地识别和分析大量的文本信息。

（2）区块链技术。区块链技术可以用于保护数据的完整性和安全性，以避免数据的篡改和欺诈。例如，区块链技术可以用于创建可追溯、不可篡改的数字证书，以证明数据的真实性和完整性。

（3）虚拟现实技术。虚拟现实技术可以用于还原数字事件的场景，以帮助取证人员更好地理解和分析事件的情况。例如，虚拟现实技术可以用于创建数字场景，以还原数字犯罪的现场，帮助取证人员更好地了解事件的发生过程。

（4）量子计算技术。量子计算技术可以用于加密和解密数据，以保护数据的安全性和保密性。例如，量子加密技术可以用于创建不可破解的加密算法，以保护重要数据的安全性。

（5）数据可视化工具。数据可视化工具可以用于将大量数据转化为易于理解和分析的图表和图形，以帮助取证人员更好地理解和分析数据。例如，数据可视化工具可以用于创建交互式图表和地图，以可视化数字事件的地理位置和时间关系。

（6）云计算和大数据。云计算和大数据技术可以用于处理和存储大量的电子数据，以及进行分布式计算和分析。例如，利用云计算和大数据平台来处理和分析互联网数据，可以更好地了解用户行为和趋势。

（7）数字取证工具。数字取证工具可以用于获取和分析各种类型的电子数据，例如移动设备、社交媒体、云存储等。一些数字取证工具还可以进行数据恢复、数据解码等操作，以提高取证效率和准确性。

当然，这些新技术和工具需要经过充分的测试和验证，以确保它们的有效性和适用性。

第 2 章　手机取证

2.1　手机取证概述

随着移动通信技术所提供服务水平和服务种类的不断提高和扩充，手机已日益成为人们工作生活中不可或缺的联系工具，然而与此同时，利用手机进行诈骗、诽谤和伪造等犯罪活动也屡见不鲜。手机取证正是打击这类犯罪的一个有效手段。从概念上讲，手机取证就是从手机SIM卡、手机内/外置存储卡以及移动网络运营商数据库中收集、保全和分析相关的电子证据，并最终从中获得具有法律效力、能被法庭所接受的证据的过程。牵涉到手机的犯罪行为大致有三种：一是在犯罪行为的实施过程中使用手机来充当通信联络工具；二是手机被用作一种犯罪证据的存储媒质；三是手机被当作短信诈骗、短信骚扰和病毒软件传播等新型手机犯罪活动的实施工具。这些都充分地表明进行手机取证技术的相关研究对于维持社会稳定、保障人民权益和打击犯罪行为具有充分的必要性和极大的迫切性。手机取证是电子数字取证的一个分支，是指在法律和调查行动中，通过对手机进行分析和收集数据，以收集、保留、分析和呈现证据的过程。手机取证可以应用于刑事案件、民事案件、企业内部调查、安全审计等领域。

手机取证的目的是查证事实、维护正义，采用科学和规范的方法，保护证据的合法性、准确性和完整性。手机取证需要遵循一些法律和道德规范，以确保数据的完整性和准确性。此外，手机取证需要注意保护个人隐私和数据安全，以防止数据泄露或滥用。

手机取证的实施需要一定的技术和工具支持，如取证软件、数据线、读卡器等。取证的方式包括物理取证和逻辑取证两种方式。物理取证是通过对手机存储器中的数据进行直接读取和复制，以获取更完整和准确的数据。逻辑取证是通过连接手机系统，从操作系统中提取数据，以获取更便捷和快速的数据。手机取证是一项重要的调查技术，可以帮助取证人员了解手机的使用历史和活动，从而帮助他们解决犯罪或其他问题。

手机取证的过程可以分为以下几个步骤：

（1）收集。手机取证的第一步是收集手机中的数字数据。这可以通过直接访问手机的文件系统、通过备份文件或通过云同步服务等方式实现。

（2）分析。收集数据后，需要对其进行分析。这包括识别和提取有用的信息，并且需要使用专业的取证工具和技术，以确保取证过程的可靠性和合法性。

（3）解释。在分析数据之后，取证人员需要对数据进行解释，以确定是否存在任何犯罪行为或其他重要信息。这需要对数据进行分类、过滤和排序，以便生成可理解的报告。

（4）呈现。最后，数据需要以一种易于理解的方式呈现给取证人员或法庭。这可以通过生成报告、制作图表、制作动画或其他可视化方式实现。

2.2 手机取证的法规和标准

手机取证作为一项涉及隐私和数据安全的技术活动，需要遵守相关的法规和标准，以确保取证过程合法、规范和可靠。以下是一些与手机取证相关的法规和标准：

（1）《中华人民共和国刑事诉讼法》。该法规规定了调查取证的基本原则和程序，包括证据的收集、保全、鉴定和运用等。

（2）《中华人民共和国网络安全法》。该法规规定了网络安全的基本要求和措施，包括网络数据的保护、个人隐私的保护等。

（3）《国家信息安全标准化技术委员会信息安全标准化工作指南》该标准规定了信息安全标准化的基本原则和方法，包括信息安全标准的制定、实施和评审等。

（4）《司法鉴定质量管理规范》。该标准规定了司法鉴定机构的质量管理要求和评价标准，包括鉴定机构的管理体系、鉴定人员的资质要求和鉴定过程的管理要求等。

（5）《移动设备取证和分析指南》。该指南是由国际数字取证协会（ADF）发布的，旨在提供移动设备取证和分析过程中的最佳实践和标准，包括数据收集、数据分析、数据解释和数据呈现等方面。

（6）ISO/IEC 27037 *Information technology-Security techniques-Guidelines for identification, collection, acquisition, and preservation of digital evidence*。该标准是国际标准化组织（ISO）和国际电工委员会（IEC）共同制定的，规定了数字取证的基本原则、方法和标准，包括取证过程中的证据收集、分析、解释和呈现等方面。

除了以上法规和标准，不同国家和地区还有各自的法规和标准，取证人员在进行手机取证时需要遵守当地的规定。在进行手机取证时，取证人员需要遵守法律、道德和职业规范，保护个人隐私和数据安全，确保取证过程的合法性、规范性和可靠性。

2.3 手机取证流程

手机取证的具体操作流程大致包括以下几个步骤。

2.3.1 准备工作

取证人员需要准备好相应的取证工具和设备，如数据线、计算机、取证软件等。同时，还需要了解被取证手机的型号、操作系统版本、存储容量等相关信息，以便选择合适的取证方法和工具。

2.3.2 数据采集

取证人员需要对被取证手机进行数据采集，一般有以下几种方法：

（1）物理访问。将手机与计算机连接，利用取证工具进行物理访问，获取手机中的文件和数据。

（2）逻辑访问。通过备份文件、云同步数据等方式进行逻辑访问，获取手机中的数据。

（3）无线访问。通过蓝牙、Wi-Fi等无线方式进行访问，获取手机中的文件和数据。

2.3.3 数据保存

将收集到的数字数据保存到取证工作站或其他存储设备中，以备后续的分析和解释。

2.3.4 数据分析和提取

取证人员需要对采集到的数据进行分析和提取，以获取关键证据。这一步骤需要使用专业的取证工具和技术，如数据恢复、数据解密、数据可视化等。

2.3.5 数据分析和解释

取证人员需要对提取的证据进行分析和解释，以便更好地了解案件事实和证明犯罪事实。这一步骤需要依靠取证人员的专业知识和经验，结合各种分析工具和方法进行数据分析，如时间轴分析、地理位置分析、社交网络分析等。

2.3.6 报告撰写

取证人员需要将分析结果整理成报告，向取证人员、律师或法院呈现证据和结论。报告应该清晰、准确地呈现分析结果，以便更好地支持调查和法律程序。

2.3.7 验证及结束

对取证过程和结果进行验证，以确保取证过程的可靠性和合法性。完成取证任务后，清理现场并销毁不需要的数据，确保取证过程中的保密性和信息安全性。

总之，手机取证的操作流程需要取证人员具备一定的专业知识和技能，包括数据采集、数据分析、数据解释等方面的技术。同时，取证人员还需要注重保密，确保取证过程中不泄露相关信息。具体的手机取证流程可能因案件类型、取证设备和工具等因素而有所不同。

2.4 手机取证的技术规范

手机取证是一项涉及信息安全和隐私保护的技术活动，为了确保取证过程的合法性、规范性和可靠性，需要遵守以下规范和标准：

（1）遵循法律法规和道德伦理。在进行手机取证过程中，取证人员需要遵循法律法规和道德伦理，保护个人隐私和其他权益，避免侵犯个人权益和社会公共利益。

（2）授权和通知。在进行手机取证之前，取证人员需要获得被取证人或者法院的授权，并严格按照授权的范围和程序进行取证。同时，取证人员应该在可能的情况下通知被取证人或者其代理人，告知取证的目的、范围和程序。

（3）取证计划。在进行手机取证时，需要制订详细的取证计划，明确取证的目的、范围、方式和时间等，以确保取证过程的有序和规范。

（4）数据备案。对取证数据进行备案，记录数据的来源、处理过程和存储位置等信息，以确保数据的可追溯性和可控性。

（5）取证过程记录。对取证过程进行详细记录，包括取证时间、地点、操作过程、获取数据和信息的方式等，以确保取证过程的透明和规范。

（6）证据完整性和真实性。在进行手机取证过程中，取证人员需要保证证据的完整性和真实性，避免证据被篡改、捏造或者伪造。同时，取证人员需要记录证据的来源、完整性、采集和处理过程等信息，以便进行后续的审查和验证。

（7）数据安全和隐私保护。在进行手机取证过程中，取证人员需要采取措施保证数据的安全性和隐私保护，包括采用安全可靠的取证工具和设备、加密和密码保护、数据备份和恢复、访问控制和权限管理、数据销毁和清除等措施。

（8）透明和公正。在进行手机取证过程中，取证人员需要保证取证过程的透明和公正，接受授权和通知、记录证据、接受见证和监督、编制取证报告和呈现证据等。

（9）避免过度取证。在进行手机取证过程中，取证人员需要避免过度取证，以免侵犯个人隐私和其他权益。取证人员应该严格按照授权的范围和程序进行取证，避免过度收集和处理数据。

（10）取证报告。在完成手机取证后，需要编写详细的取证报告，描述取证过程和结果，包括数据来源、获取方式和内容等，以支持司法机关和执法机构的工作。

在进行手机取证过程中，取证人员需要遵守授权和通知、法律法规和道德伦理、证据完整性和真实性、数据安全和隐私保护、透明和公正、避免过度取证等规范和标准，以确保取证过程的公正、透明和安全。

2.5 手机取证的相关技术

手机取证是数字取证的一个分支，需要具备以下技术：

（1）移动设备操作系统。取证人员需要了解移动设备的操作系统，包括其架构、文件系统、应用程序、安全机制等。这样可以更好地理解设备中的数据结构和文件格式，提高取证效率。

（2）数据恢复技术。手机取证涉及从被删除、格式化或者损坏的存储介质中恢复数据的操作，因此取证人员需要掌握数据恢复技术，包括数据恢复软件的使用和数据恢复方法的实施。数据恢复技术包括逻辑恢复和物理恢复两种方式。

（3）数据分析技术。取证人员需要掌握数据分析技术，以对从手机中提取的数据进行分析和处理。数据分析技术包括数据挖掘、图像分析、通信分析、数据过滤、数据分类、数据排序、数据标记等，以便更好地处理大量数据并提取关键信息。

（4）数据呈现技术。手机取证需要使用数据呈现技术，以将分析结果以可视化的形式呈现。将分析结果转化为可视化的图表、图形等形式，以便更好地向取证人员和法院呈现数据和证据。数据呈现技术包括数据可视化、报告生成等。

（5）加密、解密技术。手机中的数据可能会被加密，因此取证人员需要掌握加密技术，包括加密算法、加密密钥的处理等，以便更好地破解密码和解密数据。数据解密技术包括密码破解和密钥恢复两种方式。

（6）数据保护。手机取证需要使用数据保护技术，以保护数据的完整性和保密性。数据保护技术包括加密、数字签名、访问控制等。

（7）法律知识。取证人员需要了解相关的法律法规和司法解释，包括数据隐私、数据保护、数据侵权、电子证据等方面的法律知识。

除了以上技术，手机取证还需要相关法规和标准的支持，以确保取证过程合法、规范和可靠。手机取证需要遵守相关的隐私和数据保护法规，保护个人隐私和数据安全。手机取证需要多种技术和工具支持，以获取和分析手机存储器中的数据，并将分析结果以可视化的形式呈现。这些技术和工具的不断发展和改进，能够提高手机取证的效率和准确性。

2.6　常用的手机取证工具

2.6.1　Cellebrite UFED

Cellebrite UFED是一款非常流行的手机取证工具，由以色列公司Cellebrite开发。它可以从各种移动设备中提取数据，包括通话记录、短信、电子邮件、通讯录、照片、视频、位置数据等。该工具支持多种操作系统和文件系统，可以轻松处理各种移动设备的数据提取和分析。

以下是Cellebrite UFED的主要特点和功能：

（1）数据提取。Cellebrite UFED可以从各种移动设备中提取数据，包括备份文件、云同步数据、物理访问等方式。它支持多种操作系统和文件系统，包括iOS、Android、Windows Phone、BlackBerry、Symbian等。

（2）数据分析和解释。Cellebrite UFED可以对提取的数据进行分析和解释，识别有用的信息并提取证据，如通话记录、短信、电子邮件、通讯录、照片、视频、位置数据等。

（3）数据可视化。Cellebrite UFED可以将取证数据转换为可视化图形，如统计图表、地图、时间轴等，以便更好地理解和分析数据。

（4）支持多语言。Cellebrite UFED支持多国语言，包括英语、中文、俄语、日语、韩语和阿拉伯语等。

（5）自动化分析。Cellebrite UFED可以利用自动化分析技术，对大量数据进行分类、过滤、排序和标记，以提高工作效率并减少错误率。

（6）数据导出。Cellebrite UFED可以将分析和解释得到的数据导出为多种格式，包括PDF、HTML、XML、CSV和Excel等。

Cellebrite UFED是一款功能强大的手机取证工具，可以帮助取证人员快速、准确地提取和分析移动设备中的数据，并生成可视化报告，为调查和法律程序提供有力支持。

2.6.2　Oxygen Forensic Detective

Oxygen Forensic Detective是一款针对移动设备取证的全功能软件，支持数据提取和解析、数据分析、数据可视化等功能。除了以上的主要特点和功能外，以下是一些Oxygen Forensic Detective的其他特点和功能：

（1）数据比对。Oxygen Forensic Detective可以将提取的数据与其他数据源进行比对，以确保数据的准确性和完整性。

（2）物理图像提取。Oxygen Forensic Detective可以从移动设备中创建物理图像，包括全盘物理图像和逻辑物理图像，以便更全面地分析和提取数据。

（3）通话分析。Oxygen Forensic Detective可以对通话记录进行分析，包括通话持续时间、通话方向、通话类型等信息，以帮助取证人员了解通信行为。

（4）地理位置分析。Oxygen Forensic Detective可以对移动设备中的位置数据进行分析，并将其可视化在地图上，以帮助取证人员了解目标的位置和移动轨迹。

（5）数据还原。Oxygen Forensic Detective可以对被删除或损坏的数据进行还原，包括照片、视频、音频等。

（6）密码破解。Oxygen Forensic Detective可以对移动设备中的密码进行破解，包括iOS设备的屏幕锁、加密备份文件等。

（7）联机取证。Oxygen Forensic Detective提供了联机取证功能，可以对移动设备进行实时监控和数据提取。

Oxygen Forensic Detective是一款功能强大的手机取证工具，除了具备提取和分析移动设备数据的基本功能外，还提供了许多高级功能，能够帮助取证人员更全面地了解目标的行为和活动。

2.6.3 XRY

XRY是一款专业的移动设备取证工具，由瑞典公司MSAB开发，可以从各种移动设备中提取数据，包括通话记录、短信、电子邮件、通讯录、照片、视频、位置数据等。以下是XRY的主要特点和功能：

（1）数据提取。XRY可以从各种移动设备中提取数据，包括备份文件、云同步数据、物理访问等方式。它支持多种操作系统和文件系统，包括iOS、Android、Windows Phone、BlackBerry、Symbian等。

（2）数据分析和解释。XRY可以对提取的数据进行分析和解释，识别有用的信息并提取证据，如通话记录、短信、电子邮件、通讯录、照片、视频、位置数据等。

（3）数据可视化。XRY可以将取证数据转换为可视化图形，如统计图表、地图、时间轴等，以便更好地理解和分析数据。

（4）支持多语言。XRY支持多国语言，包括英语、中文、俄语、日语、韩语和阿拉伯语等。

（5）应用程序分析。XRY可以对移动设备中的应用程序进行分析，包括应用程序数据提取、应用程序分析、应用程序解密等功能。

（6）物理图像提取。XRY可以从移动设备中创建物理图像，包括全盘物理图像和逻辑物理图像，以便更全面地分析和提取数据。

（7）密码破解。XRY可以对移动设备中的密码进行破解，包括iOS设备的屏幕锁、加密备份文件等。

（8）社交媒体分析。XRY可以对移动设备中的社交媒体数据进行分析，包括Facebook、Instagram、Twitter、WhatsApp等。

XRY作为一款功能强大的手机取证工具，可以帮助取证人员快速、准确地提取和分析移动设备中的数据，并生成可视化报告。同时，它还提供了许多高级功能，如应用程序分析、物理图像提取和密码破解等，能够满足取证人员在各种情况下的需求。

2.6.4 Magnet AXIOM

Magnet AXIOM是一款全功能的数字取证平台，由加拿大Magnet Forensics公司开发，支持从各种设备中提取数据，并提供数据分析、数据可视化等功能。以下是Magnet AXIOM的主要特点和功能：

（1）数据提取。Magnet AXIOM可以从各种设备中提取数据，包括移动设备、计算机、云存储等，支持多种操作系统和文件系统。

（2）数据分析和解释。Magnet AXIOM可以对提取的数据进行分析和解释，识别有用的信息并提取证据，如通话记录、短信、电子邮件、通讯录、照片、视频、位置数据等。

（3）数据可视化。Magnet AXIOM可以将取证数据转换为可视化图形，如统计图表、地图、时间轴等，以便更好地理解和分析数据。

（4）文件恢复。Magnet AXIOM可以对被删除或损坏的文件进行恢复，包括照片、视频、音频等。

（5）社交媒体分析。Magnet AXIOM可以对各种社交媒体数据进行分析，包括Facebook、Twitter、Instagram、WeChat、WhatsApp等。

（6）云数据分析。Magnet AXIOM可以从各种云存储平台中提取数据，包括iCloud、Google Drive、Dropbox、OneDrive等。

（7）自动化分析。Magnet AXIOM可以利用自动化分析技术，对大量数据进行分类、过滤、排序和标记，以提高工作效率并减少错误率。

（8）支持多语言。Magnet AXIOM支持多国语言，包括英语、中文、法语、德语、西班牙语等。

Magnet AXIOM是一款功能强大的数字取证平台，除了提取和分析各种设备中的数据，并生成可视化报告，它还提供了许多高级功能，如文件恢复、社交媒体分析和自动化分析等。

2.6.5 EnCase

EnCase是一款广泛使用的数字取证工具，由Guidance Software公司开发，可以从各种设备中提取数据，并提供数据分析和解释的功能。以下是EnCase的主要特点和功能：

（1）数据提取。EnCase可以从各种设备中提取数据，包括计算机、服务器、移动设备等，支持多种操作系统和文件系统。

（2）数据分析和解释。EnCase可以对提取的数据进行分析和解释，识别有用的信息并提取证据，如通话记录、短信、电子邮件、通讯录、照片、视频、位置数据等。

（3）数据可视化。EnCase可以将取证数据转换为可视化图形，如统计图表、地图、时间轴等，以便更好地理解和分析数据。

（4）密码破解。EnCase可以对设备中的密码进行破解，包括iOS设备的屏幕锁、加密文件等。

（5）文件恢复。EnCase可以对被删除或损坏的文件进行恢复，包括照片、视频、音频等。

（6）物理图像提取。EnCase可以从设备中创建物理图像，包括全盘物理图像和逻辑物理图像，以便更全面地分析和提取数据。

（7）支持多语言。EnCase支持多国语言，包括英语、中文、法语、德语、西班牙语等。

（8）自动化分析。EnCase可以利用自动化分析技术，对大量数据进行分类、过滤、排序和标记，以提高工作效率并减少错误率。

2.6.6 FTK Imager

FTK Imager是一款免费的取证工具，由美国公司AccessData开发，要用于采集、分析和保存电子证据。以下是FTK Imager的主要特点和功能。

（1）数据提取。FTK Imager可以从各种设备中提取数据，包括计算机、服务器、移动设备等，支持多种操作系统和文件系统。

（2）数据分析和解释：FTK Imager可以对提取的数据进行分析和解释，识别有用的信息并提取证据，如通话记录、短信、电子邮件、通讯录、照片、视频、位置数据等。

（3）文件恢复。FTK Imager可以对被删除或损坏的文件进行恢复，包括照片、视频、音频等。

（4）物理图像提取。FTK Imager可以从设备中创建物理图像，包括全盘物理图像和逻辑物理图像，以便更全面地分析和提取数据。

（5）哈希值计算。FTK Imager可以计算文件的哈希值，以验证文件的完整性和一致性。

（6）支持多语言。FTK Imager支持多国语言，包括英语、中文、法语、德语、西班牙语等。

（7）支持多种文件格式。FTK Imager支持多种文件格式，包括RAW、SMART、E01、AFF等，可以满足取证人员的不同需求。

FTK Imager是一款功能强大的数字取证工具，虽然它的主要功能比较简单，但是它非常适合初学者和需要快速采集证据的取证人员。同时，FTK Imager还提供了许多高级功能，如文件恢复、哈希值计算等。

2.6.7 Andriller

Andriller是一款专门针对Android设备取证的工具，可以从Android设备中提取各种数据，包括通话记录、短信、通讯录、照片、视频、应用程序和位置数据等。以下是Andriller的主要特点和功能：

（1）数据提取。Andriller可以从各种Android设备中提取数据，包括备份文件、物理访问等方式。它支持多种操作系统和文件系统。

（2）数据分析和解释。Andriller可以对提取的数据进行分析和解释，识别有用的信息并提取证据，如通话记录、短信、电子邮件、通讯录、照片、视频、位置数据等。

（3）数据可视化。Andriller可以将取证数据转换为可视化图形，如统计图表、地图、时间轴等，以便更好地理解和分析数据。

（4）社交媒体分析。Andriller可以对各种社交媒体数据进行分析，包括Facebook、Twitter、Instagram、WeChat、WhatsApp等。

（5）密码破解。Andriller可以对Android设备中的密码进行破解，包括屏幕锁、加密备份文件等。

（6）物理图像提取。Andriller可以从Android设备中创建物理图像，以便更全面地分析和提取数据。

（7）支持多语言。Andriller支持多国语言，包括英语、中文、法语、德语、西班牙语等。

（8）自动化分析。Andriller可以利用自动化分析技术，对大量数据进行分类、过滤、排序和标记，以提高工作效率并减少错误率。

总之，取证工具的选择应根据具体情况和需求而定，需要考虑设备类型、操作系统、文件系统、数据类型和取证要求等因素。

2.7　手机证据的获取

获取手机证据是指通过对手机数据的采集和分析，获取能够证明事实的相关信息。手机证据的获取有多种方法，以下是一些获取手机证据的常用方法。

2.7.1　介质复制和镜像

是指将手机中的存储介质进行复制和镜像，以获取手机中的所有存储的信息，包括已删除的信息和临时信息。以下是介质复制和镜像的详细介绍。

（1）介质复制。介质复制是指将手机中的存储介质进行完整复制，包括已删除的信息和临时信息。介质复制需要使用专业的复制设备和软件，确保复制的完整性和准确性。介质复制可以得到手机中的所有存储信息，包括已删除的信息和临时信息，可以帮助取证人员还原事件经过和查明证据来源。

（2）镜像。镜像是指对手机中的软件系统进行分析和采集，获取手机中的各种文件、短信、通话记录、联系人、日历、应用程序等信息。镜像需要使用专业的取证工具和设备，可以获取手机中的所有数据，包括已删除的数据和临时数据。镜像可以帮助取证人员还原事件经过和查明证据来源。

（3）数据格式。介质复制和镜像的数据格式包括物理镜像格式、逻辑镜像格式等。物理镜像格式是对手机存储介质进行完整的扫描和复制，以获取手机中所有存储的信息。逻辑镜像格式是对手机的软件系统进行分析和采集，获取手机中的各种文件、短信、通话记录、联系人、日历、应用程序等信息。数据格式可以根据具体的取证需求进行选择。

（4）数据保护和隐私保护。介质复制和镜像过程中需要采取数据保护和隐私保护措施，包括数据加密、访问控制、权限管理、数据销毁和清除等措施。介质复制和镜像需要确保取证数据的安全和完整性，并严格遵守授权和通知、法律法规和道德伦理、证据完整性和真实性、数据安全和隐私保护、透明和公正等规范和标准。

介质复制和镜像是手机取证的重要步骤，能够获取手机中的所有存储的信息，包括已删除的信息和临时信息。在介质复制和镜像过程中需要采取数据保护和隐私保护措施，确保取证数据的安全和完整性。

2.7.2 拍照获取

是指通过拍照的方式获取手机上的屏幕内容、短信、通话记录、联系人、应用程序等信息。以下是拍照获取的详细介绍。

（1）取证工具。拍照获取需要使用专业的取证工具和设备，包括数码相机、手机拍照软件等。取证工具需要具有高清晰度、高清晰度、稳定、安全、易用等特点，能够对手机的屏幕内容进行拍照，并进行数据备份和分析。

（2）取证过程。拍照获取的过程包括连接手机和取证工具、选择取证目标、拍照获取数据等步骤。取证人员需要将手机与取证工具相连，选择取证目标，例如屏幕内容、短信、通话记录、联系人、应用程序等，进行拍照并进行数据备份和分析，以获取手机中的相关信息。

（3）取证数据的种类。拍照获取可以获取手机中的屏幕内容、短信、通话记录、联系人、应用程序等信息。拍照获取可以获取手机中的已删除数据和临时数据，可以帮助取证人员还原事件经过和查明证据来源。

（4）取证数据的格式。拍照获取的数据格式通常为图像格式，例如JPEG、PNG等。取证人员需要对拍照获取的数据进行备份和分析，以确保数据的完整性和准确性。

（5）数据保护和隐私保护。拍照获取过程中需要采取数据保护和隐私保护措施，包括数据加密、访问控制、权限管理、数据销毁和清除等措施。

2.7.3 逻辑获取

是指对手机的软件系统进行分析和采集，获取手机中的各种文件、短信、通话记录、联系人、日历、应用程序等信息。逻辑取证需要使用专业的取证工具和设备，对手机的软件系统进行分析和采集，获取手机中的各种信息。以下是逻辑获取的详细介绍。

（1）取证工具。逻辑获取需要使用专业的取证工具和设备，包括手机取证软件、数据线、读卡器等。取证软件需要具有高效、稳定、安全、易用等特点，能够对手机的软件系统进行分析和采集，并进行数据备份和分析。

（2）取证过程。逻辑获取的过程包括连接手机和取证工具、选择取证数据、分析取证数据等步骤。取证人员需要将手机与取证工具相连，选择取证数据进行分析和采集，并对取证数据进行备份和分析，以获取手机中的各种信息。

（3）取证数据的种类。逻辑获取可以获取手机中的各种文件、短信、通话记录、联系人、日历、应用程序等信息。逻辑获取可以获取手机中的已删除数据和临时数据，可以帮助取证人员还原事件经过和查明证据来源。

（4）取证数据的格式。逻辑获取的数据格式包括文件格式、数据库格式等。文件格式是将取证数据以文件的形式进行存储，可以方便地进行传输和共享。数据库格式是将取证数据存储在数据库中，可以进行高效和便捷的数据管理和分析。

（5）数据保护和隐私保护。逻辑获取过程中需要采取数据保护和隐私保护措施，包括数据加密、访问控制、权限管理、数据销毁和清除等措施。

在逻辑取证过程中需要严格遵守数据保护和隐私保护措施，确保取证数据的安全和完整性。

2.7.4　物理获取

物理获取需要使用专业的取证工具和设备，对手机进行完整的扫描和分析，包括硬件和软件等方面的信息。以下是手机取证的物理获取的详细介绍。

（1）硬件设备。物理取证需要使用专业的硬件设备，包括取证盘、数据线、读卡器、转接卡等设备。取证盘是一种专门用于手机取证的设备，可以将手机中的存储介质进行完整复制和分析。数据线和读卡器可以帮助取证人员连接手机和计算机进行数据的传输和备份。转接卡可以帮助取证人员连接手机和取证盘，进行完整复制和分析。

（2）取证过程。物理取证的过程包括连接手机和取证盘、选择存储介质、复制存储介质、分析存储介质等步骤。取证人员需要将手机与取证盘相连，选择存储介质进行复制，并对复制的存储介质进行分析和采集，以获取手机中所有存储的信息。

（3）取证数据的种类。物理取证可以获取手机中所有存储的信息，包括文件、短信、通话记录、联系人、日历、应用程序、音乐、视频等。物理取证可以获取手机中的所有数据，包括已删除的数据和临时数据，可以帮助取证人员还原事件经过和查明证据来源。

（4）取证数据的格式。物理取证的数据格式包括物理镜像格式、逻辑镜像格式等。

（5）数据保护和隐私保护。物理取证过程中需要采取数据保护和隐私保护措施，包括数据加密、访问控制、权限管理、数据销毁和清除等措施。

2.7.5　数据备份

是指将手机中的数据备份到可靠的存储介质中，以便后续的取证分析和审查。通过备份手机数据，可以获取手机中的各种文件、短信、通话记录、联系人、日历、应用程序、音乐、视频等信息。备份可以通过电脑连接手机，或者通过云备份等方式进行，以下是手机取证数据备份的详细介绍。

（1）备份数据的种类。备份数据的种类包括手机中的各种文件、短信、通话记录、联系人、日历、应用程序、音乐、视频等。备份数据需要尽可能地覆盖手机中存储的所有数据，以确保后续取证分析的全面性和准确性。

（2）备份数据的方法。备份数据的方法包括计算机连接手机、通过云备份等方式进行。计算机连接手机需要使用专业的取证工具和设备，将手机与计算机相连，进行数据的备份和采集。通过云备份的方式可以通过手机设置备份，将数据备份到云端存储中。

（3）备份数据的存储：备份数据需要存储在可靠的存储介质中，包括硬盘、U盘、云存储等。存储介质需要具有安全、可靠和可恢复的特点，以确保备份数据在传输和存储过程中的安全和完整性。

（4）备份数据的保护。备份数据的保护包括数据加密、访问控制、权限管理、数据销毁和清除等措施。备份数据需要采用加密技术进行保护，限制非授权人员的访问和使用。同时，备份数据需要进行访问控制和权限管理，以确保数据的安全和保密。在备份数据不再需要时，需要采取数据销毁和清除等措施，避免数据泄露和滥用。

手机取证数据备份需要采用专业的取证工具和设备，备份手机中的各种数据，并将备份数据存储在可靠的存储介质中，并采取数据保护措施，以确保备份数据的安全和完整性，以便后续的取证分析和审查。

2.7.6　网络取证

是指通过网络获取手机中的信息，包括云端备份、社交网络、电子邮件、即时通信等。网络取证需要使用专业的取证工具和设备，对网络数据进行分析和采集，获取手机中的相关信息。

2.7.7　社交媒体取证

是指对手机上的社交媒体应用程序和数据进行分析和提取，获取手机上的社交媒体数据和信息。

获取手机证据的方法有很多种，取证人员需要根据具体情况选择合适的取证方法。

2.8　取证数据的处理

2.8.1　取证过程中，处理取证数据的建议

在手机取证过程中，取证人员需要对采集到的数据进行处理和分析，以获取关键证据。以下是一些处理取证数据的建议。

（1）数据分类和过滤。取证人员需要对采集到的数据进行分类和过滤，以便更好地处理大量数据并提取关键信息。这涉及数据过滤、数据分类、数据排序、数据标记等技术。分类和过滤可以帮助取证人员节省时间和提高效率。

（2）数据恢复和解密。在处理取证数据时，取证人员可能会遇到加密文件或者损坏的数据。取证人员需要掌握数据恢复和解密技术，以便更好地恢复和解密数据。

（3）地理位置分析。在处理取证数据时，取证人员需要注意地理位置信息的分析。地理位置分析可以帮助取证人员了解被取证人员的行踪轨迹和活动范围，查明被取证人员的行踪和证明犯罪事实。

（4）社交网络分析。在处理取证数据时，取证人员需要注意社交网络信息的分析。

在处理取证数据时，取证人员需要掌握各种数据处理技术和工具，以便更好地处理大量数据、提取关键信息和证明犯罪事实。同时，取证人员还需要注意数据分类和过滤、数据恢

复和解密、时间轴分析、地理位置分析和社交网络分析等方面的技术，以提高工作效率和准确性。

2.8.2　取证结束后，处理取证数据的建议

在进行手机取证后，需要妥善处理取证数据，以确保数据的保密性、安全性和可靠性。以下是一些处理取证数据的建议。

（1）备份数据。取证人员需要备份取证数据，确保数据的安全性和可靠性，避免数据丢失或损坏。

（2）加密数据。对于敏感数据，取证人员需要采用加密技术，确保数据的保密性和安全性，防止数据被未经授权的人员获取。

（3）访问控制。取证人员需要采用访问控制技术，限制数据的访问权限，确保数据只能被授权的人员访问和使用。

（4）数据清理。对于非必要的数据，取证人员需要及时清理或删除，避免数据冗余和不必要的存储。

（5）数据规范化。取证人员需要对取证数据进行规范化处理，以便于数据的管理和分析，确保数据的可靠性和准确性。

（6）数据备案。取证人员需要对取证数据进行备案，记录数据的来源、处理过程和存储位置，以确保数据的可追溯性和可控性。

取证人员需要具备专业的技能和知识，以确保取证数据的合法性、规范性和可靠性，从而有效地支持司法机关和执法机构的工作。

2.9　手机取证的数据分析和解释所需专业技能

手机取证的数据分析和解释需要一些专业技能和知识，以下是一些关键的技能。

（1）数据结构分析。取证人员需要了解移动设备的文件系统和数据结构，以便更好地理解取证数据中的文件类型和格式。

（2）数据恢复技术。取证人员需要掌握数据恢复技术，能够从被删除、损坏或者格式化的存储介质中恢复数据。数据恢复技术包括逻辑恢复和物理恢复两种方式，涉及数据恢复软件的使用和数据恢复方法的实施。

（3）数据解密技术。手机中的数据可能会被加密，因此取证人员需要掌握加密技术，包括加密算法、加密密钥的处理等，以便更好地破解密码和解密数据。数据解密技术包括密码破解和密钥恢复两种方式。

（4）时间轴分析技术。取证人员需要掌握时间轴分析技术，以便更好地了解事件发生的时间线和事件之间的关系。时间轴分析可以帮助取证人员还原事件经过、查明证据来源和证明犯罪事实。

（5）地理位置分析技术。取证人员需要掌握地理位置分析技术，以便更好地了解被取证人员的行踪轨迹和活动范围。这可以帮助取证人员查明被取证人员的行踪和证明犯罪事实。

（6）社交网络分析技术。取证人员需要掌握社交网络分析技术，以便更好地了解被取证人员的社交网络活动和社交关系。这可以帮助取证人员查明被取证人员的社交活动和证明犯罪事实。

（7）操作系统和文件系统知识。取证人员需要了解手机操作系统和文件系统的结构和特性，以便于获取和分析手机存储器中的数据。

（8）数据挖掘技术。取证人员需要使用数据挖掘技术，以对从手机中提取的数据进行分析和处理。数据挖掘技术包括数据预处理、数据挖掘算法、模型评估和可视化等。

（9）通信分析技术。取证人员需要使用通信分析技术，以对手机通信活动进行分析和解释。通信分析技术包括通话记录分析、短信分析、社交媒体分析等。

（10）图像分析技术。取证人员需要使用图像分析技术，以对手机中的图像和视频进行分析和解释。图像分析技术包括图像恢复、图像识别、图像特征提取等。

（11）法律和法规知识。取证人员需要了解相关的法律和法规，以确保手机取证的合法性和规范性。

（12）报告撰写技能。取证人员需要具备良好的报告撰写技能，以将分析结果以可视化的形式呈现，以便于向法庭或其他机构提供证据。

总之，手机取证的数据分析和解释需要取证人员具备一定的技术和经验，能够对大量数据进行分类、过滤、排序和标记，以提高工作效率并减少错误率。同时，取证人员还需要结合各种分析技术和工具，依靠自己的专业知识和经验进行数据分析和解释，为调查和法律程序提供有力支持。

2.10 手机取证过程中保护个人隐私和数据安全的原则及给取证人员的建议

2.10.1 手机取证的原则

手机取证是一项涉及隐私和数据安全的技术活动，为了保护个人隐私和数据安全，需要遵守以下几个方面的原则。

（1）合法性原则。取证人员需要遵守相关的法律和法规，以确保取证过程合法、规范和可靠。取证人员必须获得相关当事人的授权或者法院的授权，才能进行手机取证。

（2）最小化原则。取证人员只能获取与调查相关的数据，且只能保留必要的数据。对于非必要的数据，应及时删除或销毁。

（3）保密性原则。取证人员需要保护所获取的数据的保密性，不能将数据泄露给未经授权的人员。取证人员需要采取一系列的措施，如加密、访问控制等，以确保数据的保密性。

（4）安全性原则。取证人员需要采取一系列的措施，以确保数据的安全性，如备份数据、使用安全的存储设备、防止数据被篡改等。

（5）透明性原则。取证人员需要向当事人或者法院公开取证的过程和结果。当事人或者法院有权对取证过程和结果进行监督和审查。

（6）职业道德原则。取证人员需要遵守相关的职业道德规范，如保持中立、公正、客观，不得滥用职权或者泄露调查信息等。

2.10.2　给取证人员的建议

基于手机取证的过程中，保护个人隐私和数据安全的重要性，这里给取证人员以下几个建议。

（1）取证人员应该遵守法律法规和道德伦理规范，尊重被取证人的隐私和其他权益。取证人员应该仅在合法的情况下进行取证，不得侵犯个人隐私和其他权益。

（2）在取证前，取证人员应该获取被取证人的授权或者法院的授权，并严格按照授权的范围和程序进行取证。

（3）在取证过程中，取证人员应该采用安全可靠的取证工具和设备，确保取证数据的完整性、真实性和保密性。

（4）在处理取证数据时，取证人员应该采用安全可靠的数据处理工具和方法，确保取证数据的安全和保密。同时，取证人员应该注意数据分类和过滤，避免不必要的数据泄露。

（5）在取证报告和证据呈现时，取证人员应该注意保护被取证人的隐私和其他权益，避免不必要的公开和泄露。

在手机取证过程中，保护个人隐私和数据安全是非常重要的，取证人员应该遵守法律法规和道德伦理规范，采用安全可靠的取证工具和设备，确保取证数据的完整性、真实性和保密性，以避免不必要的损害和风险。

2.11　保证取证过程透明性的措施及给取证人员的建议

2.11.1　保证取证过程透明性的措施

（1）遵守法律法规。取证人员必须遵守相关的法律法规和规定，确保取证过程的合法性和规范性。

（2）书面授权。在取证前，需要取得当事人或法院的书面授权，明确取证的范围、目的和方式。

（3）公证机构见证。如果需要对取证过程进行见证，可以邀请公证机构进行见证，并出具公证书。

（4）数据备案。对取证过程中获取的数据进行备案，包括数据来源、处理过程、存储位置等，确保数据的可追溯性和可控性。

（5）公开透明。取证过程需要公开透明，记录取证过程中的所有步骤和操作，确保取证过程的公开和透明。

（6）监督审查。当事人和法院有权对取证过程和结果进行监督和审查，以确保取证过程的合法性和可靠性。

（7）保密原则。在公开透明的前提下，需要遵守保密原则，确保相关当事人的隐私和商业机密不被泄露。

2.11.2 给取证人员的建议

取证过程的透明性非常重要，以下是给取证人员的一些保证取证过程透明性的建议。

（1）授权和通知。在进行手机取证之前，取证人员应该获取被取证人的授权或者法院的授权，并严格按照授权的范围和程序进行取证。

（2）证据记录。在取证过程中，取证人员应该记录所有的取证步骤、过程和结果，包括取证工具和设备的使用、取证数据的采集和处理、证据的保存和备份等。取证人员还应该记录证据的来源和完整性，以便进行后续的审查和验证。

（3）见证和监督。在取证过程中，取证人员应该接受有关方面的见证和监督。见证人和监督人可以是被取证人或者其代理人、法院、律师、鉴定人等。见证人和监督人可以对取证过程进行记录和监督，以确保取证过程的公正和透明。

（4）报告和呈现。在取证过程结束后，取证人员应该编制取证报告，并将取证数据和证据呈现给有关方面。取证报告应该详细记录取证过程和结果，包括证据来源、完整性、采集和处理过程等。取证数据和证据应该按照有关程序进行呈现，并严格保护被取证人的隐私和其他权益。

2.12 保证数据安全的措施

（1）采用安全可靠的取证工具和设备。取证人员应该采用安全可靠的取证工具和设备，以避免在取证过程中给数据带来风险或损害。同时，取证人员应该及时对取证工具和设备进行更新和维护，以保证其安全性和可靠性。

（2）加密和密码保护。取证人员应该采用安全可靠的加密算法和密码管理工具，以避免密码泄露或者破解。

（3）数据备份和恢复。在取证过程中，取证人员应该及时对取证数据进行备份和恢复，以避免数据损坏或丢失，以便于后续的数据恢复和分析。备份数据应存储在安全的存储设备中，避免数据丢失或损坏。

（4）访问控制和权限管理。在处理取证数据时，取证人员应该采用访问控制和权限管理措施，确保数据只能被授权的人员访问和使用，保证数据的安全性和保密性。取证人员应该设定严格的访问控制和权限管理规则，控制数据的访问和操作，并及时对权限进行调整和审查。

（5）安全存储。对于取证数据的存储，需要采用安全的存储设备和技术，如硬盘加密、数据分区等，以确保数据的安全性和可靠性。

（6）防止数据篡改。在数据取证过程中，需要采取一系列的措施，防止数据被篡改，如使用数字签名、数据完整性验证等技术，确保数据的完整性和可信度。

（7）数据备案。对取证数据进行备案，记录数据的来源、处理过程和存储位置，以确保数据的可追溯性和可控性。

（8）数据销毁和清除。在取证过程结束后，取证人员应该采取安全可靠的数据销毁和清除措施，确保手机上的数据不被未经授权的人员获取，以避免数据泄露或者被滥用。数据销毁和清除应该按照规定的程序和方法进行，确保数据的彻底删除和无法恢复。

2.13　手机取证中需要注意的信息安全问题

手机取证是一项涉及信息安全的技术活动，为了保护个人隐私和数据安全，需要注意以下几个信息安全问题。

（1）数据泄露。在手机取证过程中，可能会涉及个人隐私和商业机密等敏感信息，如果这些信息被未经授权的人员获取，将会造成严重的后果。

（2）数据篡改。在手机取证过程中，如果数据被篡改，将会影响数据的真实性和可靠性，从而影响司法判断和执法决策。

（3）数据丢失。在手机取证过程中，如果数据丢失，将会影响数据的完整性和可靠性。

（4）合法性问题。在手机取证过程中，需要遵守相关的法律和法规，以确保取证过程合法、规范和可靠。

（5）证据完整性和真实性问题。在取证过程中，取证人员需要保证证据的完整性和真实性，避免证据被篡改、捏造或者伪造。

在进行手机取证时，取证人员需要采取一系列的措施，确保数据的保密性、完整性、可靠性和合法性，从而有效地保护个人隐私和数据安全。

2.14　手机取证的难点

2.14.1　手机取证过程中遇到的挑战

手机取证是数字取证中的一个重要分支，也是一项复杂和有挑战性的工作。以下是手机取证中经常遇到的挑战。

（1）手机存储介质的多样性。不同品牌、不同型号的手机有不同的存储介质和文件系统，不同的手机厂商和操作系统版本也有不同的安全机制和加密方式，这使得手机取证变得更加复杂和困难。

（2）数据量和处理速度的挑战。手机中的数据量往往非常大，取证人员需要处理大量的数据，如短信、通话记录、社交媒体数据等。同时，取证人员还需要在有限的时间内完成取证任务，这对数据处理速度和效率提出了更高的要求。

（3）加密和密码的破解。手机中的数据往往会被加密和保护，如手机屏幕锁、应用程序密码、加密备份文件等。取证人员需要掌握密码破解技术和密码恢复工具，以便更好地解密数据。

（4）数据完整性和证据保全。在手机取证过程中，需要确保取证数据的完整性、真实性和保密性，以避免被篡改或者泄露。同时，取证人员还需要依据法律规定和司法程序，对取证数据进行保全和证明，以确保其合法性和有效性。

（5）法律法规和道德伦理的约束。在手机取证过程中，取证人员需要遵守相关的法律法规和道德伦理规范，保护被取证人的隐私权和其他权益，避免侵害个人权益和社会公共利益。

2.14.2 手机取证过程中的难点

面对以上的各种挑战，取证人员想出了很多的解决方法，但仍存在着诸多难点，归纳总结如下：

（1）数据获取的难度。手机存储器中的数据类型繁多，格式复杂，有些数据还经过了加密和保护，因此取证人员需要使用专业的工具和技术，才能有效地获取和提取数据。

（2）数据恢复的难度。手机存储器中的数据可能被删除或损坏，取证人员需要使用专业的数据恢复技术，才能从损坏或删除的数据中恢复出完整和准确的数据。

（3）数据分析的难度。手机存储器中的数据量大，种类繁多，分析起来比较复杂，需要取证人员具备专业的数据分析技能和知识，才能准确地分析和解释数据。

（4）数据解密的难度。手机存储器中的数据有些经过了加密和保护，需要取证人员使用专业的数据解密技术，才能解密出加密的数据和文件。

（5）隐私和数据安全的保护。手机取证涉及隐私和数据安全等敏感问题，取证人员需要遵守相关的法规和标准，保护个人隐私和数据安全，避免数据泄露或滥用。

（6）多样性和变化性。手机技术和应用不断发展和变化，手机存储器中的数据类型和格式也在不断变化，取证人员需要不断学习和更新知识，以适应不同类型和版本的手机。

手机取证是一项复杂的技术活动，需要取证人员具备多种专业技能和知识，才能有效地完成取证工作。取证人员需要不断学习和更新知识，以适应不同类型和版本的手机。

2.15 提高手机取证的效率和准确性的建议

提高手机取证的效率和准确性是取证人员需要解决的重要问题。以下是一些提高手机取证效率和准确性的建议。

（1）采用自动化取证技术。自动化取证技术可以帮助取证人员快速获取关键证据，提高取证效率。取证人员应该掌握自动化取证技术，包括自动化采集、自动化分析、自动化报告等技术。

（2）时间轴分析和地理位置分析。时间轴分析和地理位置分析是提高取证效率和准确性的重要手段。时间轴分析可以帮助取证人员还原事件经过、查明证据来源和证明犯罪事实；地理位置分析可以帮助取证人员了解被取证人员的行踪轨迹和活动范围，查明被取证人员的行踪和证明犯罪事实。

（3）数据分类和过滤。数据分类和过滤可以帮助取证人员更好地处理大量数据，提高取证效率和准确性。取证人员应该掌握数据分类和过滤技术，包括数据排序、数据标记、数据过滤等技术。

（4）制订取证计划。在进行手机取证前，需要制订详细的取证计划，明确取证的目的、范围、方式和时间等，以提高取证效率和准确性。

（5）熟悉手机操作系统。取证人员需要熟悉各种手机操作系统的特点和漏洞，以便于有效地进行取证工作。

（6）采用快速取证技术。快速取证技术可以在短时间内获取手机上的数据和信息，提高取证效率和准确性。取证人员可以采用一些快速取证技术，如物理取证和逻辑取证等。

（7）数据分析技术。数据分析技术可以帮助取证人员有效地分析和处理取证数据，提高取证效率和准确性。取证人员可以采用一些数据分析技术，如数据挖掘、数据可视化等。

（8）不断学习和更新知识。取证人员需要不断学习和更新知识，了解新的取证技术和工具，以提高取证效率和准确性。

（9）团队协作和知识共享。团队协作和知识共享可以提高取证效率和准确性。取证人员应该建立良好的团队协作机制，共享知识和经验，避免重复劳动和错误。

第 3 章　iOS 系统取证概述

3.1　移动操作系统概述

移动操作系统是指运行在移动设备上的操作系统，包括智能手机、平板电脑、手持游戏机等设备。移动操作系统主要功能包括管理硬件资源、提供基础服务、运行应用程序等。

3.1.1　目前主流的移动操作系统

（1）Android。由Google开发，基于Linux内核，是目前全球市场份额最大的移动操作系统。Android具有开放性、自由度高、应用程序丰富等特点，支持多款设备和多种硬件规格。它是目前市场份额最大的移动操作系统之一，其设计灵活，允许开发者自由地进行定制和开发应用程序。

（2）iOS。由苹果公司开发，基于Unix内核，是主要的移动操作系统之一，只能运行在苹果公司的设备上。iOS具有高度集成的设计，使得应用程序之间的交互更加流畅，并提供了强大的安全性和隐私保护功能，具有安全性高、用户体验好、应用程序质量高等特点。

（3）Windows Phone。由微软公司开发，基于Windows NT内核，是微软公司的移动操作系统。Windows Phone具有界面美观、易用性好等特点，但市场份额较低。

（4）BlackBerry OS。由黑莓公司开发，是黑莓手机的操作系统，主要用于商务人士和企业用户。它具有出色的安全性和保密性能，并提供了专业级别的生产力工具。BlackBerry OS具有安全性高、信息管理能力强等特点，但市场份额较低。

（5）KaiOS。由KaiOS Technologies公司开发，基于Firefox OS内核，是一款轻量级的移动操作系统。KaiOS主要应用在功能手机上，具有低成本、易用性好等特点。

（6）Tizen。由Linux基金会支持的开源操作系统，主要用于三星电子的智能手机和其他设备。它具有出色的性能和灵活性，并支持HTML5应用程序开发。

3.1.2　移动操作系统的特点

这些移动操作系统都具有不同的特点和优点，用户可以根据自己的需求和偏好选择合适的操作系统。移动操作系统具有以下特点。

（1）移动性。动操作系统主要应用在移动设备上，具有便携性和高度的移动性。

（2）多样性。移动操作系统应用于各种类型的设备，具有多样性和适应性。

（3）应用程序丰富。移动操作系统具有庞大的应用程序库，提供了各种各样的应用程序，包括社交、娱乐、购物、办公等领域。

（4）安全性问题。移动操作系统由于应用程序的多样性和开放性，安全性问题也是一个重要的挑战。移动操作系统需要采取措施确保应用程序的安全性和数据的隐私保护。

移动操作系统是移动设备的核心软件平台，具有多样性、移动性、应用程序丰富等特点。随着移动设备的普及和应用程序的不断丰富，移动操作系统的发展也将不断推进。

3.2　iOS系统的特点

iOS是由苹果公司开发的移动操作系统，最初发布于2007年，运行在iPhone、iPad、iPod Touch等苹果移动设备上。iOS系统的目标是为移动设备提供高效、稳定、安全的操作系统，使用户能够方便地使用各种应用程序和服务，以及进行各种操作。以下是iOS系统的一些特点。

（1）简单易用。iOS系统采用直观的图形用户界面，易于上手和操作，支持多点触控、语音识别等交互方式。iOS的界面设计简洁、美观，易于使用。

（2）安全性高。iOS系统采用多层次的安全机制，包括硬件加密、应用审查、系统完整性保护等，可以有效保护用户的个人隐私和数据安全。

（3）应用丰富。iOS系统有着丰富的应用程序商店，用户可以轻松下载和安装各种应用程序，从游戏、社交、购物到生产力和学习等领域，无所不包。

（4）功能强大。iOS系统具有许多强大的功能，如Siri语音助手、FaceTime视频通话、AirPlay无线投屏等。

（5）生态系统。iOS系统与苹果公司的生态系统紧密相连，包括iTunes、iCloud、Apple Pay等服务。通过这些服务，用户可以轻松地管理和同步数据、进行在线支付等。

（6）稳定性强。iOS系统的稳定性得到了广泛认可，系统崩溃和应用程序崩溃的情况非常少。

（7）高度集成的设计。iOS的设计非常高度集成，使得设备和应用程序之间的交互变得更加流畅。例如，用户可以轻松地从一个应用程序跳转到另一个应用程序，或者通过Siri语音助手直接控制设备。

（8）安全性和隐私保护。iOS系统具有出色的安全性和隐私保护功能，包括Touch ID指纹识别、Face ID面部识别、数据加密和应用程序权限控制等功能，保护用户的个人信息和设备安全。

（9）更新及时。苹果公司会定期发布iOS系统的更新，包括新功能、性能优化以及安全修补程序等，用户可以及时获取更新并提高设备的安全性和性能。

iOS系统是一个功能强大、安全可靠的移动操作系统，它为用户提供了丰富的应用程序和服务，成为现代移动生活中不可或缺的一部分。

3.3　iOS系统的结构

iOS系统的结构可以分为四个层次：核心操作系统层、核心服务层、媒体层和应用层，下面对每一层进行简要介绍。

（1）核心操作系统层。这一层是iOS系统的核心，包括内核、驱动程序、文件系统、网络协议栈和安全模块等。内核是操作系统的核心组件，负责管理系统资源、进程调度和内存管理等。驱动程序则负责管理设备硬件的访问和控制。文件系统和网络协议栈负责文件和网络访问。安全模块则负责系统安全和隐私保护。

（2）核心服务层。是iOS系统的核心组成部分，包括了各种系统服务和功能模块，如通知中心、iTunes、iCloud、Safari等。这些服务和模块提供了各种系统级别的功能，如数据同步、备份、推送通知等。

（3）媒体层。这一层提供了媒体处理和图形渲染功能，包括图像处理、视频处理、音频处理和OpenGL ES图形渲染等。这些功能可以被应用程序调用，以实现各种媒体应用。

（4）应用层。是iOS系统最上层的部分，这一层包括所有的iOS应用程序，如通信、浏览器、社交媒体、游戏、生产力工具等。应用层是用户和系统之间的接口，可以通过屏幕、音频、网络等方式与用户进行交互，可以调用核心服务和API，以实现各种功能。

总之，iOS系统架构是一个分层结构，从底层的核心操作系统层到上层的应用层，每个层次都有各自的功能和作用，共同构成了一个高效、可靠的操作系统。这种架构的设计使得开发者可以方便地开发应用程序，用户可以方便地使用各种功能，同时系统的安全性和稳定性也得到了保障。

3.4 iOS系统的构成

3.4.1 内核

iOS系统的内核（kernel）是一个基于XNU（X is Not Unix）的混合内核，是iOS系统的核心部分。它是一个将Mach 3.0微内核和BSD（Berkeley Software Distribution）操作系统合并而成的内核，用于管理系统资源、处理输入输出请求和执行进程等。下面是iOS系统内核的一些详细介绍。

（1）XNU内核结构。XNU内核结构由三部分组成，包括Mach内核、BSD层和I/O Kit。Mach内核提供了进程管理、内存管理和线程管理等基本功能，BSD层提供了文件系统、网络协议、套接字接口等高级功能，I/O Kit提供了设备驱动和硬件抽象层等功能。以下是XNU内核的几个组成部分。

①Mach 3.0微内核。作为XNU内核的核心，Mach微内核是一个轻量级的操作系统内核，它负责管理线程、进程、内存、消息传递和进程间通信等基本功能。

②BSD子系统。XNU内核还包括一个BSD子系统，它负责处理与文件系统、网络和安全性等相关的高级功能。BSD子系统在XNU内核中充当了一个重要的服务层，提供了许多重要的系统服务和接口。

③I/O Kit驱动框架。iOS系统的内核还包括一个I/O Kit驱动框架，它提供了一种用于编写和管理设备驱动程序的接口和机制。I/O Kit驱动框架使得iOS系统能够与各种硬件设备进行通信，包括摄像头、触摸屏幕、无线芯片等。

④XNU运行时库。XNU内核还包括一个运行时库，它提供了一些常用的系统函数和库，包括内存管理、线程管理、网络通信等。这些函数和库可以被iOS系统上的应用程序和系统服务所使用。

总之，XNU内核是iOS系统的核心部分，它由Mach微内核、BSD子系统、I/O Kit驱动框架和XNU运行时库等多个模块组成，为iOS系统提供了稳定、高效的核心服务和接口，支持各种硬件设备的驱动和管理。

（2）进程管理。iOS系统内核负责管理系统中运行的进程，包括创建、销毁、调度等。每个进程都有自己的地址空间和线程，iOS系统内核使用虚拟内存技术来管理进程地址空间，以保证每个进程有足够的内存空间。OS系统内核使用抢占式调度算法来管理线程，以保证不同线程之间的公平性和响应性。

（3）内存管理。iOS系统内核负责管理系统中的内存，包括内存分配、回收和保护等。iOS系统内核使用页表来管理虚拟内存，以便于实现内存保护和内存共享等功能。

（4）I/O管理。iOS系统内核负责管理系统中的输入、输出请求，包括设备驱动程序、文件系统、网络协议等。iOS系统内核使用I/O Kit来管理各种设备，以便于实现设备的抽象和硬件适配。

iOS系统内核是一个功能强大、高效稳定的混合内核，它提供了进程管理、内存管理、线程管理、I/O管理等核心功能，为iOS系统提供了坚实的基础。iOS系统内核的优化和改进，能够显著提高iOS设备的性能和稳定性。

3.4.2　系统服务

iOS系统服务（system services）是一些在后台运行的程序和服务，它们为iOS系统提供了许多重要的功能和服务，包括文件系统服务、网络服务、安全服务、音频服务、视频服务、位置服务、通知服务等，这些服务为应用程序提供了底层的支持，使得应用程序能够访问各种资源和数据。

3.4.2.1　iOS系统服务的详细介绍

（1）文件系统服务。iOS系统提供了一个文件系统服务，用于管理应用程序的文件和目录。应用程序可以通过文件系统服务来读取、写入、管理文件和目录，以便于存储和共享数据。

（2）网络服务。iOS系统提供了各种网络服务，包括Wi-Fi、蜂窝网络、VPN等。应用程序可以使用这些服务来访问互联网、发送和接收数据等。

（3）安全服务。iOS系统提供了许多安全服务，包括数据加密、应用程序沙箱、代码签名等。这些服务可以保护用户数据和设备安全，以防止恶意软件和攻击。

（4）音频服务。iOS系统提供了音频服务，包括音频输入和输出、音频处理等。应用程序可以使用这些服务来实现音频播放、录制和处理等功能。

（5）视频服务。iOS系统提供了视频服务，包括视频输入和输出、视频处理等。应用程序可以使用这些服务来实现视频录制、播放和处理等功能。

（6）位置服务。iOS系统提供了位置服务，包括GPS、基站定位、Wi-Fi定位等。应用程序可以使用这些服务来获取用户的位置信息，以便于实现各种位置相关的功能。

（7）通知服务。iOS系统提供了通知服务，包括本地通知、远程通知等。应用程序可以使用这些服务来向用户发送通知和提醒，以便于实现各种提醒和通知功能。

3.4.2.2 常见的iOS系统服务

这些服务的优化和改进，能够提高应用程序的性能和稳定性。以下是一些常见的iOS系统服务：

（1）iCloud。iCloud是苹果公司提供的一种云服务，它可以同步和备份用户的照片、音乐、文档等数据，并且可以在多个设备之间共享这些数据。

（2）Siri。Siri是一种语音助手，它可以回答用户的问题、执行命令和提供信息等服务。

（3）Apple Pay。Apple Pay是一种移动支付服务，它允许用户使用iPhone或其他苹果设备进行无接触支付。

（4）Game Center。Game Center是一个社交游戏平台，它允许用户与其他玩家进行游戏，并与他们分享游戏成就和排行榜。

（5）Health。Health是一种健康和健身应用程序，它可以跟踪用户的健康数据，如体重、血压、心率等，并提供健康建议和建议。

（6）HomeKit。HomeKit是一个智能家居平台，它允许用户使用iOS设备控制家庭中的智能设备，如灯光、温度、安全系统等。

（7）Maps。Maps是一种地图和导航应用程序，它提供了路线规划、实时交通信息、地点搜索等功能。

（8）iTunes。iTunes是一种数字媒体管理和播放软件，它可以管理用户的音乐、电影、电视节目和其他内容。

3.4.3 应用程序框架

iOS系统的应用程序框架（application frameworks）是一组软件开发工具和接口，它们为开发iOS应用程序提供了必要的基础设施和支持。这些框架为开发者提供了一系列的API，使得开发者能够更加便捷地开发应用程序。以下是iOS系统的一些常见应用程序框架。

（1）UIKit框架。UIKit框架是iOS系统的核心框架之一，用于构建用户界面。UIKit框架包括各种UI组件，如按钮、标签、文本框等，以及视图控制器、表视图、集合视图等高级组件。开发者可以使用UIKit框架来创建各种类型的应用程序，从简单的工具应用到复杂的游戏应用。

（2）Core Data框架。Core Data框架是一种数据管理框架，用于管理应用程序中的数据模型，包括持久性存储、查询和排序等。开发者可以使用Core Data框架来定义数据模型、执行数据查询和更新操作、实现数据备份和恢复等功能。

（3）Core Location框架。Core Location框架是一个位置服务框架，用于获取设备的位置信息。开发者可以使用Core Location框架来获取用户的位置信息、监控位置变化，包括经度、纬度、海拔高度等。

（4）AV Foundation框架。AV Foundation框架是一个音视频框架，用于处理音视频内容。开发者可以使用AVFoundation框架来录制、播放和编辑音视频内容，以及实现音视频的特效和过渡效果等。

（5）GameKit框架。GameKit框架是一个游戏开发框架，用于实现多人游戏和实时通信等功能。开发者可以使用GameKit框架来创建多人游戏和实时通信应用，以及实现排行榜、成就等功能。

（6）Social框架。Social框架是一个社交框架，用于集成社交网络服务。开发者可以使用Social框架来实现与Facebook、Twitter等社交网络的集成，以及实现分享、点赞等功能。

（7）Cocoa Touch框架。Cocoa Touch框架是另一个重要的iOS应用程序框架，它包括许多高级接口和工具，如触摸事件处理、网络通信、多线程处理、核心动画等。

（8）Core Animation框架。Core Animation框架是一种动画框架，它可以帮助开发人员创建各种高质量的动画效果，如平移、缩放、旋转等。

（9）MapKit框架。MapKit框架是一种地图框架，它可以帮助开发人员在应用程序中集成地图和导航功能，包括路线规划、地点搜索等。

iOS系统的应用程序框架为开发人员提供了必要的工具和接口，帮助他们轻松地创建高质量和功能丰富的iOS应用程序。

3.4.4 硬件抽象层（hardware abstraction layer）

iOS系统的硬件抽象层是一个跨平台的抽象层，它将硬件特定的功能与操作系统分离开来，使得iOS系统能够适应不同的硬件平台。

3.4.5 开发工具（development tools）

iOS系统提供了一系列的开发工具，包括Xcode集成开发环境、iOS模拟器、Instruments性能分析工具等，这些工具为开发者提供了创建、测试和调试应用程序的环境。

以上是iOS系统的主要构成部分，它们共同构成了一个完整的iOS系统，为用户提供了高效、稳定、安全的移动操作系统。

3.5 iOS系统的应用程序

iOS系统的应用程序是一些安装在iOS设备上的软件应用，它们可以为用户提供各种功能和服务。这些应用程序包括各种类型，如社交、娱乐、工具等。以下是iOS系统的一些常见应用程序：

（1）Safari。Safari是iOS系统默认的网页浏览器应用程序，可以让用户在移动设备上浏览和访问互联网。支持各种常见的Web标准和技术，如HTML、CSS、JavaScript等。Safari具有快速、稳定、安全的特点，支持多标签浏览、内置阅读器等功能。

（2）Mail。Mail是iOS系统默认的电子邮件应用程序，可以帮助用户管理多个电子邮件账户，并发送和接收电子邮件。支持IMAP、POP和Exchange等邮件协议，具有简单、易用、高效的特点，支持邮件搜索、附件预览等功能。

（3）Photos。Photos是iOS系统默认的照片和视频管理应用程序，它可以帮助用户浏览、编辑和分享照片和视频。

（4）Maps。Maps是iOS系统默认的地图和导航应用程序，可以帮助用户查找和浏览地图，能够提供路线规划、实时交通、街景浏览等功能。它具有准确、实用、易用的特点，支持各种语言和地区。

（5）Messages。Messages是iOS系统默认的即时消息应用程序，它可以帮助用户发送和接收文本、图片和视频等消息。

（6）Music。Music是iOS系统默认的音乐播放应用程序，可以让用户播放和管理他们的音乐收藏。支持各种音频格式和音乐服务，如iTunes Store、Apple Music等。它具有简单、易用、高质量的特点，支持歌曲搜索、歌曲推荐等功能。

（7）FaceTime。FaceTime是一种视频通话和语音通话应用程序，它可以让用户与其他iOS设备进行通信。

（8）App Store。App Store是iOS系统的应用程序商店，它可以让用户浏览、下载和安装各种应用程序。

（9）相机。相机是iOS系统上的默认相机应用程序，支持照片和视频拍摄，以及各种拍照模式和滤镜。相机具有简单、易用、高质量的特点，可以满足用户的各种拍照需求。

（10）计算器。计算器是iOS系统上的默认计算器应用程序，支持各种常见的计算操作，如加减乘除、百分比计算等。计算器具有简单、易用、准确的特点，可以满足用户的各种计算需求。

总之，iOS系统的应用程序为用户提供了各种必要的功能和服务，使得iOS设备成为一个功能强大、易用的移动平台。同时，用户还可以通过App Store下载和安装其他各种各样的应用程序，满足不同的需求。

3.6 iOS系统数据结构与分析

3.6.1 iOS 文件系统的基本框架

（1）iOS设备的存储空间分为多个分区，其中最重要的是系统分区和用户分区。系统分区包含了iOS操作系统及其相关文件，它通常被称为“根分区”，也被称为“/”分区，因为在Unix和Linux中，根目录的路径通常是“/”。用户分区包含了用户数据、应用程序和媒体文件等。在iOS设备中，用户分区通常被称为“/private/var”分区，在iOS设备取证过程中，需要对这些分区进行分析和提取，以获取设备中的数据。同时，为了保证取证结果的完整性和准确性，需要保持数据的原始状态，不进行任何修改或删除。

（2）iOS设备的目录结构是由操作系统定义和管理的。在iOS设备上，所有的应用程序都必须存储在应用程序沙盒中，这是一个独立的、私有的文件夹，只有相应的应用程序才能访问其中的内容。每个应用程序都有自己的沙盒目录，用于存储应用程序的所有数据文件和配置文件。

（3）iOS设备的文件系统采用的是苹果公司自主研发的HFS+文件系统，这个文件系统主要由三部分组成，包括Boot Sector（引导扇区）、Catalog File（目录文件）和Allocation File（分配文件）。其中，引导扇区用来存储文件系统的启动信息和分区信息，目录文件用来存储文件和文件夹的信息，而分配文件用来记录磁盘块的分配情况。在iOS设备中，每个应用程序都有自己的沙盒目录，这个目录包括了该应用程序的所有数据文件和配置文件，而应用程序之间是不能相互访问的。iOS设备还采用了一种名为“Property List”的文件格式来存储应用程序的配置信息和用户数据，这种文件格式采用的是XML或二进制编码方式。

3.6.2 iOS 系统数据结构的解析

在iOS设备中，数据主要分为文件、文件夹、应用程序、日志、缓存等类型。其中，文件和文件夹是存储在文件系统中的数据类型，应用程序、日志和缓存则是存储在沙盒目录中的数据类型。

3.6.2.1 文件和文件夹

文件是指具有一定名称和扩展名的数据集合，它们可以存储在文件系统的任何位置。文件夹则是一种特殊类型的文件，用来存储其他文件和文件夹。iOS设备的文件和文件夹采用的是Unix文件系统的命名规则，具有以下特点：

（1）文件和文件夹的名称不能包含某些特殊字符，如空格、反斜杠、斜杠等。

（2）文件和文件夹的名称不区分大小写。

（3）文件和文件夹的扩展名用于区分不同的文件类型，例如“docx”表示Word文档，“png”表示图像文件。

（4）文件和文件夹的权限由三部分组成，包括所有者权限、组权限和其他用户权限。这些权限决定了谁可以读取、写入或执行该文件或文件夹。

3.6.2.2 应用程序

iOS设备的应用程序采用的是二进制格式，由多个Mach-O文件组成。Mach-O文件包括可执行文件、动态库和框架等。应用程序在iOS设备中分为两类，一类是内置应用程序，另一类是用户自己安装的应用程序。内置应用程序是iOS系统预装的应用程序，比如照片、通讯录、短信等，一般不能卸载。而用户安装的应用程序是用户自行选择下载安装的，可以通过App Store或其他渠道获取。

在取证过程中，获取应用程序可以帮助取证人员了解设备的使用情况、应用程序的安装情况、应用程序使用记录等。获取应用程序的方法可以通过文件系统、iTunes备份或者第三方工具等。当取证人员获取了应用程序的二进制文件后，可以通过反编译工具对其进行解析。反编译可以帮助取证人员了解应用程序的代码结构和逻辑，进而发现可能存在的漏洞和安全风险。同时，也可以通过静态分析工具对应用程序的代码进行深入分析，检测应用程序中可能存在的恶意代码、漏洞等问题。在实际取证过程中，获取应用程序的方法较为简单，但是在进行应用程序的解析和分析时，需要取证人员具备一定的编程和反编译技术，以便更好地进行数据的提取和分析。同时，也需要取证人员具备较强的法律法规和技术知识，以保证取证过程的合法性和数据的有效性。

3.6.2.3 日志和缓存

iOS系统中的日志和缓存是一些系统数据，通常包含了设备的使用情况、系统运行状态、应用程序使用情况等。这些数据通常被存储在“/private/var/log”和“/private/var/mobile/Library/Caches”目录中。在iOS系统取证时，可以通过对这些日志和缓存数据进行分析，了解设备的使用情况和系统运行状态。

3.6.2.4　SQLite数据库

SQLite数据库通常采用SQLite格式进行存储结构化数据的文件，例如用户账户信息、聊天记录、浏览历史、联系人信息等。在iOS系统取证时，可以通过对数据库进行分析和解析，以获取应用程序中的重要数据。

3.7　保证iOS系统安全的方法和机制

iOS是一种具有较高的安全性的移动操作系统，它采用了多种安全机制来保护用户的个人信息和设备安全，从设备锁定到数据加密、应用程序权限控制和应用程序审核等多个方面来保护用户的隐私和安全。

3.7.1　保证 iOS 安全的方法

（1）设备锁定。iOS设备支持设备锁定功能，用户可以设置密码、Touch ID指纹识别或Face ID面部识别来锁定设备。这可以保护设备免受未经授权的访问。

（2）数据加密。iOS设备会自动对存储在设备上的所有数据进行加密，包括应用程序数据和设备备份。这可以保护用户的个人信息和隐私免受未经授权的访问。

（3）应用程序权限控制。iOS系统允许用户控制应用程序的权限，例如访问照片、联系人、位置等。用户可以根据需要控制应用程序的权限，保护个人信息和隐私。

（4）应用程序审核。iOS的App Store审核过程非常严格，苹果公司会审核所有提交到App Store的应用程序，以确保它们不包含恶意代码或违反隐私政策。这可以保护用户免受恶意应用程序的攻击。

（5）安全芯片。iOS设备配备了安全芯片，例如Apple T2安全芯片，它可以确保设备的启动过程是安全的，并通过硬件隔离保护用户的个人信息。

（6）自动更新。苹果公司定期发布iOS系统的更新版本，以修复安全漏洞和增加新功能。这些更新通常免费提供给用户，使得用户可以保持设备最新状态，从而提高安全性。

3.7.2　iOS 系统中常见的安全机制

3.7.2.1　Sandboxing机制

Sandboxing（沙盒）机制是iOS系统中的一项重要安全机制，在iOS系统中，每个应用程序都运行在其自己的沙盒中，沙盒是一个受限环境，应用程序只能访问自己沙盒中的文件和资源，无法直接访问其他应用程序或系统资源。在安装应用程序时，系统会提示用户授权，让用户选择允许或拒绝应用程序对某些系统资源或数据的访问请求，例如相机、通讯录、位置信息等。

3.7.2.2　加密机制

iOS系统采用多层加密机制，包括数据存储加密、网络通信加密、设备锁屏加密等，以保护用户数据的安全。数据存储加密：iOS系统使用文件系统加密（file system encryption，

FSE）技术对用户数据进行加密。在设备上创建或打开文件时，FSE会使用AES-256算法对文件进行加密，防止文件被未经授权地访问或窃取。同时，FSE还支持文件级加密，即可以对某些特定文件进行加密，保护用户的隐私数据。网络通信加密：iOS系统使用传输层安全协议（transport layer security，TLS）来加密网络通信。当设备与服务器之间进行通信时，TLS会使用加密算法对数据进行加密和解密，保障通信的机密性和完整性。iOS系统还采用了虚拟专用网络（virtual private network，VPN）技术，通过对网络流量的加密和隧道技术来保护用户的网络隐私。设备锁屏加密：iOS系统支持设备锁屏功能，当用户锁屏时，设备会自动启用硬件加密，对设备上的数据进行加密。只有在用户输入正确的密码或使用Touch ID或Face ID进行身份认证之后，才能解密数据并使用设备。这些加密机制为iOS系统赢得了用户的信任和青睐。

3.7.2.3 应用程序签名机制

应用程序签名机制是iOS系统的一项重要安全机制，用于验证应用程序的身份和完整性，防止恶意应用程序的安装和运行。在iOS系统中，每个应用程序都需要被签名才能够被安装和运行。应用程序签名是通过数字证书对应用程序进行数字签名的过程，数字证书中包含了应用程序的开发者信息、证书序列号、签名算法等信息，用于验证应用程序的身份和完整性。当用户下载和安装应用程序时，系统会自动检查应用程序的签名信息，确保该应用程序来自合法的开发者，且没有被篡改。如果应用程序的签名无效或被篡改，系统会拒绝安装或运行该应用程序，保护用户的设备和数据的安全。另外，iOS系统还采用了应用程序沙盒机制和权限管理机制，进一步加强了应用程序的安全性和用户数据的保护。应用程序沙盒机制可以隔离每个应用程序并限制其对系统资源和其他应用程序的访问权限，防止应用程序意外或故意地修改或删除其他应用程序或系统文件。权限管理机制可以让用户根据自己的需求和安全考虑，灵活控制应用程序的访问权限。总之，应用程序签名机制是iOS系统的重要安全机制之一，用于验证应用程序的身份和完整性，防止恶意应用程序的安装和运行。

3.7.2.4 Touch ID和Face ID机制

Touch ID 和 Face ID 是苹果公司在其设备上集成的生物识别技术，用于验证设备所有者的身份，以确保设备和数据的安全性。以下是关于 Touch ID 和 Face ID 机制的介绍：

（1）Touch ID机制。Touch ID 是苹果公司在其设备上使用的指纹识别技术。Touch ID 传感器位于设备的 Home 键上，可以通过扫描用户的指纹来验证其身份。Touch ID 技术采用硬件加密和安全存储来保护用户指纹数据的安全性，同时只有在验证成功后才能解锁设备或进行敏感操作。

（2）Face ID 机制。Face ID 是苹果公司在其设备上使用的面部识别技术。Face ID 传感器使用 TrueDepth 摄像头系统来扫描用户的面部特征，以验证其身份。Face ID 技术采用硬件加密和安全存储来保护用户面部数据的安全性，同时只有在验证成功后才能解锁设备或进行敏感操作。

Touch ID 和 Face ID 技术都采用了多种安全措施来保护用户数据的安全性。例如，指纹或面部数据不会离开设备，而是被加密存储在安全芯片中。此外，Touch ID 和 Face ID 技术还可以防止伪造指纹或面部数据的攻击，以及防止使用照片或视频进行欺骗的攻击。

3.7.2.5 应用程序权限管理机制

iOS 应用程序权限管理机制通过为应用程序提供访问设备功能和数据的权限，确保了应用程序的正常运行和用户的数据安全。iOS 应用程序权限管理机制为用户提供了对应用程序访问设备功能和数据的控制权。例如，用户可以选择是否允许应用程序访问相机、位置信息、通讯录等功能和数据。这种管理机制可以保证用户数据的隐私和安全。应用程序审查：苹果公司对所有提交到 App Store 的应用程序进行审查，以确保应用程序不包含恶意代码或违法行为。这种审查机制可以减少恶意应用程序的存在，提高用户的安全性。应用程序更新：应用程序更新也是保证应用程序安全性的重要措施之一。iOS 应用程序更新机制通过在应用程序更新时重新审查应用程序，更新新的权限管理机制和漏洞修复，提高了应用程序的安全性。总之，iOS 应用程序权限管理机制的安全性得到了多种措施的保证，如应用程序沙箱、访问权限管理、应用程序审查和应用程序更新机制等。这些措施可以确保应用程序的正常运行和用户数据的安全性。

iOS系统的安全机制包括了多种技术手段，从数据加密、数字签名、生物识别到权限管理等方面，全面保护用户的隐私和系统的安全。

3.8 iOS系统取证流程

iOS系统取证是指对iOS设备进行取证，获取设备中的各种信息和数据，以获取证据或提供技术支持。iOS系统取证的基本过程：①设备连接：iOS设备可以通过数据线连接到取证分析工具上，也可以通过Wi-Fi网络进行连接。②取证准备：在进行取证前，需要对设备进行准备工作，包括关闭设备锁屏、关闭自动备份等。取证人员需要根据不同的取证目的和需求选择相应的取证方法和工具。③取证过程：iOS系统取证的过程包括设备信息获取、文件系统采集、应用程序数据采集、物理获取等步骤。取证人员需要使用专业的取证工具和技术进行数据采集和分析，获取设备中的各种信息和数据。④数据分析：取证人员需要对采集到的数据进行分析和解读，包括还原事件经过、提取证据等工作。

针对 iOS 设备的取证具体特点，其具体的取证流程和注意事项，如图3–1所示。

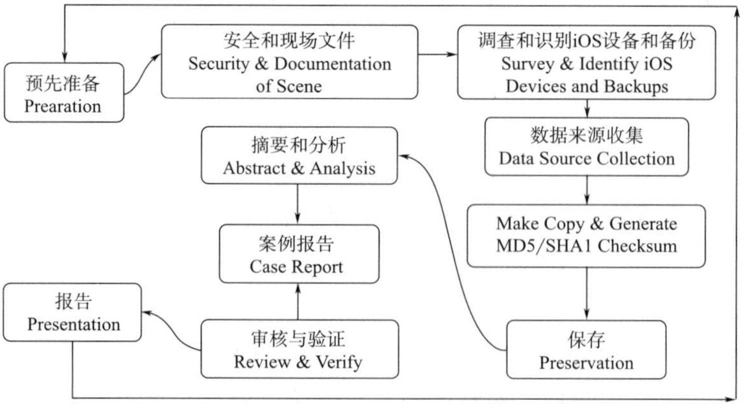

图3–1 iOS取证流程图

（1）为了避免未经许可的行为活动破坏潜在证据或线索，取证人员需要遵循相关的取证程序，首先保护现场，其次运用照片以及视频的方式客观直接地将取证现场再现出来。

（2）取证人员对iOS实体装置进行鉴定。获得iOS实体装置，首先取证人员要将设备调整至飞行模式，断开一切网络接入，取出设备中的外部储存器，防范一切能够产生数据交互的潜在风险，并用屏蔽装置保存设备。

（3）对于PC端或Mac端或其他形式的存储介质，现场可能保存有iOS设备的备份数据，取证人员需根据其系统屏蔽上述设备的通信及数据交互，查看是否存在相应iOS设备备份路径下的备份，进而对设备进行屏蔽保存。创建其Media Mirror和备份Mirror并生成其MD5/SHA1验证码。

（4）取证人员将着手对目标iOS装置实施取证，取证工作将在取得目标物理装置或其准备的单证后进行。鉴于iOS物理装置，鉴证者可直接透过目视装置，或透过专业鉴证软件，或透过人工分析镜像备份等方式，取得相关犯罪嫌疑人的资料与装置资料，并执行镜像备份目标装置的储存介质，进而获取证据与资料。除了镜像备份，取证人员还需要尽可能多获取可能的目标iOS系统设备的数据。这些数据可以包括设备上的短信、通话记录、联系人、日历、照片、视频等。通过获取这些数据，取证人员可以更加全面地了解目标设备的使用情况，从而确定可能存在的犯罪行为。

（5）完成目标证据提取工作后，对实施该过程的相关资料、取证时间地点、取证人员、备注资料等，需要形成全程取证报告文件；针对目标设备的数据来源、相关参数属性和标识等取证对象的属性记录；应记录在每一个取证步骤或过程中。

3.9 iOS系统取证技术和取证注意事项

iOS系统取证具有一些特殊的挑战和限制，例如数据加密、应用程序权限控制、应用程序审核、多种存储位置、更新和改进等，需要使用专业的取证工具和技术，以确保获取证据的合法性和可靠性。同时，iOS系统取证是一项重要的技术活动，需要采取数据保护和隐私保护措施，确保取证数据的安全和完整性。取证人员需要具有专业的取证技术，确保数据采集和分析的准确性和可靠性。

3.9.1 用于 iOS 系统取证的常用技术

（1）iTunes备份文件分析。iTunes备份文件是iOS设备的一个完整备份，包括所有数据和应用程序。可以使用专业的取证工具，如Cellebrite、Magnet AXIOM、EnCase等，来分析备份文件，以获取存储在设备上的电子证据。

（2）iOS设备映像分析。iOS设备映像是设备的一个完整副本，包括操作系统、应用程序、数据和设置。可以使用专业的取证工具，如Cellebrite、Magnet AXIOM、EnCase等，来制作设备映像，并分析映像以获取存储在设备上的电子证据。

（3）iCloud备份分析。iOS设备可以自动备份到iCloud云服务，包括所有数据和应用程序。可以使用专业的取证工具，如Elcomsoft Phone Breaker、Magnet AXIOM Cloud等，来获取iCloud备份文件，并分析备份文件以获取存储在设备上的电子证据。

（4）iOS设备解锁。如果没有iTunes备份文件或iCloud备份文件可用，可以尝试使用iOS设备解锁工具，如GrayKey、UFED4PC、MobiSaver等，来获取存储在设备上的电子证据。这些工具可以通过暴力破解密码或使用iOS系统漏洞来解锁设备。

3.9.2 iOS 系统取证注意事项

（1）数据保护和隐私保护。在进行iOS系统取证时，需要采取数据保护和隐私保护措施，确保取证数据的安全和完整性，并遵守法律法规和道德标准。

（2）数据完整性和真实性。在进行iOS系统取证时，需要确保数据的完整性和真实性，避免对数据进行篡改和修改。

（3）取证工具和技术。在进行iOS系统取证时，需要使用专业的取证工具和技术，确保数据采集和分析的准确性和可靠性。

（4）取证目的和需求。在进行iOS系统取证时，需要根据取证目的和需求选择相应的取证方法和工具，确保取证的效果和效率。

3.10 iOS系统取证的特点

iOS系统取证具有较高的安全性和隐私保护机制，同时数据同步和应用程序权限控制等特点也使得取证过程更加便捷和精确。同时，iOS系统的物理获取难度较大，需要专业的取证工具和技术，这也对取证的效率和准确性提出了更高的要求。iOS系统取证具有以下特点。

3.10.1 设备锁屏

iOS设备的锁屏机制较为严格，需要通过密码、指纹或面容识别等方式进行解锁，这使得未经授权的取证变得困难。如果设备已被锁定，则需要使用专业的取证工具来绕过锁屏机制。

3.10.2 应用程序沙盒

iOS系统中，每个应用程序都运行在自己的沙盒中，只能访问自己的数据，不能访问其他应用程序的数据，这保证了数据的隔离性和安全性。如果需要获取其他应用程序的数据，则需要使用专业的取证工具或者越狱设备来获取。

3.10.3 应用程序签名

iOS应用程序需要经过苹果公司的签名验证，才能被安装和运行，这避免了未经授权的应用程序被安装和运行。如果需要获取签名验证后的应用程序，则需要使用专业的取证工具来获取。

3.10.4 数据加密

iOS设备可以对存储在设备上的数据进行加密，保护用户的隐私数据。如果需要获取加密的数据，则需要使用专业的取证工具或者越狱设备来获取。这使得iOS系统取证更加困难，因为必须先解密数据才能进行分析。

3.10.5　数据同步

iOS设备可以通过iCloud等服务进行数据同步，这使得数据的获取和分析变得更加便捷。如果需要获取iCloud的数据，则需要使用专业的取证工具来获取。

3.10.6　多种存储位置

iOS设备上的数据可以存储在多个位置，包括设备本身、iCloud备份、iTunes备份等。这意味着在进行iOS系统取证时，需要考虑数据存储位置，并选择最适合的取证方法。

3.10.7　物理获取难度大

iOS系统的物理获取较为困难，需要专业的取证工具和技术，同时需要对设备进行越狱或解密等操作。如果需要进行物理取证，则需要使用专业的取证工具和技术。

3.10.8　应用程序权限控制

iOS应用程序需要获取用户授权才能访问设备的各种资源，包括相机、麦克风、通讯录等，防止恶意应用程序获取用户的隐私信息。如果需要获取应用程序的权限，则需要使用专业的取证工具或者越狱设备来获取。

3.10.9　系统更新和补丁

苹果公司会定期发布系统更新和安全补丁，修复已知的安全漏洞和问题，这使得iOS系统的安全性得到了进一步提升。如果需要获取历史版本的数据，则需要使用专业的取证工具或者备份来获取。

3.11　iOS系统取证工具及选取

iOS系统取证工具有很多，选择工具的具体取决于需要提取的数据类型、所需的访问级别以及调查的特定需求。

3.11.1　常用的 iOS 系统取证工具

（1）Cellebrite UFED。Cellebrite UFED是一款专业的移动取证工具，支持iOS设备的物理和逻辑取证。它可以从设备本身、iTunes备份和iCloud备份中提取数据，并提供分析和报告功能。Cellebrite UFED还支持解密加密数据和绕过设备锁定等功能，可以从iOS设备中提取各种类型的数据，包括通话记录、短信、联系人和应用程序数据等。

（2）Magnet AXIOM。Magnet AXIOM是一款全面的取证和分析工具，支持iOS设备的物理和逻辑取证，包括设备映像、iTunes备份和iCloud备份。它可以提取数据、分析数据、生成报告和展示数据。Magnet AXIOM还支持解密加密数据和绕过设备锁定等功能。

（3）EnCase。EnCase是一款广泛使用的取证工具，支持iOS设备的物理和逻辑取证。它可以从设备本身、iTunes备份和iCloud备份中提取数据，并提供分析和报告功能。EnCase还支持解密加密数据和绕过设备锁定等功能。

（4）Oxygen Forensic Detective。Oxygen Forensic Detective是另一种用于移动设备取证的流行工具，支持iOS设备的物理和逻辑取证，包括设备映像、iTunes备份和iCloud备份。它可以提取数据、分析数据、生成报告和展示数据。Oxygen Forensic Detective还支持解密加密数据和绕过设备锁定等功能。

（5)Elcomsoft Phone Breaker。Elcomsoft Phone Breaker是一款专业的iCloud备份取证工具，可以提取iCloud备份中的数据，包括通讯录、消息、照片、视频、位置等。它还支持解密加密数据和绕过设备锁定等功能。

（6）ElcomSoft iOS Forensic Toolkit。ElcomSoft iOS Forensic Toolkit是一种专门用于iOS取证的工具。它可以从iOS设备中提取各种类型的数据，包括密码、钥匙串数据和应用程序数据等。

（7）GrayKey。GrayKey是由Grayshift开发的用于iOS取证的工具。它可以从iOS设备中提取各种类型的数据，包括密码、短信、通话记录和应用程序数据等。

（8）XRY。XRY是MSAB为移动设备取证开发的工具，包括iOS设备。它可以从iOS设备中提取各种类型的数据，包括通话记录、短信和应用程序数据等。

这些只是可用于iOS取证的许多工具中的一些例子，iOS取证工具性能评估可以提高iOS取证工作的效率和准确性。

3.11.2 iOS 取证工具性能评估指标

（1）取证速度。取证速度指的是取证工具在提取iOS设备数据时所花费的时间，这个指标对于取证工作的时间效率非常重要。

（2）数据恢复率。数据恢复率指的是取证工具在提取iOS设备数据时，能够成功恢复数据的比率。该指标对于取证工作的准确性非常重要。

（3）数据覆盖范围。数据覆盖范围指的是取证工具能够提取的数据类型和数据量。这个指标对于取证工作的全面性非常重要。

（4）支持的设备类型和iOS版本。取证工具应该能够支持所需的设备类型和iOS版本。支持的设备类型和iOS版本越多，取证工具的适用性越广。

（5）数据分析能力。取证工具应该具备分析数据的能力，包括文本分析、图像分析、网络通信分析、GPS定位分析等。这个指标对于取证工作的分析能力非常重要。

（6）支持的文件格式。取证工具应该支持不同的文件格式。对于不同的取证数据，工具应该支持不同的文件格式，以方便数据的处理和导出。取证工具应该易于使用，符合或超出用户的期望。绝大多数的取证工作是基于数据恢复的，而工具的易用性可以提高员工的工作效率和准确性。总之，iOS取证工具的性能评估需要结合实际工作需求进行分析，根据工作量、取证时间、分析目的等因素选择具有高效率、高准确性、高全面性、多样性功能的取证工具。

3.11.3 选择取证工具时需要考虑的问题

（1）数据类型。定需要提取的数据类型，例如通话记录、短信、联系人、照片、视频等。不同的取证工具可能支持不同类型的数据提取，因此需要选择适合所需数据类型的工具。

（2）访问级别。定需要的访问级别，即物理访问还是逻辑访问。物理访问可以提取更多的数据，但需要设备越狱或解锁。逻辑访问则无须越狱或解锁，但提取的数据可能有限。

（3）设备型号。确定需要取证的设备型号，不同的取证工具可能支持不同型号的设备。一些工具可能支持最新的iOS设备，而另一些工具可能只支持旧型号的设备。

（4）取证工具的功能和特点。不同的取证工具有不同的功能和特点，例如支持的文件系统、数据提取速度、数据分析功能等。应选择符合自己需求的取证工具。

（5）取证目标。不同的取证工具支持不同的取证目标，例如设备本身、iTunes备份、iCloud备份等。因此需要根据取证目标选择适用的工具。

（6）取证方法。不同的取证工具支持不同的取证方法，例如物理取证、逻辑取证、解锁取证等。因此需要根据取证目标和取证需求选择适用的工具和方法。

（7）功能和特性。不同的取证工具具有不同的功能和特性，例如数据提取、数据分析、解密加密数据、绕过设备锁定等。因此需要根据取证需求选择具有适用功能和特性的工具。

（8）成本和可用性。不同的取证工具具有不同的成本和可用性，例如购买费用、许可证限制、更新和支持等。因此需要根据预算和使用需求选择具有适用成本和可用性的工具。

（9）法律合规。选择使用合法合规的取证工具，以确保取证过程的合法性和证据的有效性。同时，根据当地法律和规定，采取必要的措施以确保合法性。

3.12 iOS系统取证步骤

iOS系统取证是一种犯罪调查技术，旨在获取存储在苹果iOS设备上的电子证据，例如信息、通信记录、应用程序数据、位置信息等。以下是一些进行iOS系统取证的基本步骤。

（1）收集基本信息。首先需要收集设备的基本信息，例如设备型号、序列号、IMEI号、操作系统版本、存储位置等。这些信息有助于确定取证方法和工具，为后续的取证分析提供帮助。

（2）选择取证方法和工具。根据取证目标和设备类型，选择合适的取证方法和工具，并确保工具已获得足够的权限。常见的取证方法包括iTunes备份文件分析、iOS设备映像分析、iCloud备份分析和iOS设备解锁等。常用的取证工具包括Cellebrite UFED、Magnet AXIOM、EnCase、Oxygen Forensic Detective等。

（3）进行数据提取。根据所选取证方法和工具，进行数据提取。如果是iTunes备份文件分析或iCloud备份分析，可以直接从备份文件中提取数据。如果是iOS设备映像分析或iOS设备解锁，需要连接设备并进行数据提取。

（4）进行数据分析。对提取的数据进行分析，包括解密加密数据、还原删除数据、恢复损坏数据、分析应用程序数据、分析位置数据等。可以使用专业的分析工具，如Cellebrite UFED、Magnet AXIOM、EnCase、Oxygen Forensic Detective等。

（5）生成报告。根据分析结果生成报告，包括数据概览、事件时间线、通信记录、位置信息等。报告应该清晰、详细、准确，以支持犯罪调查和法律诉讼。

在进行iOS系统取证时，必须遵守法律法规和隐私保护规定，以确保获取证据的合法性和可靠性。

第 4 章　iOS 系统取证基础

4.1　概述

如图4–1所示，iOS设备可以定义为运行iOS操作系统的苹果产品，包括iPhone、iPad以及Apple Watch等，而手表运行的是类似iOS的WatchOS操作系统。

图4–1　iOS系统基础

虽然有人认为iOS和macOS 很相似，但是它们是有区别的，主要区别在于iOS设备是基于手势的触屏界面，且这两个操作系统以不同的方式管理文件。macOS提供Finder（访达），而iOS系统则是从iOS 11版本才开始开放文件管理功能，并提供了一个名为文件的App。而在这之前，所有的文件均为用户不可见的状态。

iOS系统所采用的文件系统是HFS+和APFS，凡是搭载iOS 10.3及以上的设备，文件系统更改为APFS。其中，APFS修复了HFS+的一些bug和核心问题。

4.2　iOS设备的存储

App的数据主要存储在SQLite数据库和plist文件中。SQLite中主要存放的是数据部分，这一点与Android系统大致相同，plist文件中主要存放配置信息、基础信息等内容，如图4–2所示。

iOS设备使用HFS+或者APFS文件系统，并且不支持扩展卡，除非考虑购买手表或者额外购买扩展设备。当然苹果公司可能也正是采用不可扩展的形式来迫使用户购买大容量的手机。

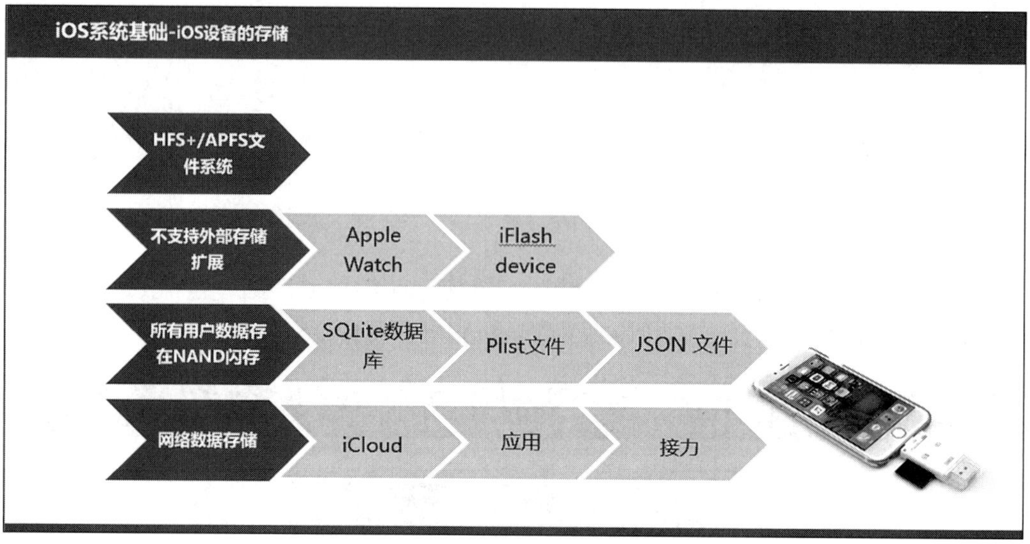

图4–2　iOS设备的存储

iOS设备采用NAND闪存，这意味着同所有闪存设备一样，断电数据并不会丢失。这一点与Android系统的手机设备是一样的，区别主要在于存储芯片的封装规格有所差别。

前文提到，在iOS系统中，所有App的数据存储在SQLite数据库和plist中，例如联系人、短信、通话记录等；而另一些参数信息一般存在plist中，以xml或者二进制的格式进行存储。所以针对iOS系统的App数据恢复理论来说是支持数据恢复的，但具体恢复效果还要看实际情况。

网络存储是iOS设备用户常用的存储方式，一般用户都会开启iCloud，而iCloud会默认为用户提供5G的存储空间，用来同步相册等数据。当然也有其他第三方的App例如Dropbox或者百度网盘等，也可以实现本地数据的同步。所以在数据获取过程中需关注云端的用户数据。

还有一种类似于OTG U盘的设备，可插到手机的数据线接口，通过使用文件管理功能实现本地数据的拷贝。在iOS系统取证过程中，需考虑外置存储设备是否可以被应用于电子取证，同时考虑嫌疑人是否曾经使用过此类设备对手机进行过数据备份。

4.3　iOS系统架构

如图4–3所示，iOS系统相当于介于硬件层组件和应用程序之间，而应用程序不直接与底层硬件通信。

用户控件由核心服务、多媒体、触摸以及应用程序组成。核心层提供如SQLite数据库、xml、plist和其他的核心文件，上层由多媒体文件组成，这些都建立在触摸框架的基础上运行。最后，用户控件还由用户使用层、应用程序组成。

内核空间由硬件和系统区域组成，提供各种接口、内存管理、线程处理等。

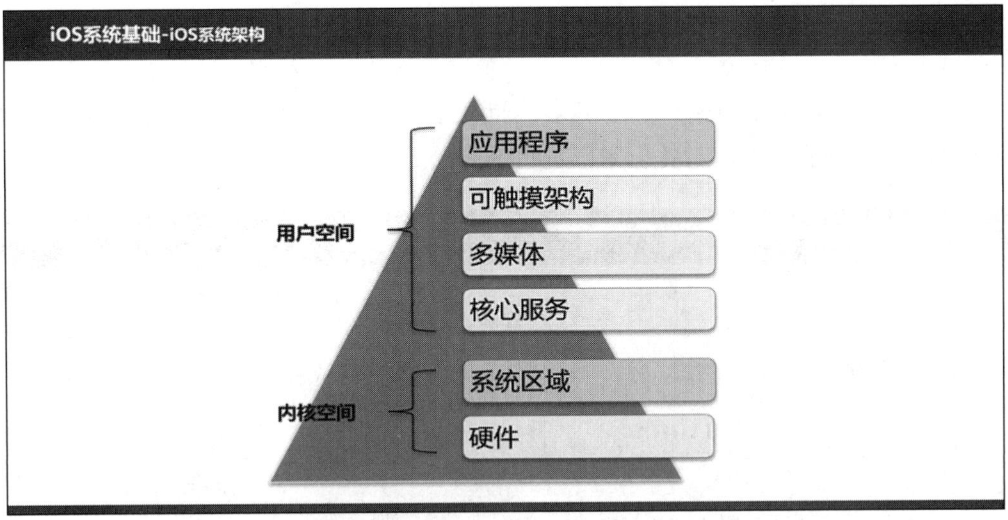

图4-3　iOS系统架构

4.4　应用沙箱

如图4-4所示，iOS系统与Android系统一样，每个App都运行在独立的沙箱中，确保数据资源的安全。App在被安装到iOS设备之时，会为此分配Bundle ID用于区分不同App。在进行数据分析时，可依据App的Bundle ID查找对应的App。

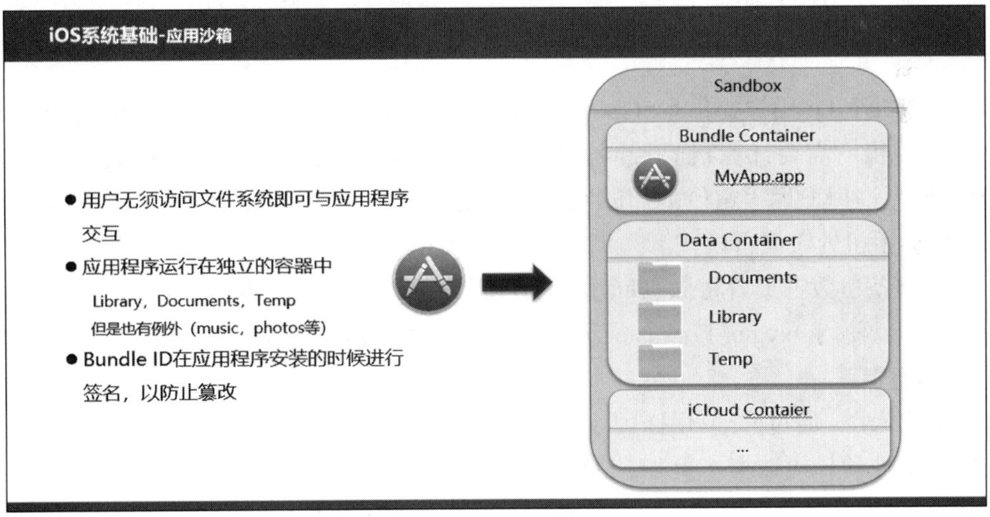

图4-4　iOS应用沙箱

4.5　iOS软件支持

如图4-5所示，iTunes和iCloud是最常用的数据备份方式。iTunes支持Windows系统和

macOS的数据备份、同步和恢复数据到iOS设备。所以，我们在对iOS设备进行数据固定时也经常使用这个方法。

一旦iOS设备设置了备份密码，意味着自此之后所有的备份结果都将处于加密状态。当知道备份密码的情况下，可以对备份密码进行清除。

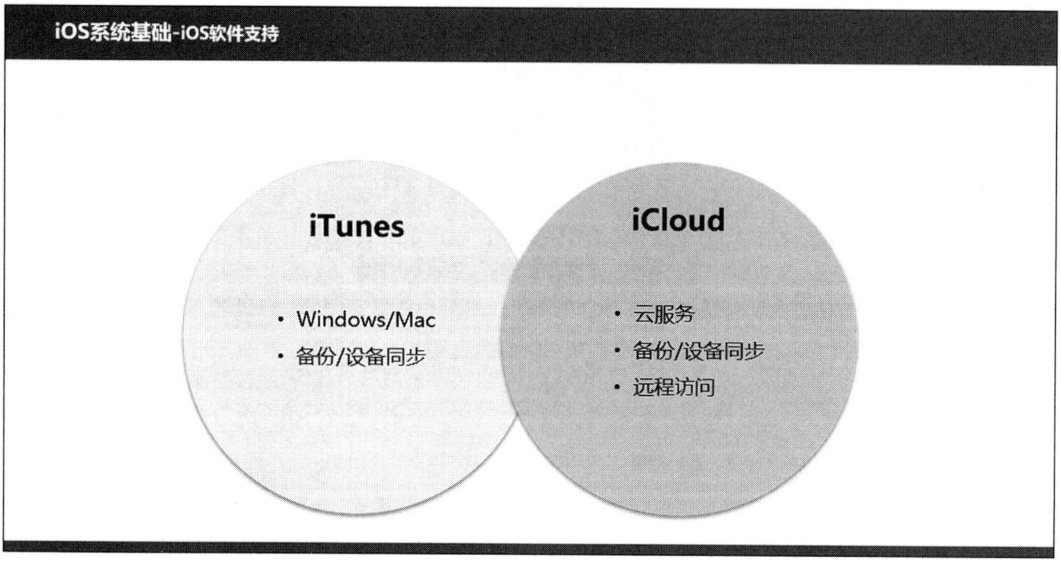

图4-5　iOS软件支持

4.6　iCloud同步

iCloud为每个iOS用户提供了5G的免费数据存储空间。iCloud和iTunes功能基本一样，只是数据备份过程不需要计算机直接同步到云端。iCloud还提供了一个功能是“查找我的手机”，该功能允许用户远程定位他们的设备，发送消息或者删除iOS设备。所以我们在数据获取前一定要让手机处于飞行模式。

了解如何备份数据或者将数据同步到一台新设备之后，被同步到云端的这部分数据是不能遗漏的。可以使用Oxygen Forensic Detective或者AXIOM等商业软件登录到iCloud，将数据下载下来进行固定。

如图4–6所示，通过iCloud用户可以访问、更新和同步所有共享iCloud账户的设备上的联系人、电子邮件和日历数据。例如，如果在iPhone上输入了一个新联系人，它会自动同步到用户的mac计算机上；同时Safari书签、备忘录在启用时也可以同步。所以在取证过程中需要多方考虑，在其他设备上是否同样存有信息。

关于照片，是允许将一台设备拍摄的照片推送到与iCloud账户关联的所有其他设备的。当启用时，这些内容会在与iCloud账户相关的所有设备上同步。这可能会给取证分析带来一些潜在的问题。因为如果使用同一iCloud账户的其他人有意无意地通过iCloud同步了数据，数据可能会在用户不知情的情况下进入设备。

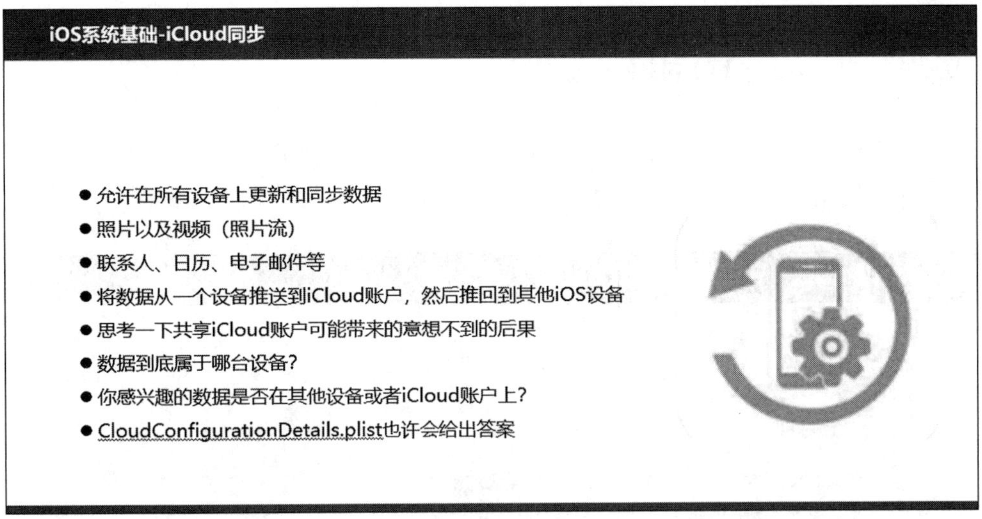

图4–6　iCloud同步

4.7　Apple连续互通

如图4–7所示，Apple连续互通功能是允许用户即时向其他iOS用户发送联系信息、文件而无须进行任何网络设置。也可以用iPad拍摄照片或视频，并在所有相关设备上轻松共享。

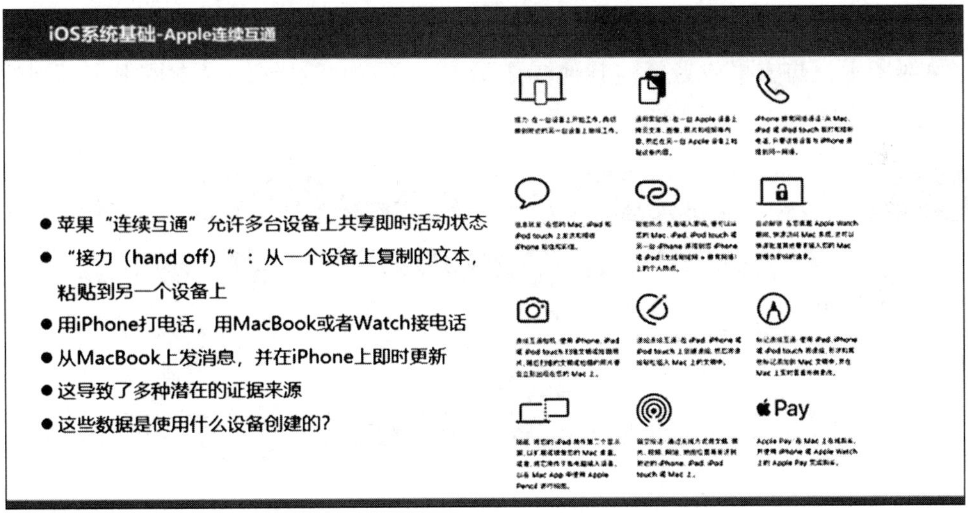

图4–7　Apple连续互通

苹果有一项名为“接力”的功能，允许用户从一台设备上复制文档中的文本，在另一台设备上进行粘贴。

连续互通可能导致多种潜在的证据来源。如果一个iOS设备没办法进入或者获取数据，是否可以从另一个设备中找到数据呢？同样也不能仅仅因为某个设备上出现了数据，就认为这些数据是被该设备所创建的。

4.8　密码、Touch ID和 Face ID

如图4–8所示，iPhone 5S在苹果手机的发展中具有里程碑意义，是首款采用全盘加密技术的设备、首款采用64位处理器的设备，也是首款支持Touch ID功能的设备。

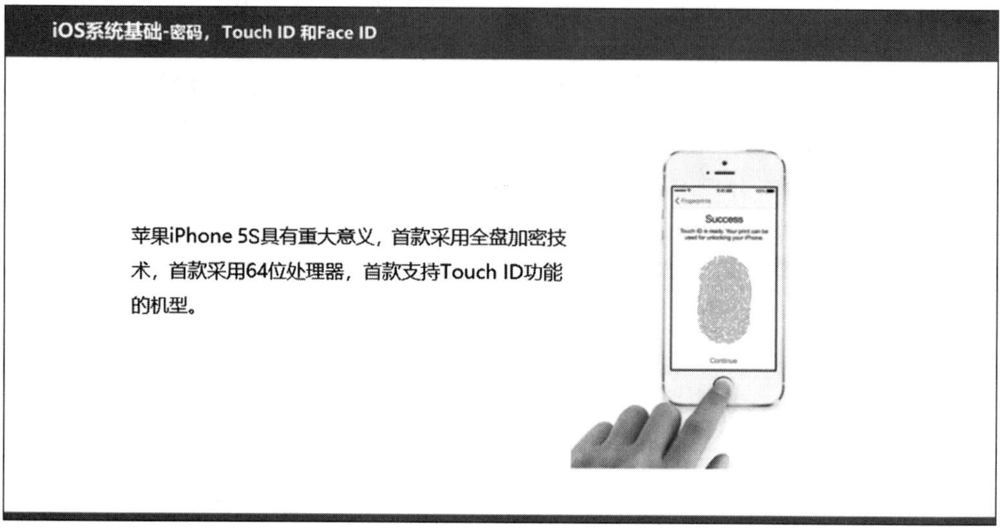

图4–8　iPhone 5S的重大意义

虽然具有诸多先进技术，但对于取证手段和方法而言，iPhone 5S与其他的设备并无差别。

如图4–9所示，与安卓或者任何其他操作系统一样，iOS系统同样支持很多不同的方法对设备进行安全保护。

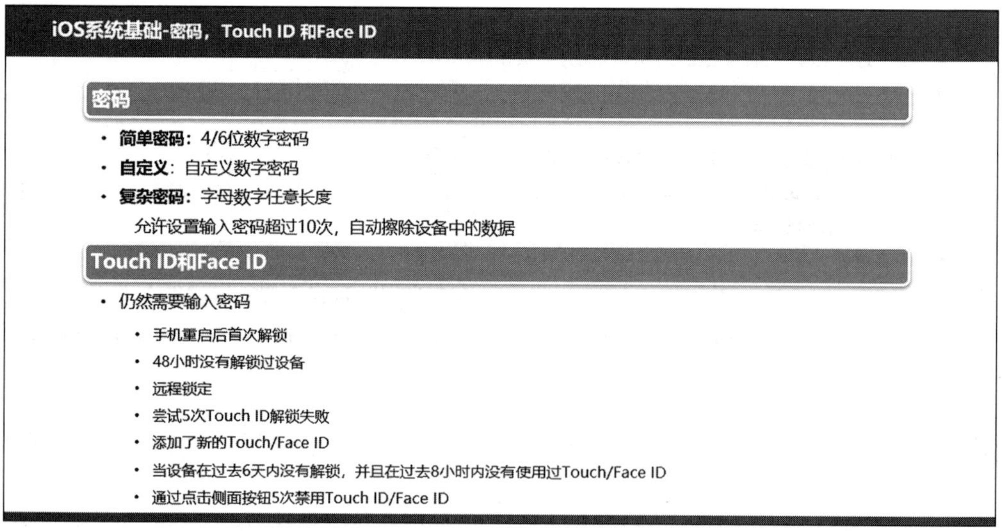

图4–9　密码、Touch ID 和Face ID

iOS系统中，在对设备进行密码保护时，有多种类型的密码可供用户选择：

简单密码（4位或6位数字）；自定义数字；由任意长度的字母数字字符组成的复杂密码。

如图4–10所示，可以同时在iOS系统中允许设置“若连续10次输入错误密码，系统抹掉此iPhone上的所有数据”功能。一旦开启了此选项，在连续输入10次密码后，则会对设备上的数据进行擦除，也就是类似于恢复出厂设置，对于其中曾经存在的数据则无法进行恢复。

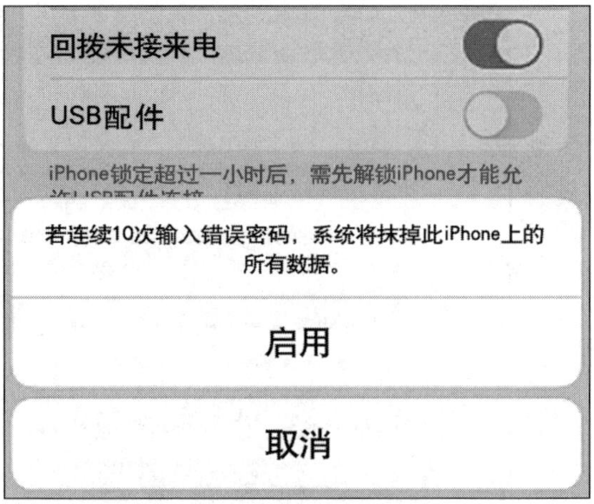

图4–10　密码相关设置

Touch ID可以和密码一起使用，用户可以用指纹解锁手机。在某些情况下，例如手机开机或重启后，仍然需要输入密码，这一点相信大家都应该注意到，同Android设备一样。在iOS系统中，允许用户最多可以注册5个Touch ID。

Face ID的工作原理与Touch ID类似，但使用的是人脸识别功能，以此验证用户身份。但最主要区别在于Face ID只允许添加一个用于解锁设备或支付。

在iOS系统中，正常情况下在首次开机输入密码后，一般不会再要求用户输入密码。不同于Android设备，如华为手机，出于安全考虑，每过72小时则强制要求用户输入开机密码。但是，iOS设备在以下情况下还是会要求用户再次确认锁屏密码：

①进行设备重启或首次开机；

②48小时没有解锁过设备；

③设备被远程锁定；

④5次Touch ID解锁失败；

⑤添加新的Touch ID/Face ID后；

⑥设备过去6天没有解锁，并在过去8小时没有使用过Touch ID/Face ID；

⑦通过点击侧面/顶部按键5次禁用Touch ID/Face ID。

此时，虽然处于锁屏状态，但其目的主要在于密码的校验，而对于系统底层数据，其实已处于解密状态，也就是AFU状态。在进行越狱之后，就可以获取到解密的数据。

4.9　USB 连接

如图4–11所示，苹果USB限制模式也被称为USB配件模式，其锁定是从iOS 11.4.1中引入，主要目的是防止暴力破解，将USB端口锁定。

在iOS 11.4.1发布测试版时加入了这个功能，当用户更新到iOS 11.4.1时，USB限制模式会自动启用，这意味着USB配件是关闭的。转到“设置→Face ID和密码→USB配件”，如图4–12所示，这个状态就是USB限制模式处于关闭状态。

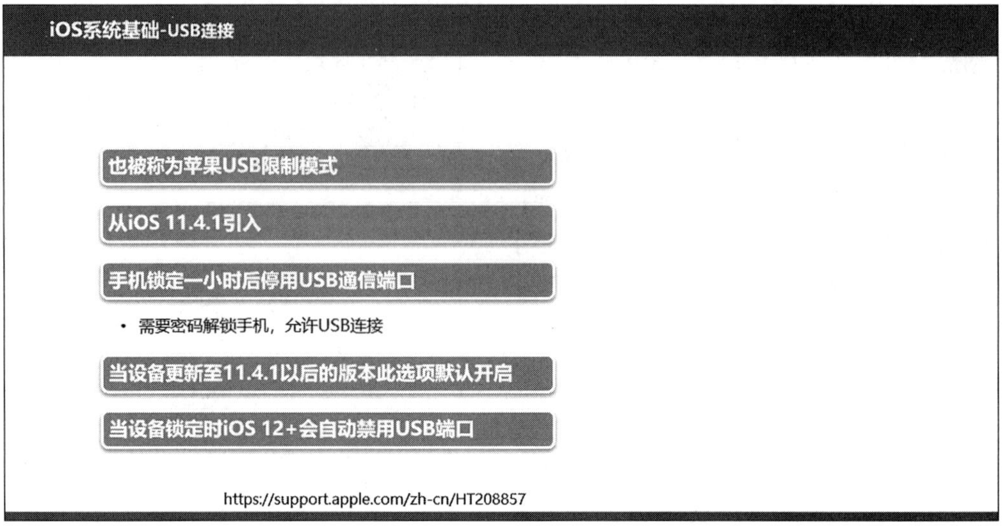

图4-11　USB连接

图4-12　USB配件设置

4.10　越狱

如图4-13所示，人们已经被iOS系统的锁屏密码限制了近10年。一直以来，凡是遇到未知锁屏密码的手机，人们一般束手无策，只能放弃。但在2019年11月，当checkra1n利用

checkm8漏洞成功对iOS设备越狱后，这一困境终于被突破，如今人们甚至可以从iOS设备中获得完整的文件系统。

图4–13　越狱

获得完整文件系统意义很大，因为受限于iTunes备份，对于一些不被允许备份的App，一直以来无计可施，只得采用传统拍照的方式固定下证据。而可以获取到完整的文件系统则意味着任何的数据（除内存）都可以被固定下来，从中又可以发现更多的痕迹和线索。

如图4–14所示，如果设备不进行越狱操作，单纯分析备份数据也许无法满足我们对数据的需求，这时就需要尝试对设备进行越狱操作。只有越狱之后，才能有权限访问完整的文件系统。比如QQ聊天过程中涉及的音视频媒体文件，比如Telegram数据获取分析，通常情况下使用iTunes进行数据备份是无法获取到相关的数据。要想获取和分析诸如此类App数据的话，必须对设备进行越狱，才有可能获取到对应的数据，从而进行数据分析。

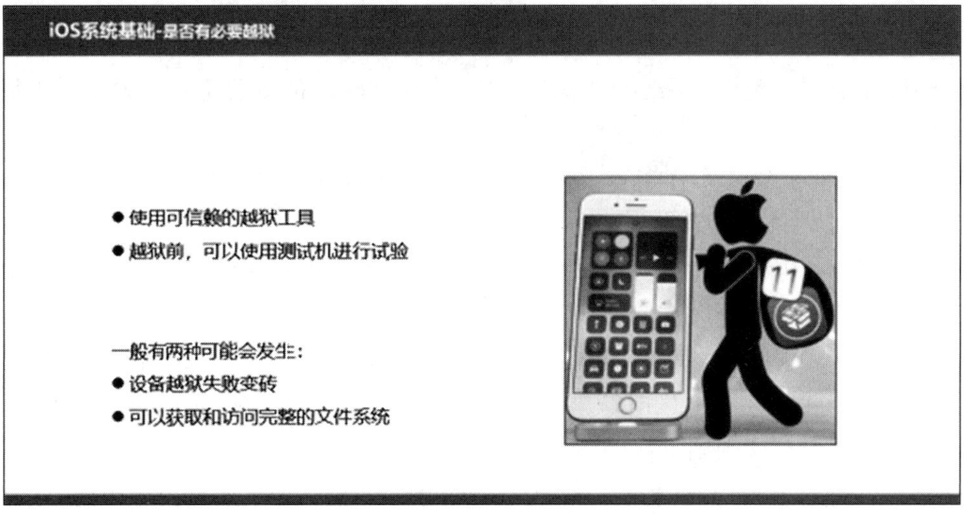

图4–14　越狱的必要性

目前有很多基于checkm8漏洞的越狱工具，有的是完整越狱，有的是临时越狱。这里建议使用临时越狱。对比完全越狱，临时越狱有两个优点：一是风险较小，设备变砖的概率极低；二是临时越狱在设备重启之后，越狱环境和越狱状态会一同消失，手机则还原至原始状态。需要注意的是，这里所说的还原到原始状态并不是恢复出厂设置，而是还原到人们拿到手机时候的状态。

4.11 文件系统

如图4–15所示，APFS是在2017年引入的新型文件系统，作为已有30年历史的HFS文件系统的替代和升级。虽然HFS仍然存在于iOS设备上，但它不再用于新型号的产品和设备，而旧设备通常能够通过系统的升级而升级到APFS文件系统。

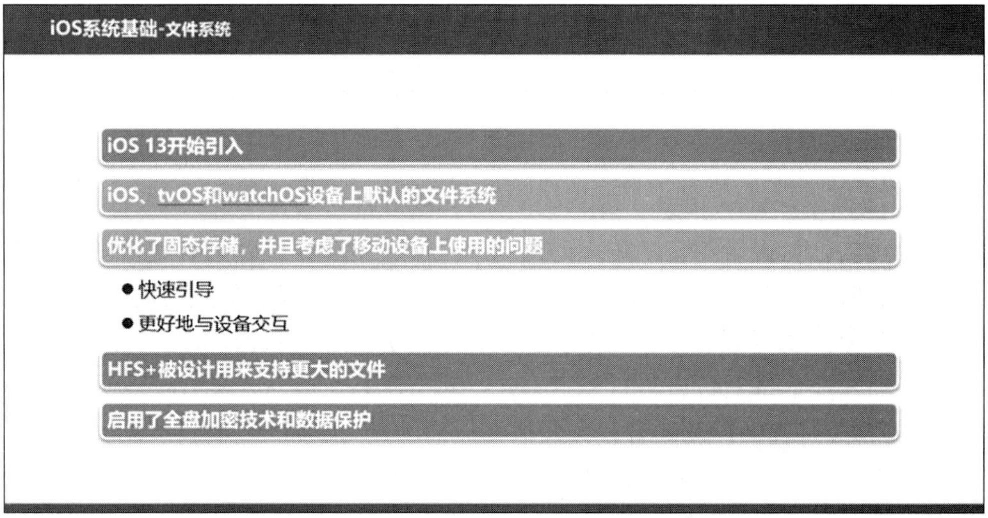

图4–15　文件系统（1）

众所周知，APFS现在是iOS（从iOS 10.3开始）、tvOS和WatchOS的默认文件系统。相对HFS可以更快速地进行引导，减少了相应延迟，并且方便设备间的交互，为用户提供了更好的总体体验。

另外，HFS+的优势其实在于对大体积的文件存储而设计的，但这在移动设备上则显得不是非常实用，并不太适合移动设备。

当然，苹果公司在相当长的一段时间里一直保持着为用户提供保护的宗旨，APFS也没有让人失望。启用了全磁盘加密，并设置了数据保护。

如图4–16所示，对于iOS操作系统，从物理层面而言分为系统分区和数据分区。系统分区主要用于存放操作系统数据、引导代码数据等，默认情况下系统分区设置为只读，防止用户访问该分区。数据分区则用于存储用户创建的文件、应用程序等。

大多数用户数据都存储在Library/Application和Media目录中，当用户使用iTunes备份设备时，这些目录中的大部分数据会被备份出来，存放至备份文件中。

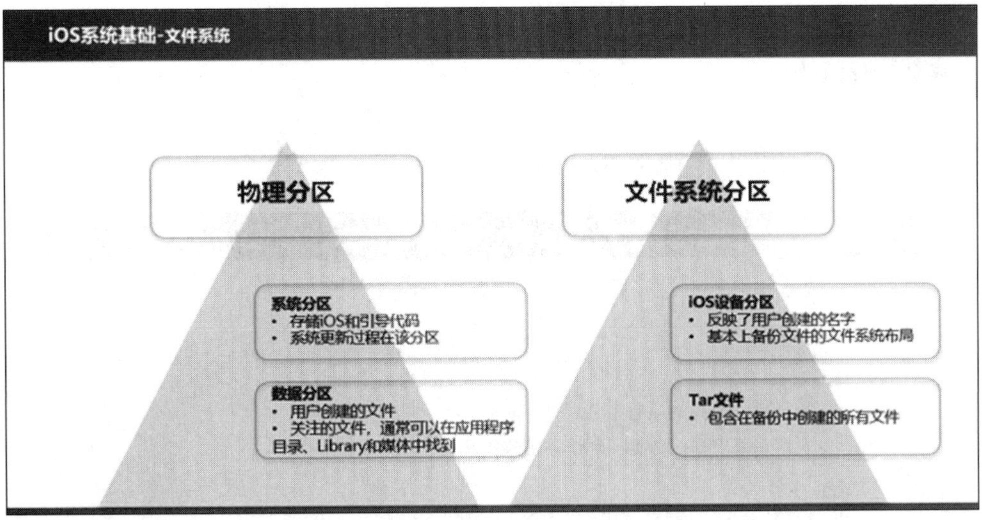

图4–16　文件系统（2）

越狱iOS设备后则允许调查员对系统分区的读/写访问。允许调查员对操作系统有更多的控制权，并且提供了安装第三方未授权App的能力。/private/var/mobile目录包含iOS设备的大部分用户数据，Application文件夹保存所有下载的应用程序和相关数据，Application下的每个文件夹都根据应用程序标识符命名。其余的数据存储在Library和Media文件夹中。

如图4–17所示，一个完整的文件系统提取是在当前设备上最好的数据获取方法，这也是最接近物理镜像的方法了。在完整的文件系统中，可以访问应用程序使用文件、运行状况、事件日志等数据，而这些内容均是单纯采用iTunes备份的方式所不能及的。

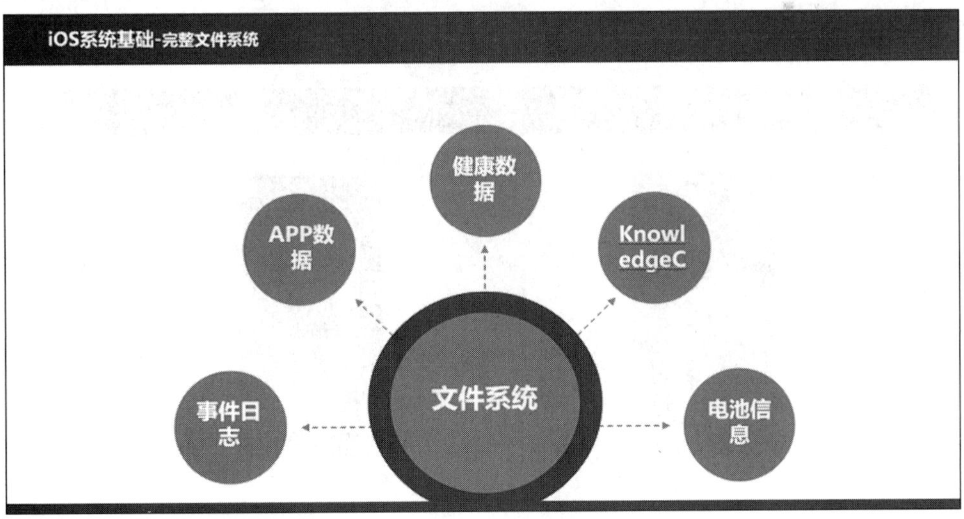

图4–17　完整文件系统

但是需要注意，完整的文件系统只是接近物理镜像，但与物理镜像间存在着很大的差异。一般完整的文件系统所包含的内容仅为文件系统中现有部分数据，而已删除的内容并不包含在完整文件系统数据中（App支持数据恢复）。

4.12　AFU/BFU

图4–18所示为AFU/BFU操作方法。

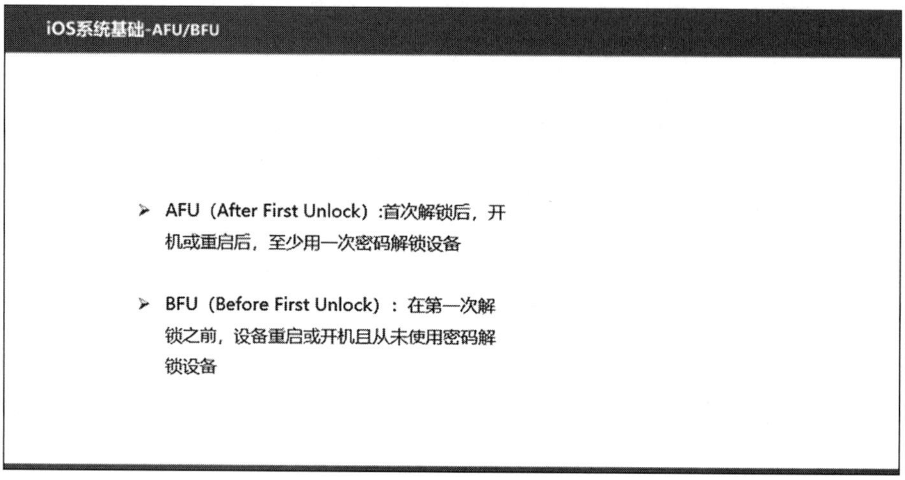

图4–18　AFU/BFU（1）

（1）AFU指的是手机由关机状态启动至输入密码界面，输入密码后进入系统桌面。此时即使再将手机进行锁屏，设备依旧是AFU状态。

（2）BFU指的是手机由关机状态启动至输入密码界面后从未正确输入过密码进入系统桌面（手机停用状态除外）。此时虽然与AFU一样同为锁屏状态，但两者之间有着根本的差异，此时的状态叫BFU状态，如图4–19所示。

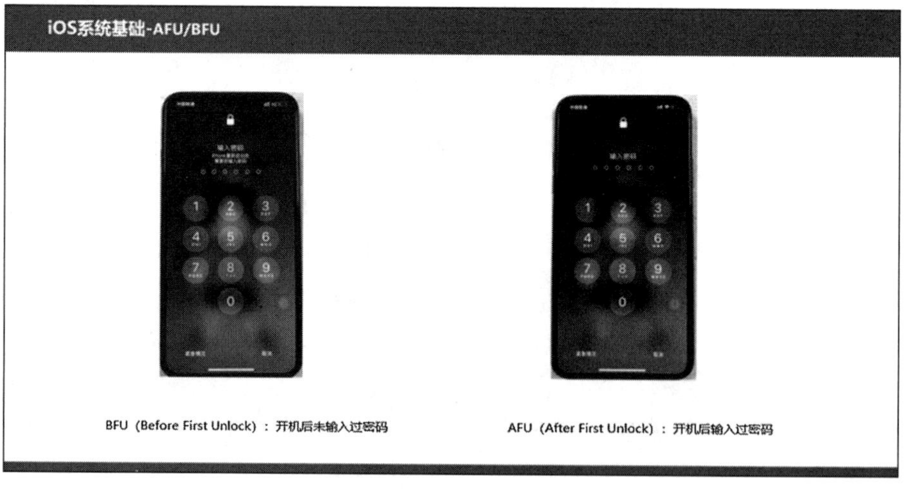

图4–19　AFU/BFU（2）

图4–20所示为常见的两种情况，在进行取证过程中可能从来没有注意过这个问题，就是前文所讲AFU和BFU两种工作状态，其最根本的区别在于底层数据的状态。同Android系统下

FBE加密一样，设备开机后如果从未输入过正确的密码则此时底层数据应处于加密状态并且暂不支持解密；而如果由开机状态启动后输入过正确密码，即使再次对设备进行锁屏，但其底层数据其实是处于解密状态，则可以使用越狱的手段绕过锁屏密码的限制，进行文件系统获取。

图4–20　AFU/BFU（3）

如图4–21所示，左侧为AFU状态下获取的文件系统并做了数据分析；右侧是BFU状态下获取的文件系统并做了数据分析。显而易见，右侧的分析结果中几乎没有什么有价值的数据信息，而左侧相对来说数据非常多。这就是二者明显的差别，那么是什么原因导致结果差异这么大呢？

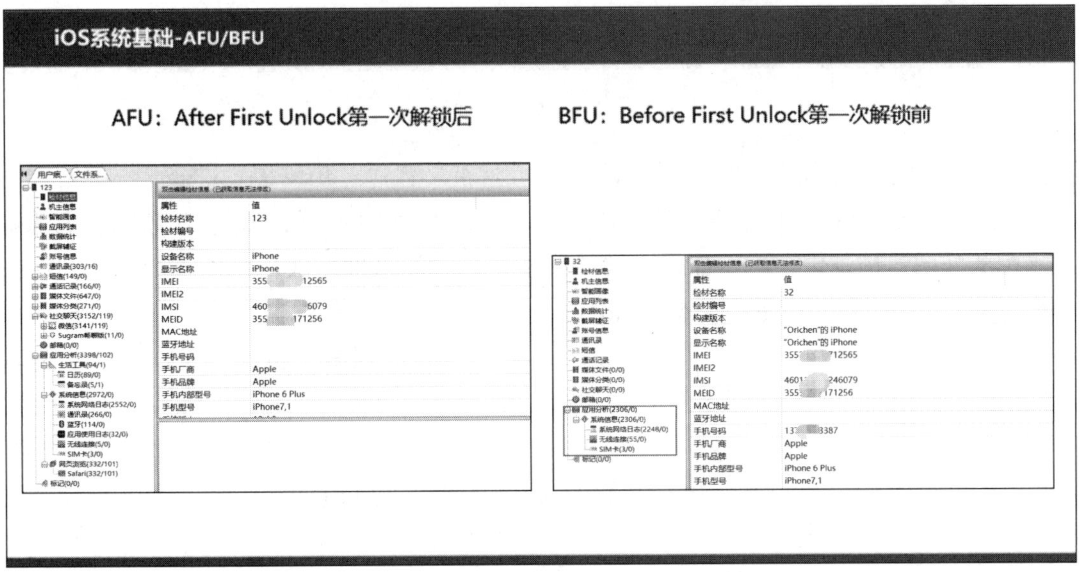

图4–21　AFU/BFU（4）

其实可以和安卓系统FBE加密联系起来思考，针对FBE加密的手机为什么一定要计算出锁屏密码？为什么FBE加密的手机在输入密码前底层数据是加密的，而输入完密码后底层数据就解密了？其实这和iOS系统是一样的。

4.13 加密备份/不加密备份

如图4-22所示，由于iOS系统是闭源操作系统，在数据获取方式上没有过多的方案选择，所以在对iOS设备进行证据固定时我们通常会采用iTunes备份的方式进行数据获取。但是在进行iTunes备份时有两种方式可供调查员选择：加密备份和不加密备份。两种方式都可以对数据进行固定，但获取到的数据却有一定差别。例如健康数据、账号信息、keychain乃至通话记录都需要加密备份的方式才能获取。

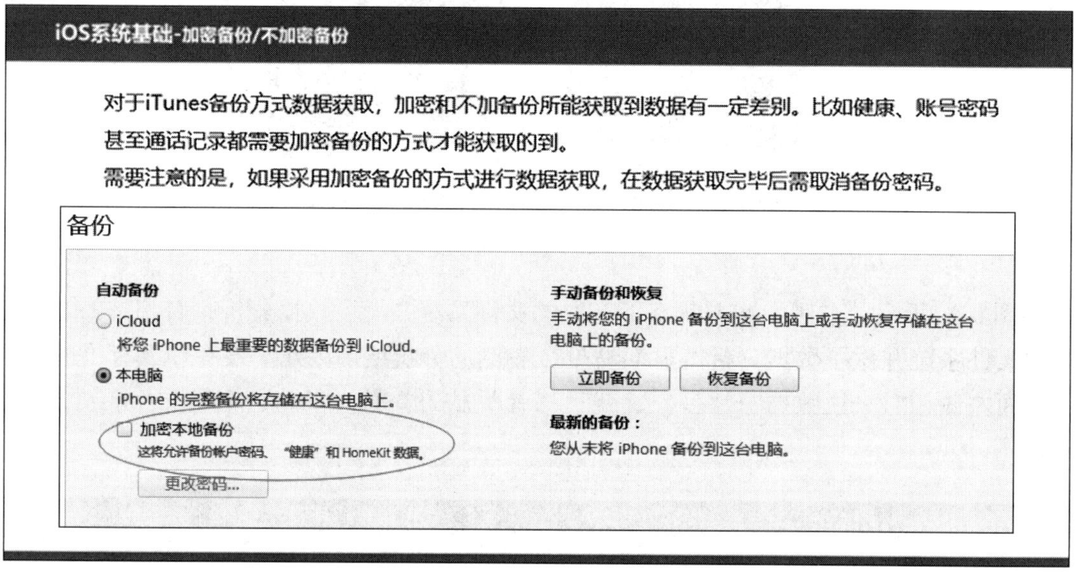

图4-22　加密备份/不加密备份

需要注意的是，在加密备份前需要确认手机是否设置过备份密码。iTunes备份密码与华为Hisuite备份密码不同，iOS设备的备份密码是存储在手机上的，所以说要在数据获取前确认好嫌疑人是否设置过备份密码，如果设置了备份密码，那么即使成功备份了数据，但在未知密码的情况下依旧无法进行数据分析，除非进行备份文件的暴力破解。

前面提到备份密码的设置与否至关重要，那么该如何判断手机是否被设置了备份密码呢？可以将手机连接iTunes，然后观察“加密本地备份”选项的状态。如图4-23所示，如果是处于打钩选中状态，则表示机主曾经设置过备份密码，如果未知备份密码，此时则不必浪费时间再做数据备份（除非考虑暴力破解）。若此选项处于未打钩状态，则表示未设置过备份密码。此时取证人员应该自定义设置一个备份密码进行数据获取，待取证结束后再取消备份密码即可。取消密码同样在这里取消打钩即可，在取消密码时调查员会被要求输入备份密码，此时则输入先前设置过的备份密码即可。此处应注意在证据固定后一定要取消调查员设置的密码。

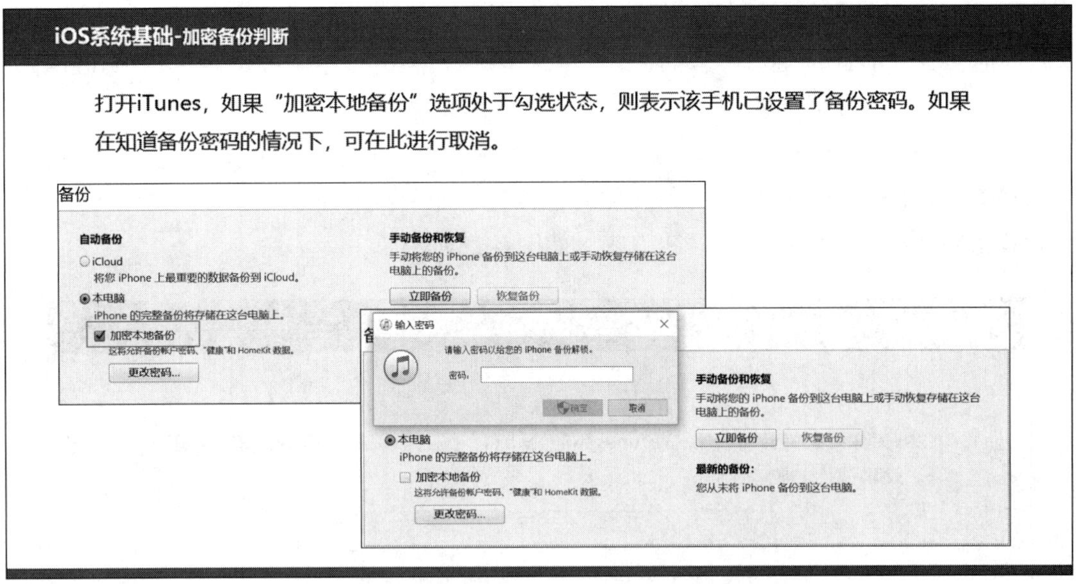

图4–23　加密备份判断及备份密码设置

如图4–24所示，如果遇到嫌疑人先前设置了备份密码，而调查员无法取得备份密码，并且又不想进行暴力破解。其实也可以对备份密码进行移除，但需要注意在移除备份密码的同时，Wi-Fi连接记录、壁纸、铃声等设置会被一同重置至初始状态。因此，如果想重置备份密码，就需要在重置前确认这些设置选项的状态。待移除密码后尽可能还原其设置状态。另外，通过实验发现，此方法适用于iOS 11及以上的操作系统。

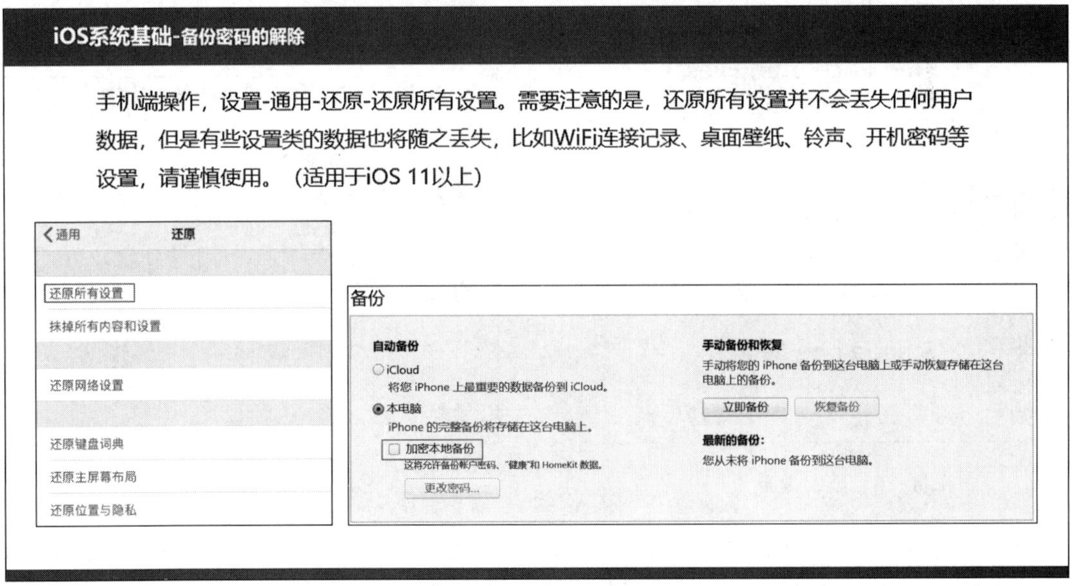

图4–24　备份密码的解除及备份还原设置

但依然建议非必要时候不重置密码，因为在重置密码过程中还会对哪些内容和数据进行重置和修改，苹果公司未提供文档，我们无法完全知晓。

如图4–25所示，对于一份处于加密状态的iTunes数据备份，如果没有任何途径可取得备份密码的话，则只能通过暴力破解的方式尝试破解密码。可以使用Passware Kit Forensic进行破解，破解过程允许硬件加速，同时允许自定义字典。

选择破解类型为“Mobile&Cloud”，如图4–26所示。

选择iPhone Backup然后指向备份文件所在位置，如图4–27所示。

设置密码类型和破解规则后开始破解，如图4–28所示。

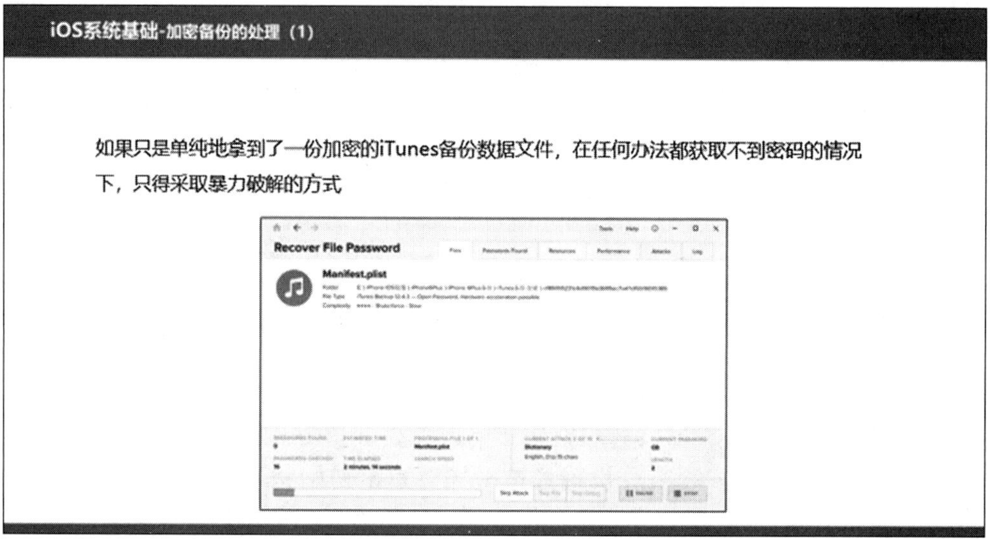

图4–25　加密备份的处理（1）

图4–26　破解设置（1）

图4–27　破解设置（2）

如图4–29所示，还可以使用Elcomsoft，操作方法以及软件的使用同Passware类似，在软件中添加iTunes备份文件的路径，然后设置密码的类型和破解规则即可开始破解任务。取证人员则可根据手里软件的情况进行选择。

如图4–30所示，同Android系统一样，iOS设备除了正常工作模式外，还有其他两种工作状态，分别是：

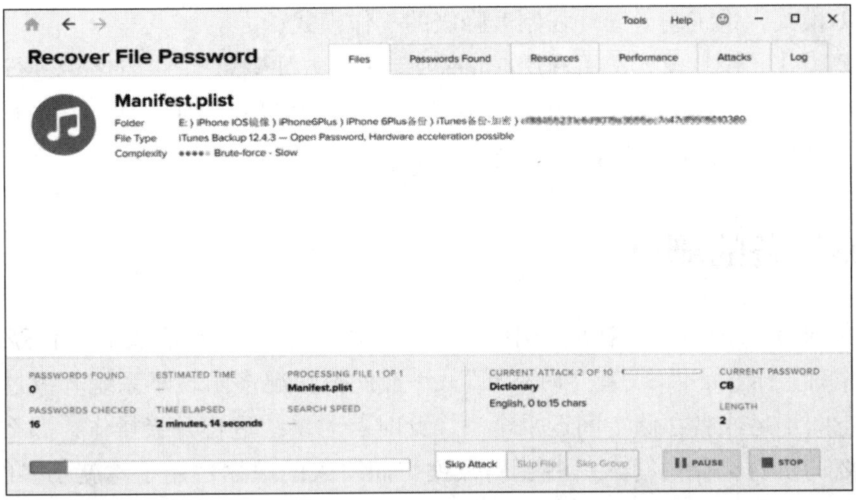

图4-28　破解设置（3）

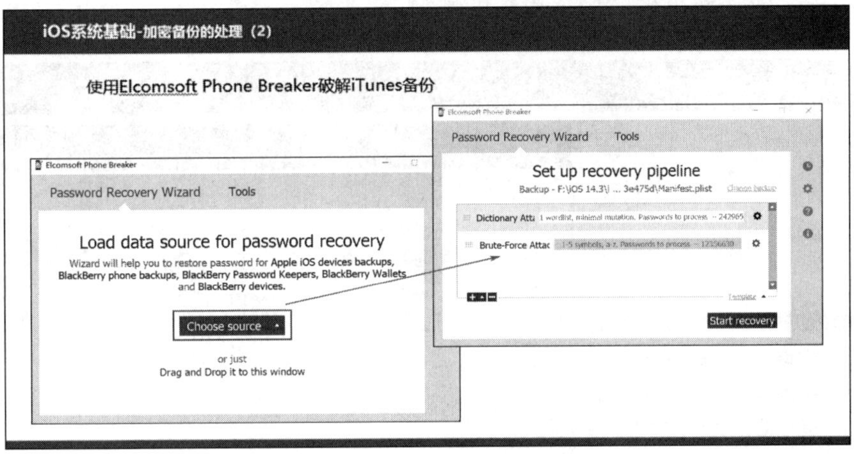

图4-29　加密备份的处理（2）

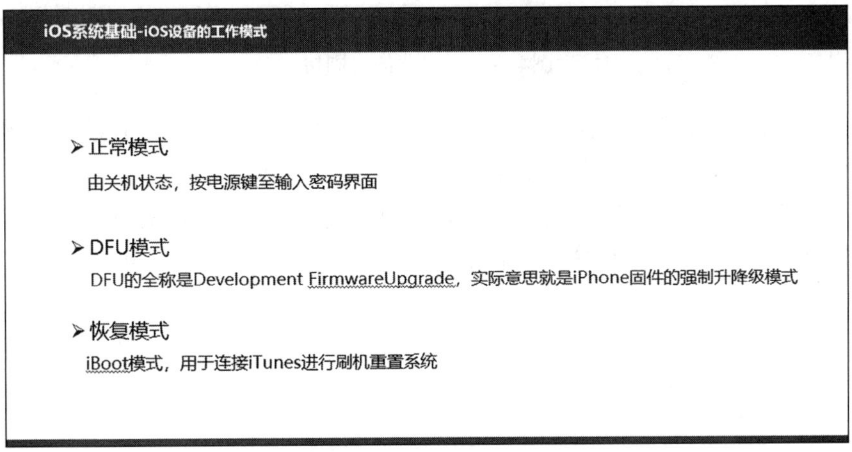

图4-30　iOS设备的工作模式

（1）DFU模式，系统用于固件强制升降级的工作模式；

（2）恢复模式，恢复模式下可利用iTunes或者第三方如爱思助手、iTools进行刷机。

对于取证而言，需熟知以上两种工作模式，并掌握其模式切换方式，在进行数据获取以及越狱过程中需对设备进行工作模式切换。

4.14 iOS设备的刷机

如图4–31所示，设备刷机在取证中也会用到，例如，手机在启动后一直停留在Logo界面，也就是俗称“卡Logo”或者“白苹果”。一般此类情况多出现于系统升级过程中，比如手机内剩余空间不足或者存储空间近乎全满，此时若对系统进行升级操作，那么可能会在升级过程中需要向机身存储内写入一些更新数据，而写入的数据占用了本就不多的存储空间，此时就会出现“白苹果”的情况。还有一种可能，同样是发生在系统升级过程中，因为系统升级往往需要重新写入引导数据，而升级过程中如果在写入引导数据这一环节出现了问题，同样会导致引导失败从而出现“白苹果”的情况。

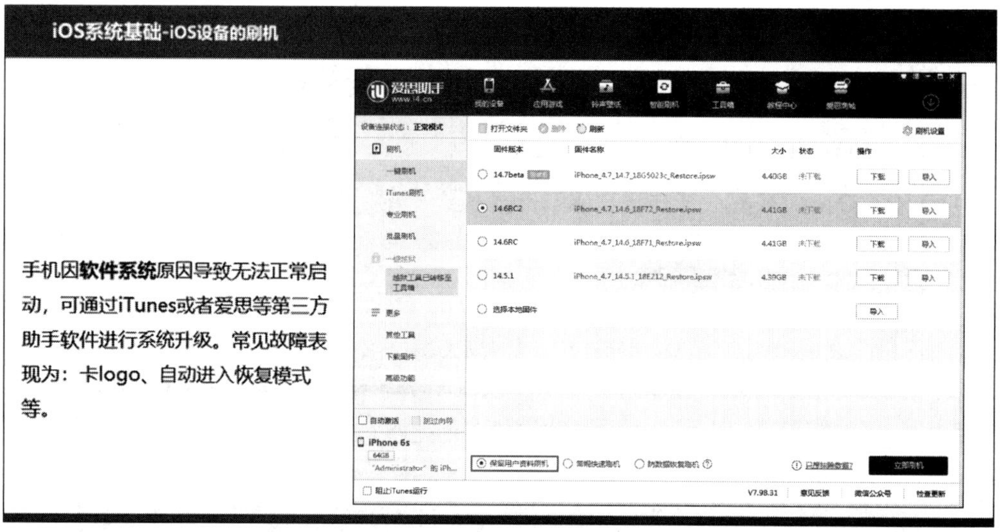

图4–31　iOS设备的刷机

针对这两种情况，都可以使用保数据刷机的方式进行修复。针对引导故障导致的“白苹果”问题，在刷机时可不必等待刷机结束；针对存储空间问题导致的“白苹果”问题，一般需要完全刷机才能解决。而实际情况是，我们无法判断是由于哪种原因所导致的，因此实际操作中可分别尝试上述方法。当然硬件问题同样会出现“白苹果”，此故障原因不在我们讨论的范围内。

4.15 设备型号识别

在取证之前，有必要确定设备的正确型号和系统版本（图4–32）。主要是系统版本，针对不同的型号及版本有不同的数据获取手段。比如系统版本和硬件满足越狱的要求，但iTunes备份无法满足取证需求则可以考虑对设备进行越狱操作。然而，最直观的获取肯定是到“手机设置—关于本机”中查看，但需要已知手机的锁屏密码。

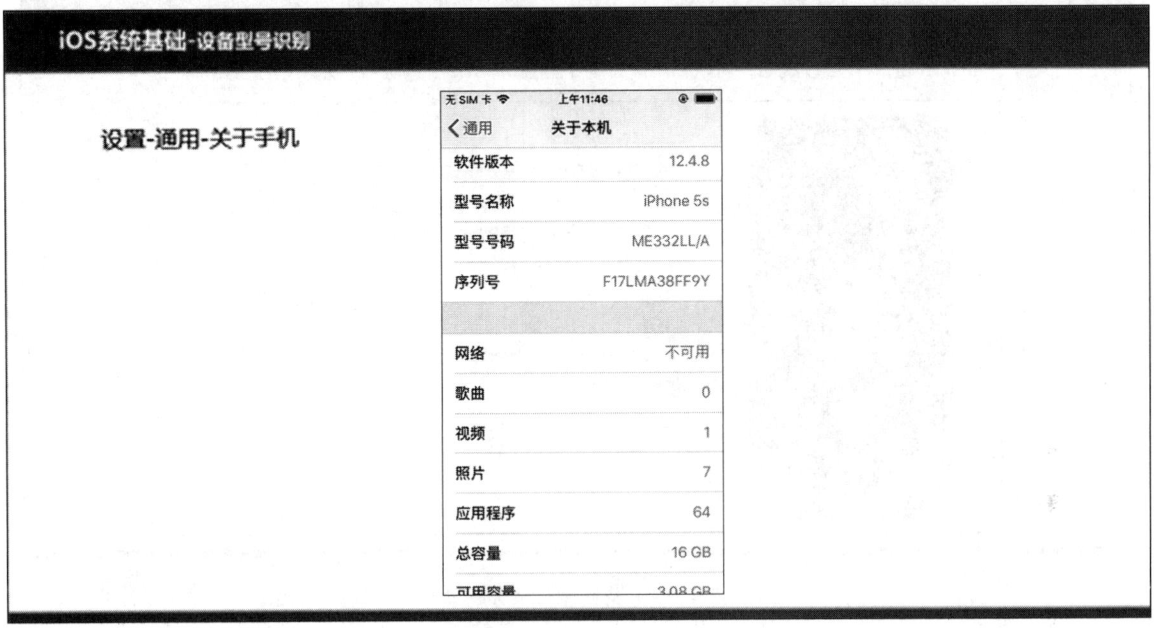

图4-32　设备型号识别（1）

使用libimobiledevice工具中的ideviceinfo指令同样可获取设备的详细信息（图4-33），但也同样需要手机与计算机进行配对。

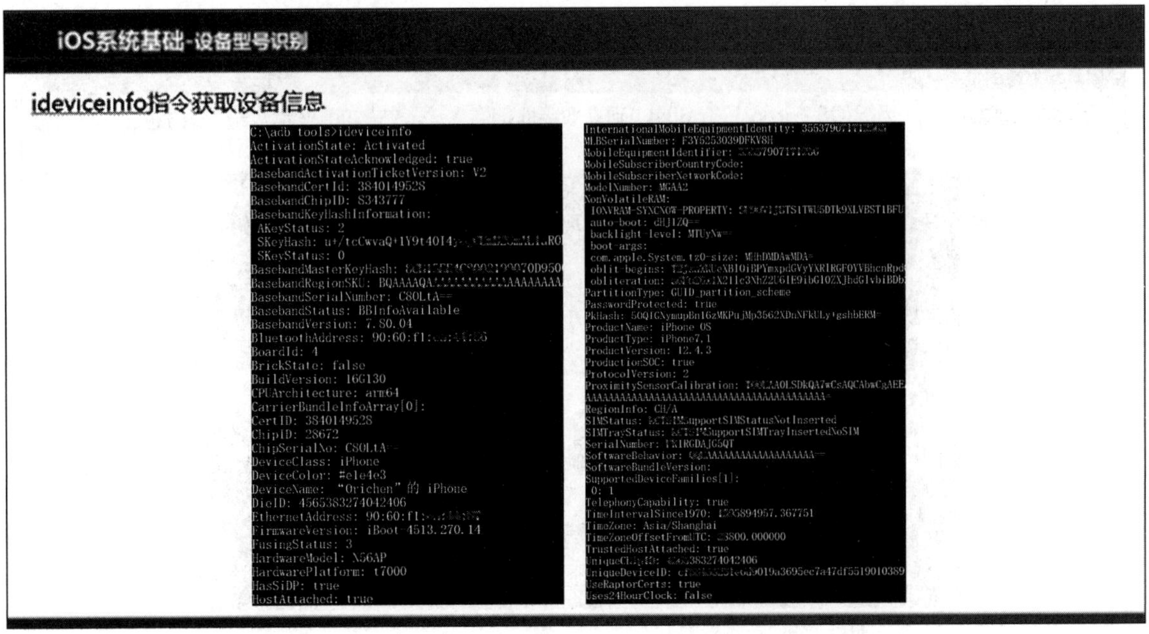

图4-33　ideviceinfo指令获取设备信息

对于未知密码的情况，可以借助爱思手机助手等一系列免费第三方助手软件获取设备信息（图4–34）。软件支持设备处于恢复模式下的信息获取功能。

图4–34　设备型号识别（2）

商业软件Elcomsoft iOS Forensic Toolkit同样支持iOS设备信息的获取功能，可将设备启动至恢复模式，然后读取设备的详细信息（图4–35）。当然，对于此类商业软件而言，信息获取只是其最基础的功能，同时软件还支持镜像获取、密钥读取等一系列非常实用和独家的功能，具体功能介绍需到其官网查阅。

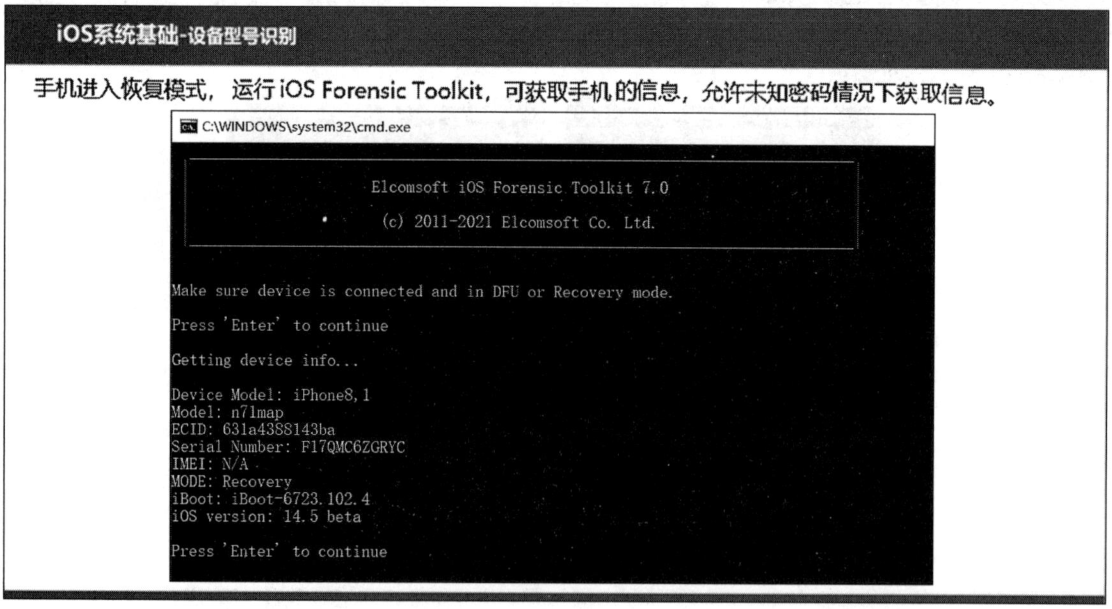

图4–35　设备型号识别（3）

在不借助任何软件的情况下，可将设备直接连接至Windows系统的计算机中。在计算机中可点击Apple iPhone盘符右键，查看当前设备的序列号，再根据此序列号转至Apple官网进行设备查询即可获取到设备的型号（图4–36）。

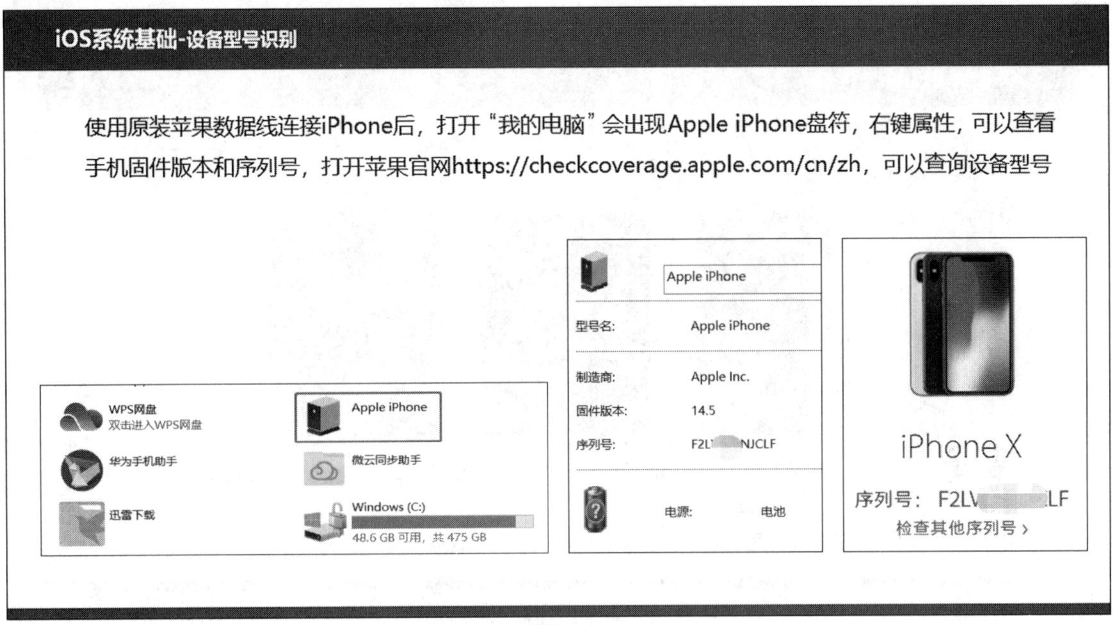

图4–36　设备型号识别（4）

熟悉苹果公司产品的取证人员则可根据手机的外观特点进行型号的识别。图4–37所示为不同iPhone型号的外观。对于iPhone 6~8代，正面区别不大，主要根据背面的特征识别判断。

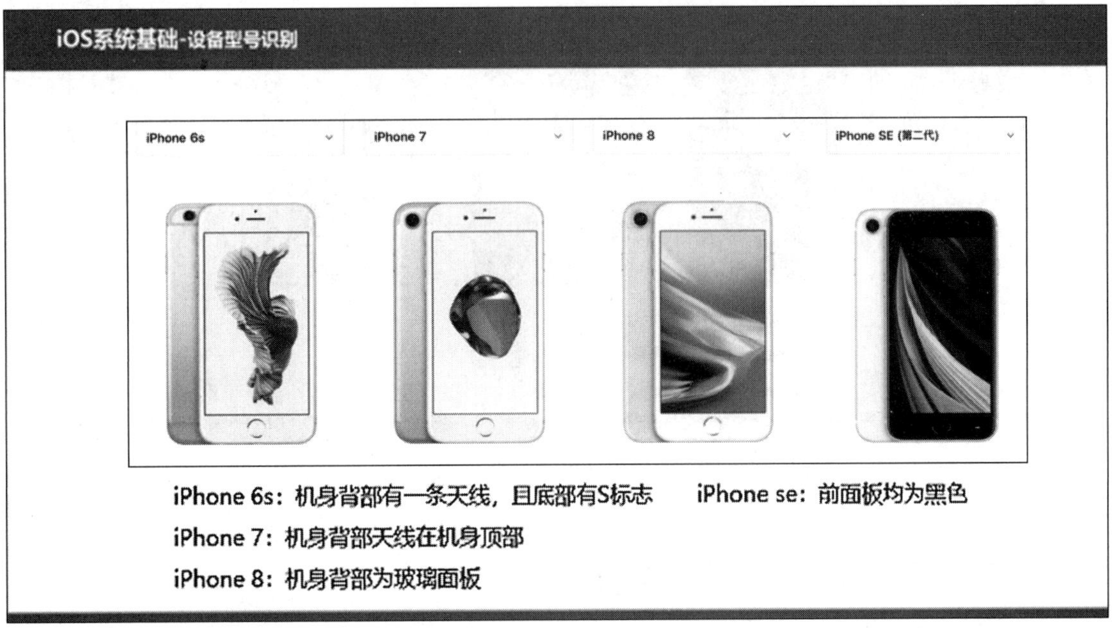

图4–37　设备型号识别（5）

iPhone XS-13代背面差异不大，取证人员可根据其配色以及材质特点判断型号，如图4–38所示。

iPhone XR-13代产品正面差别不大，可通过外观和摄像头排布判断其型号，如图4–39所示。

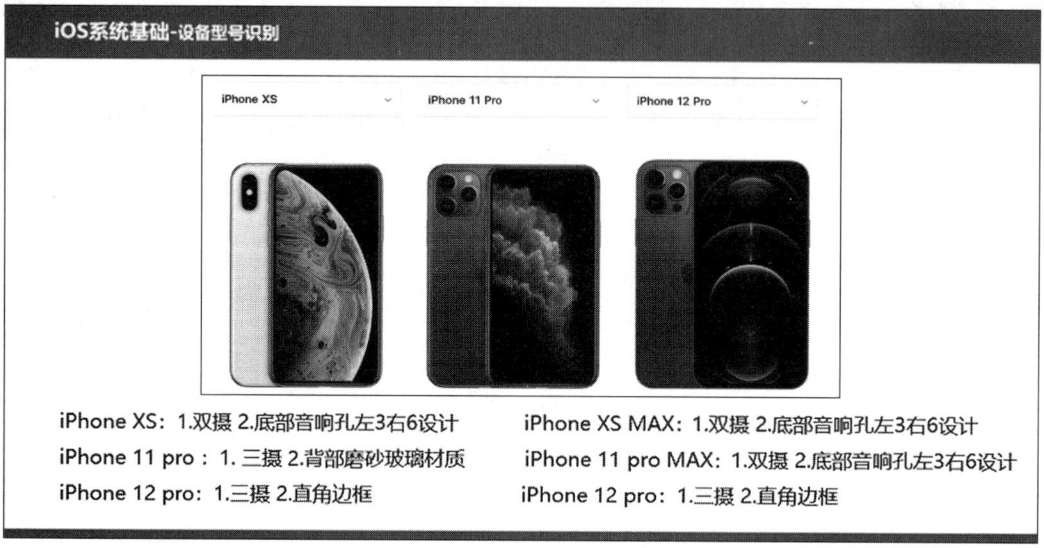

图4–38　设备型号识别（6）

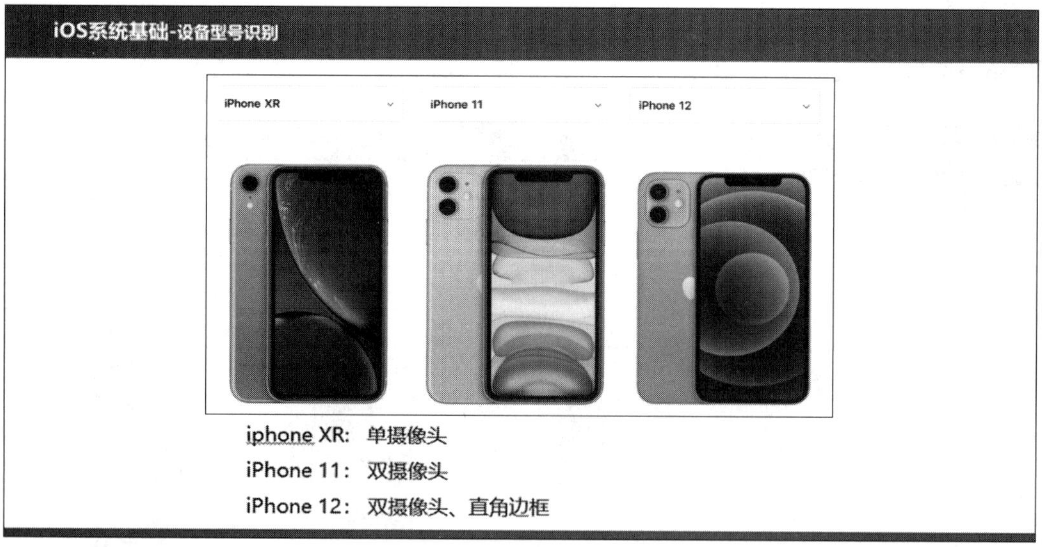

图4–39　设备型号识别（7）

4.16　配对信息 Lockdown文件

从iOS 7开始，一旦设备连接到系统，设备上就会出现“要信任此计算机吗？”窗口，如

图4–40所示。当用户选择“信任”时，将在计算机端创建Lockdown文件。

该如何判断一部手机是否与计算机进行过连接，或者判断计算机是否为可信任的？在手机端同样存有Lockdown信任文件，位于/pricate/var/lockdown目录下的lockdown.log中有记录，并记录了建立信任连接的时间戳。

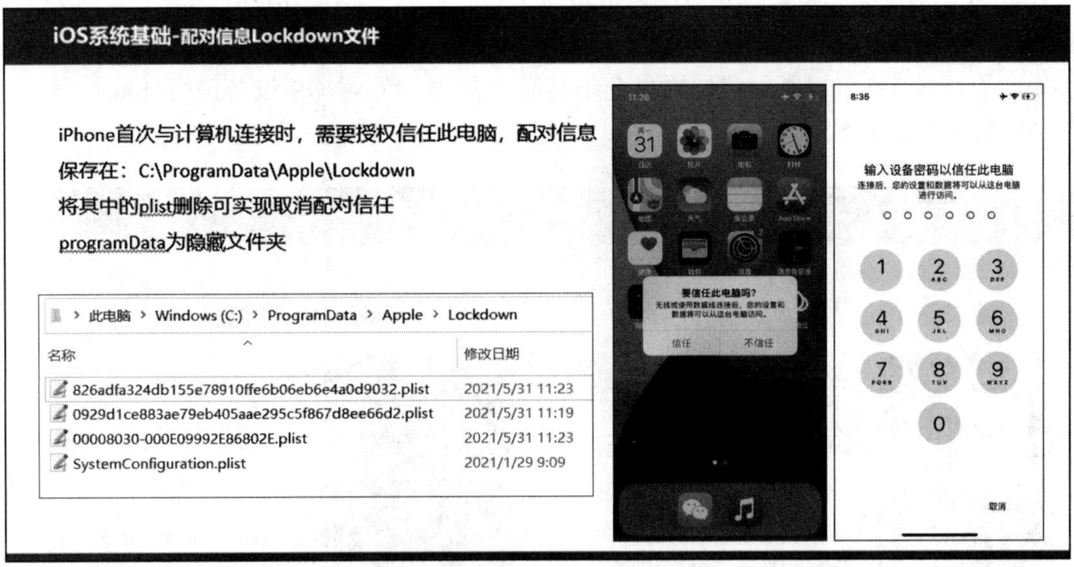

图4–40　配对信息Lockdown文件

对于iOS 11+ 的Lockdown文件，在30天内未使用则过期，无法继续使用，而iOS 9和iOS 10 的Lockdown文件则是在6个月后才过期。

第 5 章　iOS 系统取证方法

本章将介绍搭载iOS 系统设备的常规取证方法，学习如何利用iTunes软件及协议进行数据备份和进行第三方备份，同时将介绍iTunes备份时加密与否的区别。但备份不是万能的，很多App并不支持备份，所以我们也将介绍利用Checkm 8等对iOS 设备进行越狱，以及越狱之后的数据获取，如图5-1所示。

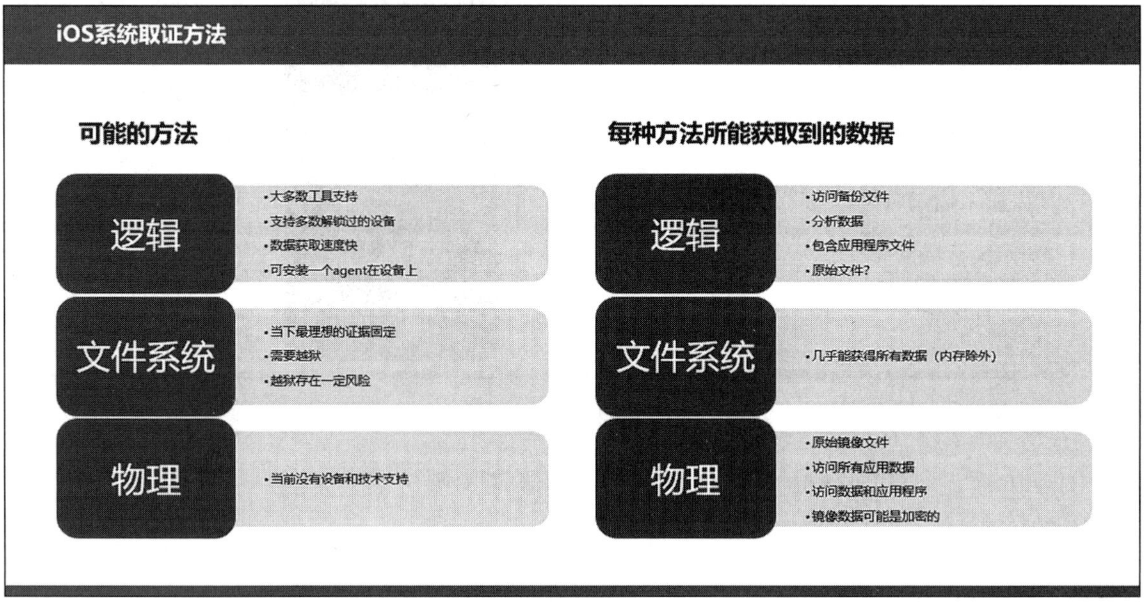

图5-1　iOS系统取证方法

5.1　数据获取与建议

iOS设备的数据获取所要考虑的问题同Android系统一样，数据获取前要考虑以下三个问题：

（1）设备是否锁定?

（2）哪些工具可以被使用?

（3）设备是否越狱？如果没有，可以使用checkra1n或checkm 8等其他漏洞工具吗?

如果设备是解锁状态的或已知锁屏密码，那么相对来说就简单多了，可以使用逻辑或完整的文件系统获取方法。如果想访问完整的文件系统可能需要越狱。数据获取过程中，如果需要使用iTunes备份方式获取数据，则建议采用加密备份获取。

目前为止，物理镜像的获取没有任何的技术和商业软件支持获取，所以暂时不用考虑。

如图5-2所示，在数据获取前，建议首先确定手机的型号和iOS的系统版本，主要目的在于接下来是否可以考虑设备越狱。

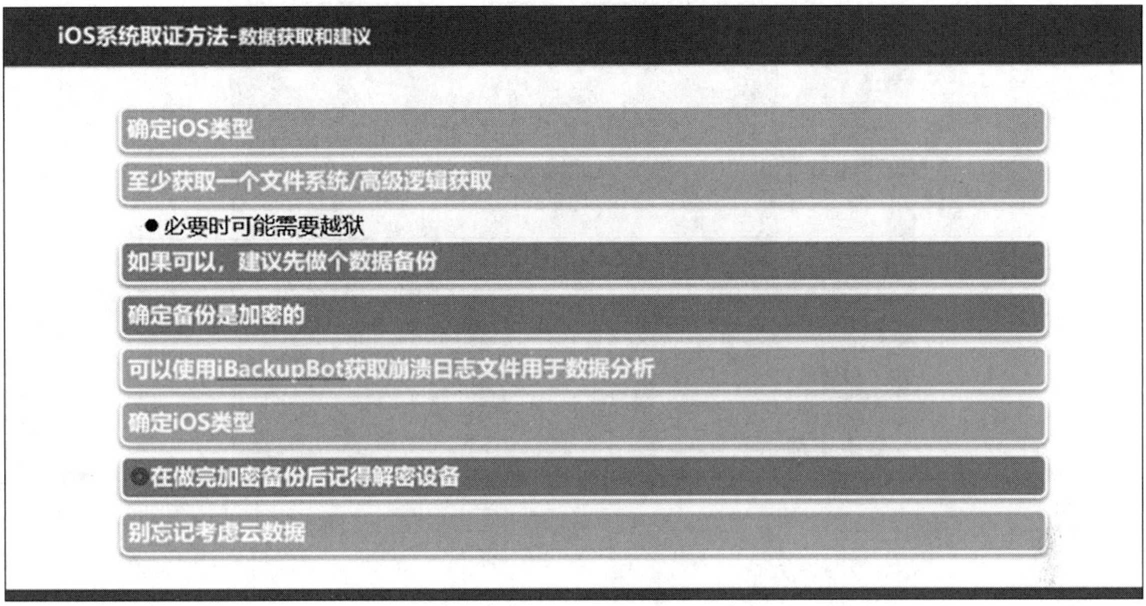

图5-2　数据获取和建议

对于数据获取而言，至少要先获取一份iTunes备份文件之后再考虑设备越狱问题，而非一开始就直接采用越狱提取。因为毕竟大部分App数据是允许iTunes备份的。在进行备份时，一定要设置备份密码，确保最大限度地获取到更多的数据，在数据获取完毕后切记将备份密码移除。

如果条件允许，建议将手机的崩溃日志和系统诊断日志一并获取下来，因为从中可以分析出很多有价值的信息，比如什么时间段做了哪些操作、开关机时间等。

同样，如果有条件，也可将云数据一并取下，云数据获取过程中需二次验证，所以手机可能需处于非飞行状态模式。另外，iCloud还可能向用户注册的邮箱中发送登录提醒邮件。

5.2　取证方法参考

如图5-3所示，针对不同的系统版本和型号数据，固定方式存在一定差异，这也是为什么一再强调要首先确定设备的型号的原因，例如：

（1）iPhone 5S—iPhone X。如果系统版本符合要求可尝试越狱，目前商业软件均内置了越狱插件，操作简单方便。

（2）iPhone 11以上版本。暂不支持越狱，只可使用商业软件iTunes备份的方式获取和分析数据。

（3）没有获取工具。如果没有数据获取类的商业软件，则可以使用iTunes或者第三方助手软件（如爱思助手）等对数据进行备份；符合越狱条件的也可使用checkra1n官方的免费越狱工具进行越狱，待越狱后可使用爱思助手等进行文件系统的获取。

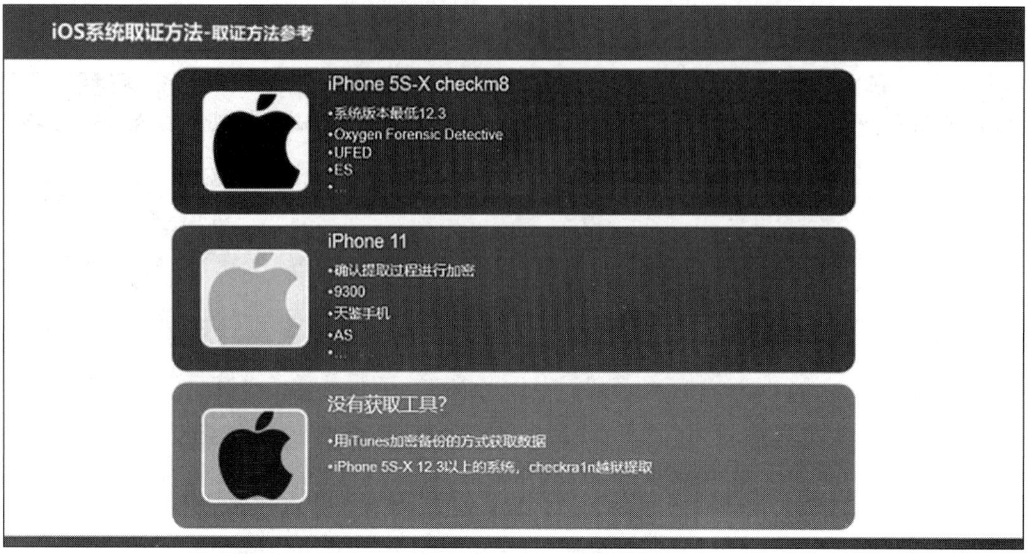

图5-3　取证方法参考

5.3　iOS数据获取

5.3.1　iTunes 备份方式获取

其实对于大多数iOS设备，日常工作中最常用的数据获取方式仍然是iTunes备份。备份方式可以使用官方的iTunes，也可以使用第三方手机助手。但是，无论是采用什么工具，所获取的数据并无根本差异，所以不必在意所选工具是否会对结果产生影响。

如果是使用iTunes备份，在连接好手机并在手机端确认信任PC后，在iTunes软件界面中出现如图5-4所示手机图标，点击进入。

图5-4　iTunes备份（1）

备份方式有自动备份和手动备份，并允许用户选择是否设置备份密码（图5–5）。备份密码问题前面已经讲过，在此不再过多说明。确认无误后，点击立即备份，即可自动对数据进行备份。

图5–5　iTunes备份（2）

使用iTunes备份时需注意，备份文件的路径无法更改，所以要确保C盘有足够的存储空间。另外，需要注意的是在使用商业软件获取iOS设备时，经常遇到无法联机。如果遇到这种情况，毋庸置疑是驱动所致，可以尝试重新安装iTunes。有些商业软件与iOS系统设备联机依赖iTunes软件，因此在遇到iOS设备无法被商业软件识别时，大可不必慌乱，完全可自行处理解决。

前文提到，iTunes备份是否进行加密对于获取到的数据有着很大的影响。在实际工作中，往往为了操作简单或者因为条件不允许，一般都采用不加密备份的方式，但是从图5–6可以看到，如果采用不加密备份的方式获取数据，那么有些数据是无法获取出来的，其中最重要的是keychain。所以，建议在条件允许的情况下，尽量采用加密备份的方式获取数据。

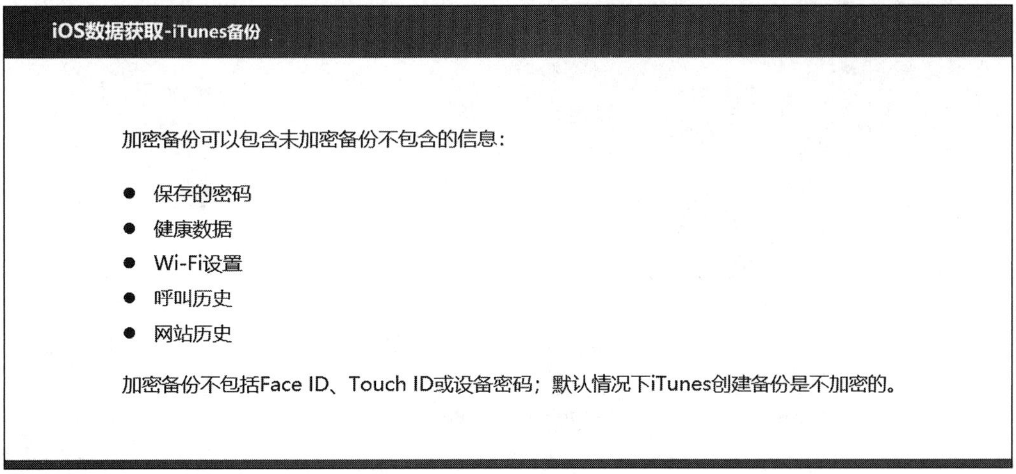

图5–6　iTunes备份（3）

如图5–7所示，运行操作系统Windows和macOS的计算机都可以用来备份iOS设备。在备份前，应当检查分析机上是否遗留下其他的备份文件，以免对取证工作产生影响。需要记住备份文件的路径，因为iTunes备份文件并没有固定的文件名和扩展名，所以通过搜索的方式不容易找到。使用iTunes备份完成后，可转至对应的路径将备份数据拷贝出来，然后加载到取证软件中进行数据分析。

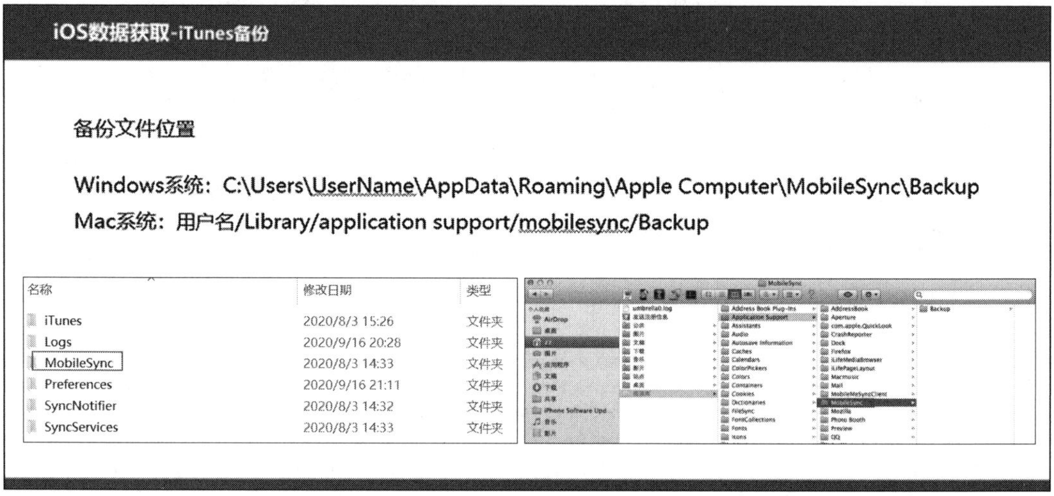

图5–7　iTunes备份（4）

如图5–8所示，Windows10及以上操作系统的Microsoft Store提供了微软版iTuens下载。这里强烈建议不要使用这个版本的iTunes。虽然从使用角度来看，此版本与原生的iTunes并无功能上的差别。但前面提到，很多商业软件与iOS设备联机需要依赖iTunes，而微软版的iTunes貌似是没有安装相关的驱动程序，所以并不能为商业软件提供连接的必要条件。另外，微软版的iTunes数据备份路径与安装版存在差异。

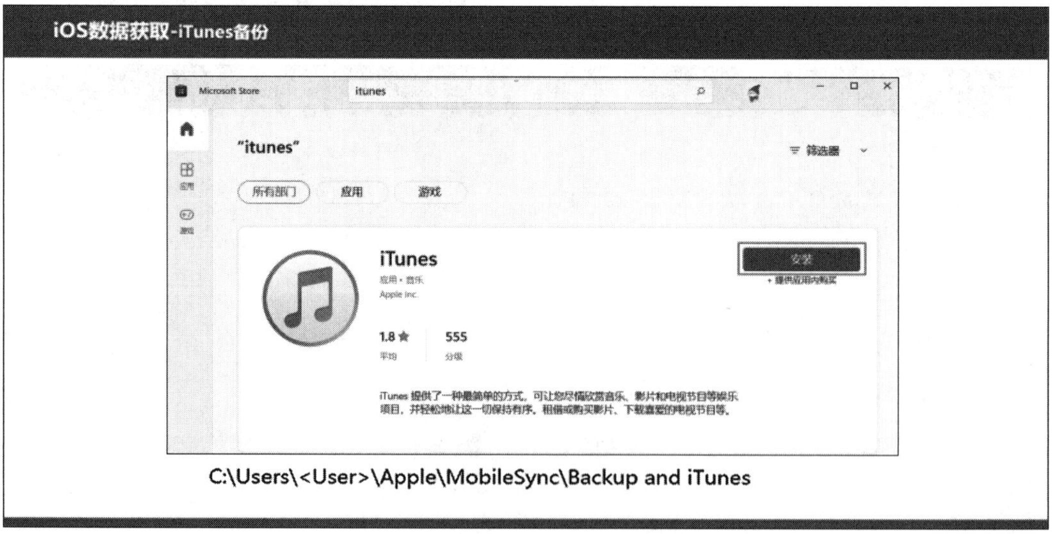

图5–8　iTunes备份（5）

5.3.2　第三方备份获取

如图5–9所示，除了使用官方的iTunes外，还可以使用第三方的工具进行数据获取，前文提过，对于所获取的数据而言并无根本差异。同时，使用第三方助手备份时，同样支持设置备份密码。

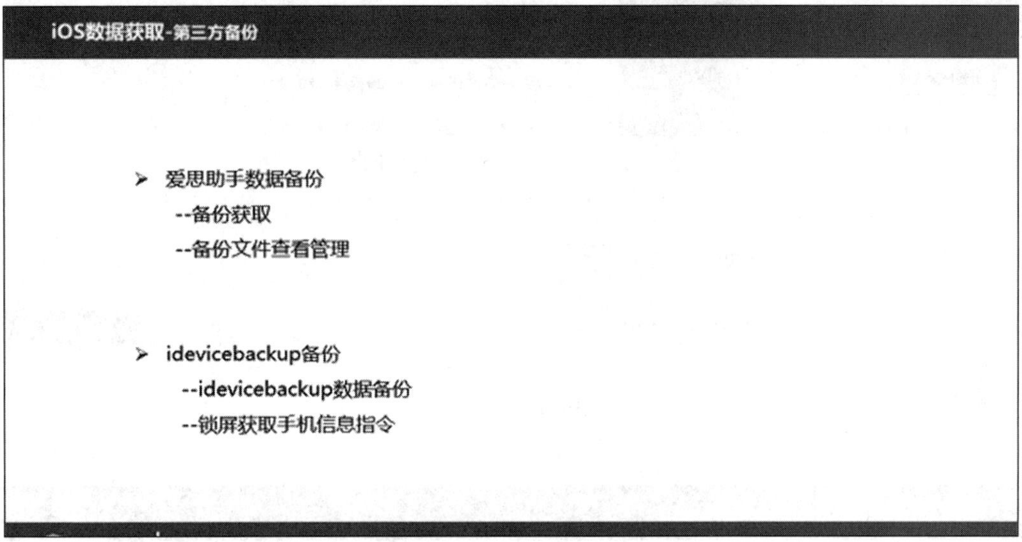

图5–9　第三方备份（1）

第三方软件进行备份时，从使用体验来说比iTunes更为灵活，除了同样支持设置密码外还支持自定义备份路径。从原理层而言，第三方备份方式确实与iTunes无差别。但后续苹果公司官方是否会改变备份协议和策略是未知的，而第三方软件能否第一时间兼容和适配新的策略协议也是未知的。所以，目前来说，第三方备份与iTunes无差别，但不代表以后永远都无差别（图5–10和图5–11）。

如图5–12所示，libimobiledevice不仅是一款非常实用的命令行工具，而且是一款开源工具，因此很多商业软件都对其进行了内置。所以，在备份iOS设备时，也可使用idevicebackup。该软件程序体积小、功能强大，除了支持数据备份外还支持手机信息的读取、手机工作模式的切换等。在实际工作中，如果时间紧迫，也可以使用命令行窗口，一条指令就可以自动获取数据而无须运行完整版的iTunes或者第三方软件。

图5–10　常用工具

图5-11　全备份

图5-12　第三方备份（2）

5.3.3　iOS 设备越狱获取

iOS系统的数据获取也可以通过iOS设备越狱后进行，图5-13是Checkra1n官方公布支持的设备型号，图5-14是iOS设备越狱流程。

如图5-15所示，iOS设备越狱过程是在手机的DFU模式下完成的，所以在进行越狱前需将手机启动至DFU模式；针对不同的机型，进入DFU模式方式略有差异。但无论是哪种机型，在成功进入DFU模式后，手机屏幕都是黑屏状态且无任何显示。如果在进行DFU模式切换过程中出现了苹果公司Logo，说明长按电源键的时间过长，要从头再来。在进入DFU模式前，需将数据线与计算机保持连接，这和华为手机进入FB模式一样，数据线需连接计算机。

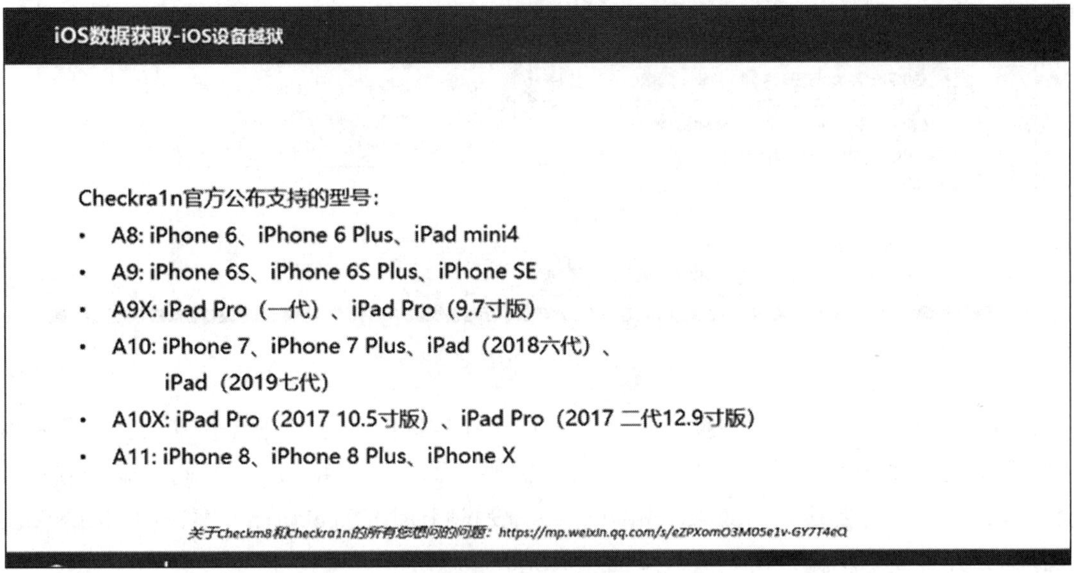

图5-13　iOS设备越狱（1）

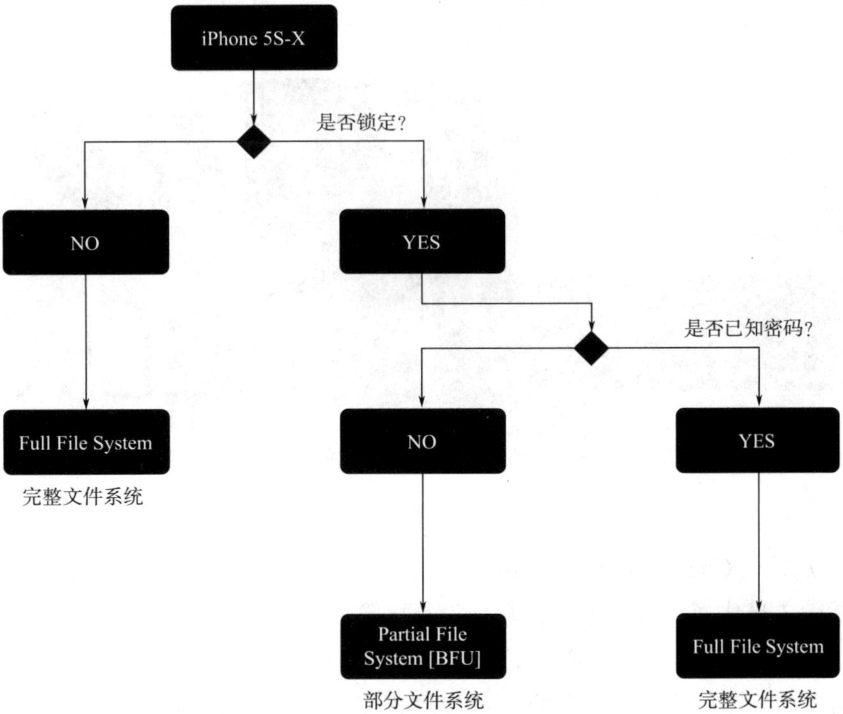

图5-14　iOS设备越狱流程

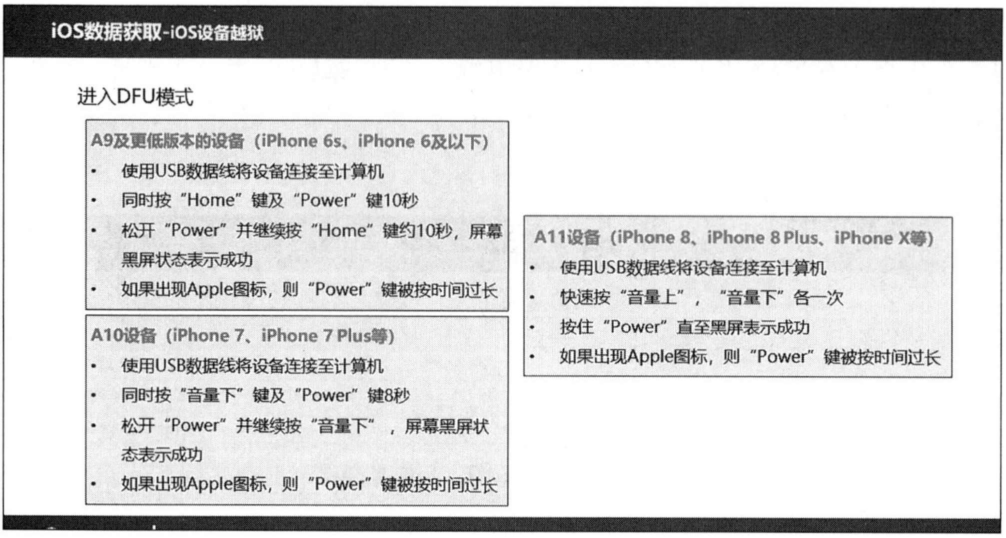

图5–15　iOS设备越狱（2）

如图5–16所示，iOS设备越狱方案有很多种，在越狱前需选择适合的方案。有些越狱方案需在手机进入系统桌面后才可执行，有些则需要在手机端安装App，不同方案的方式方法都会不同，但我们想要达到的效果是相同的。一般我们使用Checkra1n方案，利用Checkm8漏洞来越狱，并且支持不输入密码进入桌面也可完成越狱。

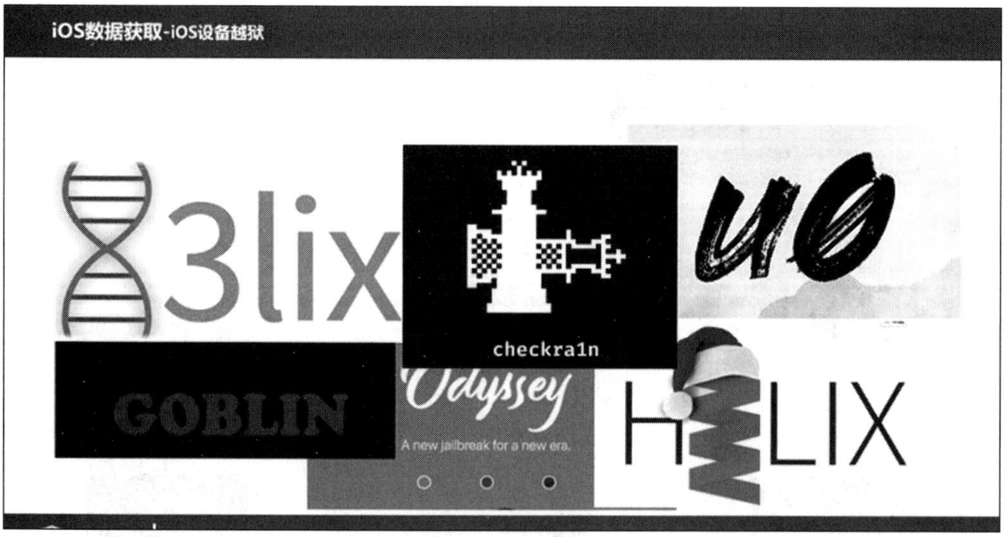

图5–16　iOS设备越狱（3）

如图5–17所示，Checkra1n提供Linux和macOS两个版本的越狱工具，也可做成启动U盘。越狱过程非常简单且快速、成功率高且几乎没有风险，即使越狱失败，重启手机即可。它目前支持采用A5-A11处理的iOS设备，要求系统版本iOS 12.X以上，而对于iOS 14以上系统版本的设备，可能会不支持AFU状态下绕密越狱，操作过程需取消开机密码才可进行越狱操作。在此需强调一下，成功率高并不代表没有任何风险，所以实际操作中还是需要做好充足的准备工作。

图5–17　iOS设备越狱（4）

如图5–18所示，首先将手机连接至计算机并运行Checkra1n程序，如果此iOS设备曾经连接过当前计算机，这里会直接显示iOS设备信息；如果首次连接，则会引导用户进入恢复模式读取设备信息。对于一些符合要求的设备，如果Checkra1n仍然提示不支持越狱，也可在设置中勾选“允许未测试的iOS版本”。当然，即使进行了这样的设置，也有可能越狱失败。

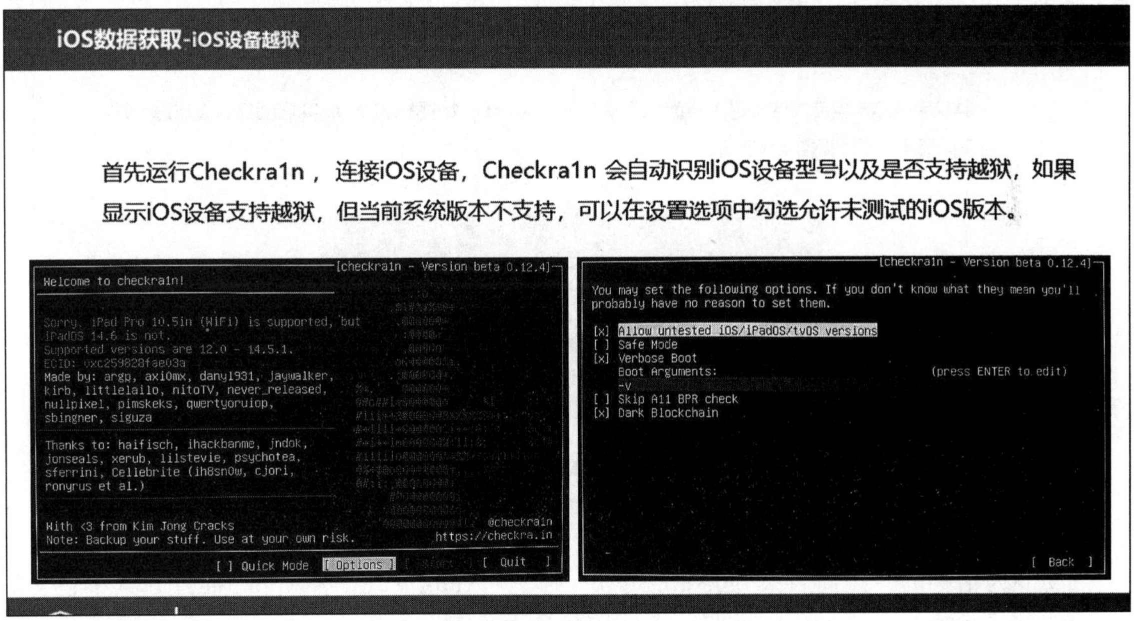

图5–18　iOS设备越狱（5）

开始越狱后，设备会自动进入恢复模式，之后按软件提示操作，根据手机的不同型号手动进入DFU模式，进行自动越狱，如图5–19所示。

越狱成功后，手机会自动重启至输入密码界面，稍等片刻，桌面上出现Checkra1n图标则表示越狱成功（图5–20）。

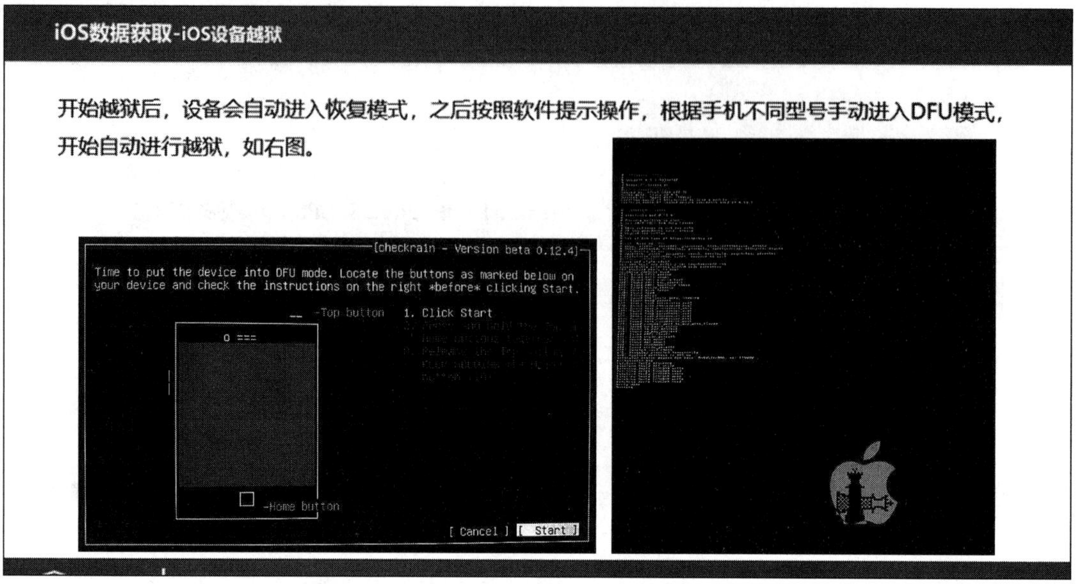

图5-19　iOS设备越狱（6）

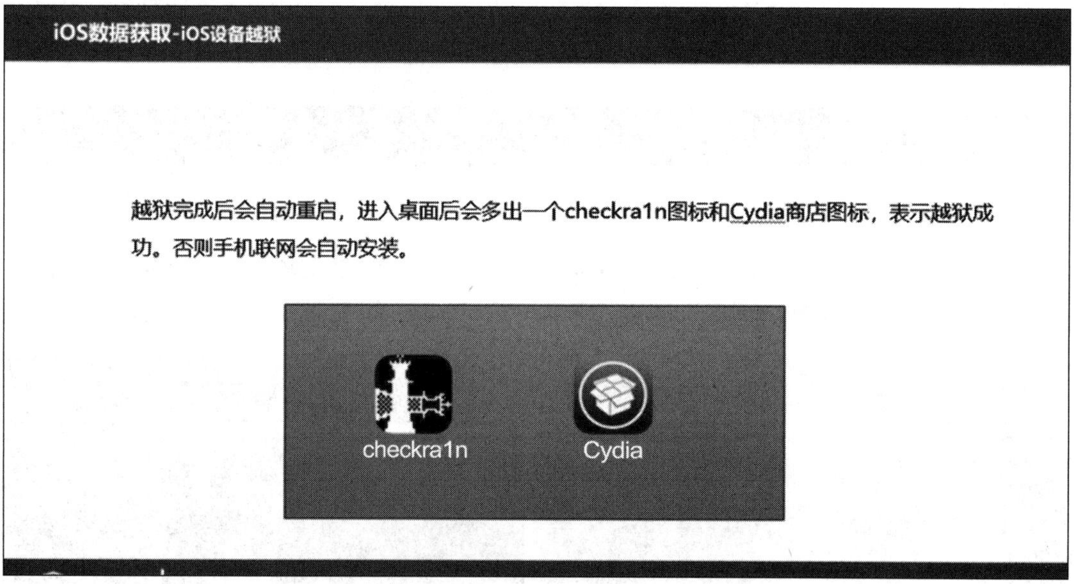

图5-20　iOS设备越狱（7）

Cydia为俗称的“黑商店”，同App Store一样，可在此下载各种App和插件，其中包含的App则是第三方未经授权的应用，所以在使用过程中是否存在风险也未可知。

如图5-21所示，Jbox是向9000/9300提供的配套硬件设备，支持iOS设备自动越狱。取证人员只需要将手机启动至DFU模式且与Jbox联机，即可自动完成全部越狱过程，无须进行任何人为的复杂操作，同时也避免了操作过程中出现失误。

Jbox目前支持全离线越狱，无须与计算机连接，完全自主地完成越狱操作，小巧轻便，便于携带，USB供电后即可使用。

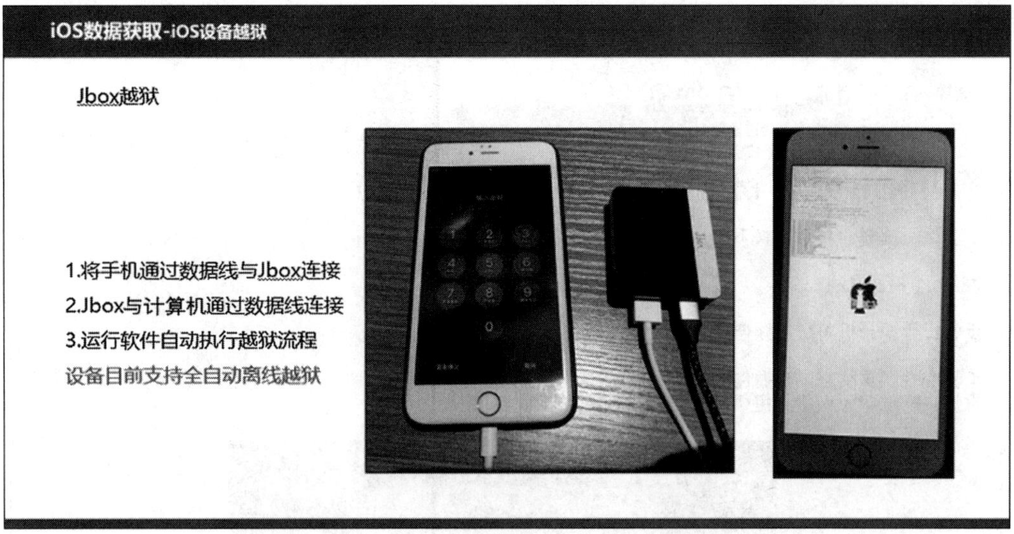

图5–21　Jbox越狱（1）

如图5–22所示，之前的版本越狱是需要将Jbox与计算机联机，然后软件端控制Jbox完成整个越狱过程，但目前升级成了全离线和全自动化。如果不知道如何进入DFU模式，可以按照引导进行查看，如图5–23所示。

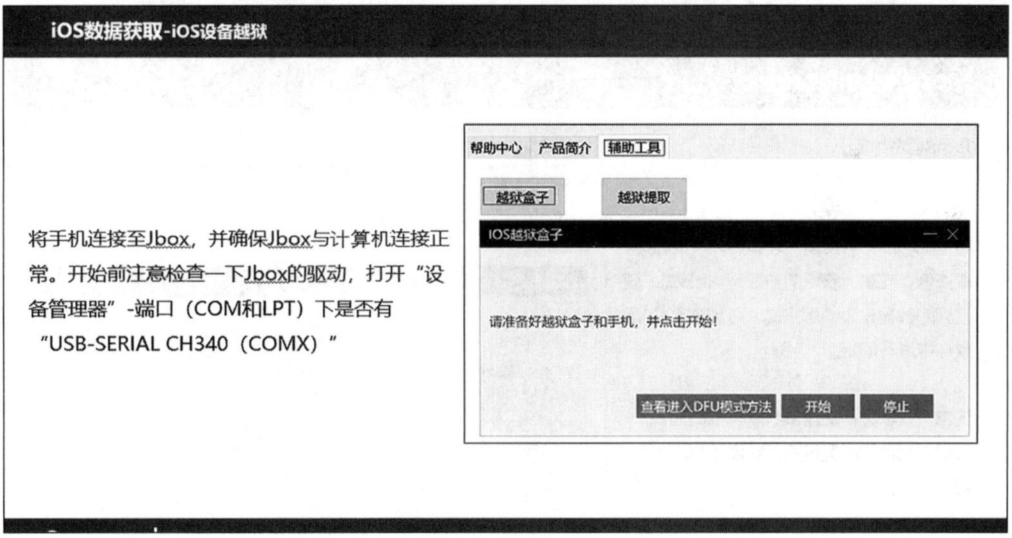

图5–22　Jbox越狱（2）

如图5–24所示，Jbox越狱完成后，可将越狱成功后的设备与计算机通过数据线连接，然后运行Helper软件，进行越狱后的数据提取。提取出的数据将以tar形式保存，其中包含当前设备中完整的文件系统。因为是通用的压缩包格式，所以几乎所有的商业软件都支持数据解析。

如图5–25所示，Elcomsoft iOS Forensic Toolkit对于越狱提取也非常好用，但操作略显复杂，需要用户指定端口、文件保存路径、输入密码等。如果手里有此软件，也可以尝试用。

图5–23　Jbox越狱（3）

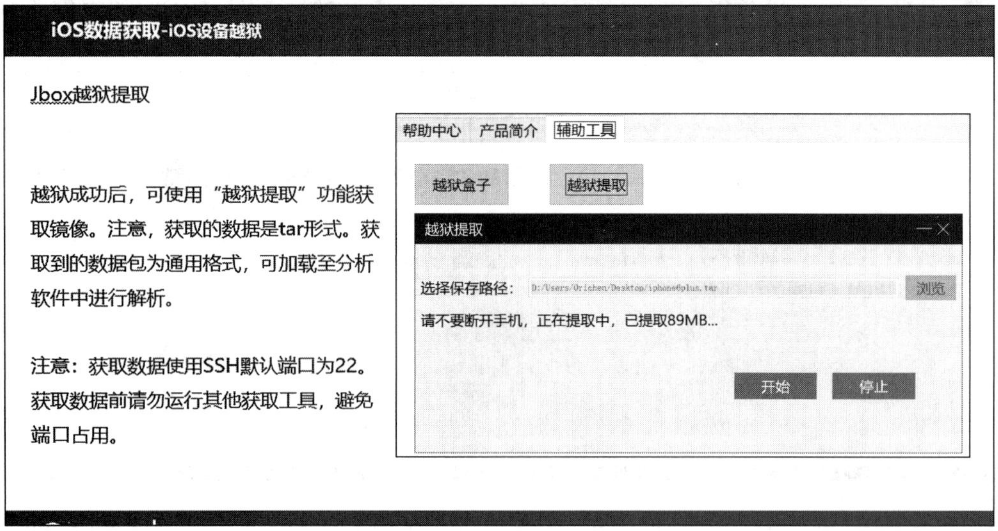

图5–24　Jbox越狱（4）

如果想更直观地访问和查看iOS设备的目录结构，可利用远程登录软件。如图5–26所示，这里用的是WinSCP，熟悉服务器的应该对此软件非常熟悉，使用时只需选择协议、IP地址、端口、用户名和密码（默认密码apline）即可。但使用中发现，在保存大文件或者具有很多子目录情况下，用此软件导出数据时，经常出现“假死”或者连接中断的情况，所以建议仅以此软件作为目录查看工具。

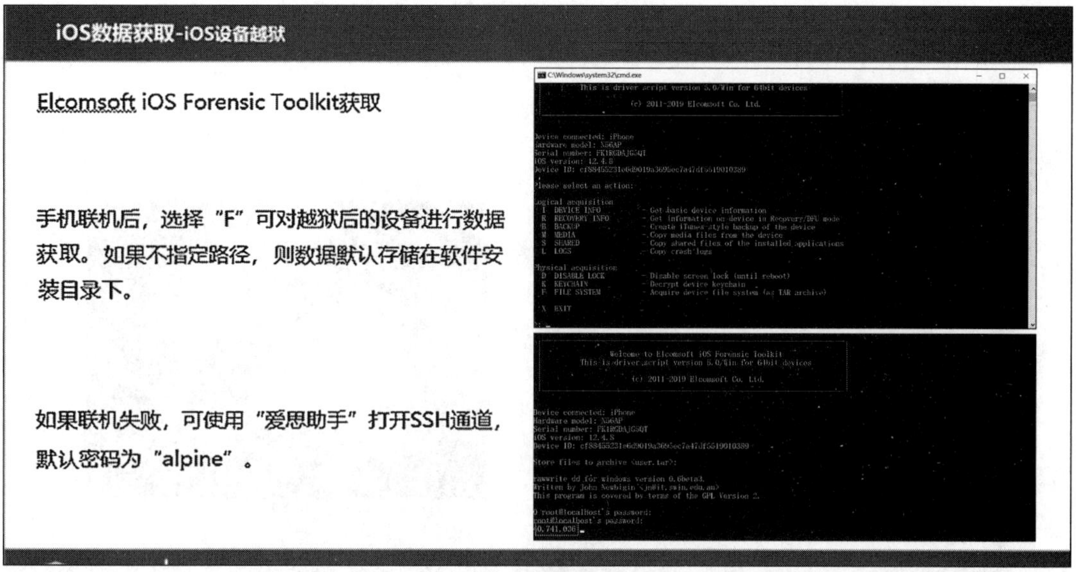

图5-25　Elcomsoft iOS Forensic Toolkit越狱

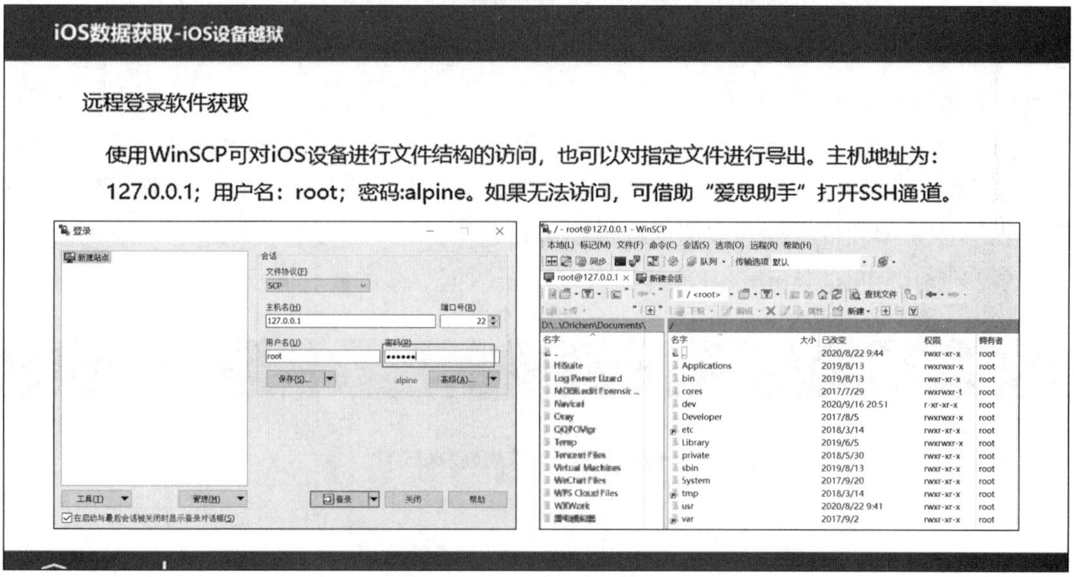

图5-26　WinSCP远程登录

5.3.4　云数据获取

如图5-27所示，iOS系统是与互联网紧密相连的，很多功能也需要互联网才能实现，比如“查找我的手机”等。iCloud为用户提供了较大的免费空间，允许用户选择数据并同步，并且如果开启了同步，只要云端有可用空间则同步过程是自动进行的。所以，云端往往会存储一些关键的数据信息，比如照片、记事本、通讯录、keychain等，这些数据对于取证而言是非常关键的。

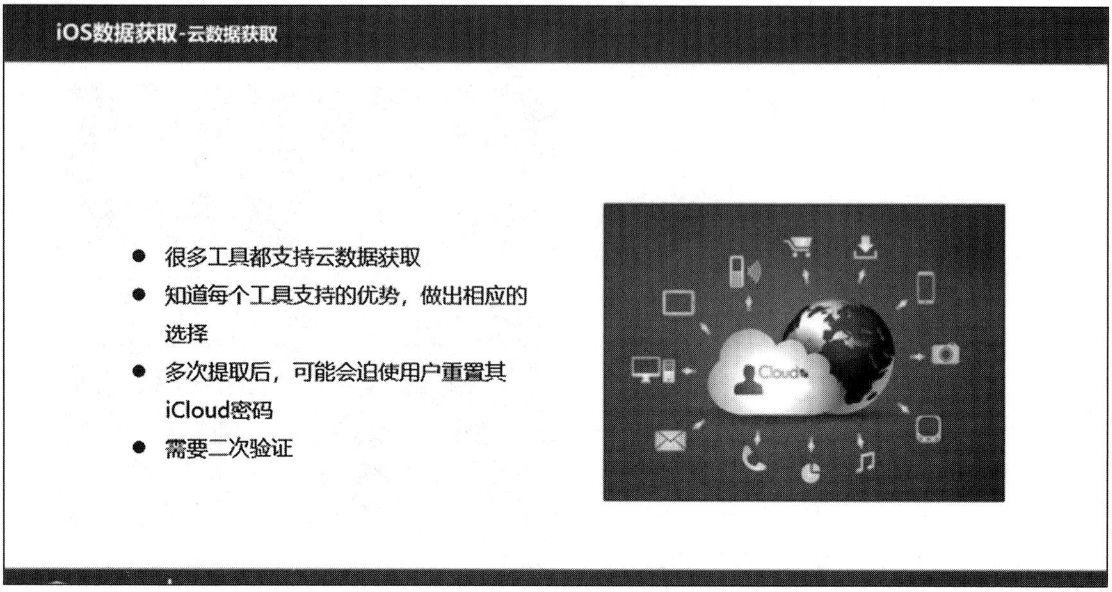

图5-27　云数据获取（1）

目前，很多商业软件都支持下载云端数据，但云端数据获取需经过二次验证，向设备上发送6位验证码，并且在成功登录后，苹果公司会以邮件的形式向机主发送登录信息。所以，云取证对于绝对密取而言可能无法进行。

如图5-28所示，AXIOM是一款综合的电子数据取证分析工具，软件中提示最高支持iOS 12版本的设备，但实际测试大于iOS 12的设备也可成功获取其中的云存储部分的数据。需要注意的是，AXIOM软件中的云取证模块需要单独购买，否则云取证模块是不可用状态。

图5-29所示为Passware Kit Forensic软件中云数据下载的操作界面，允许多种方式登录，

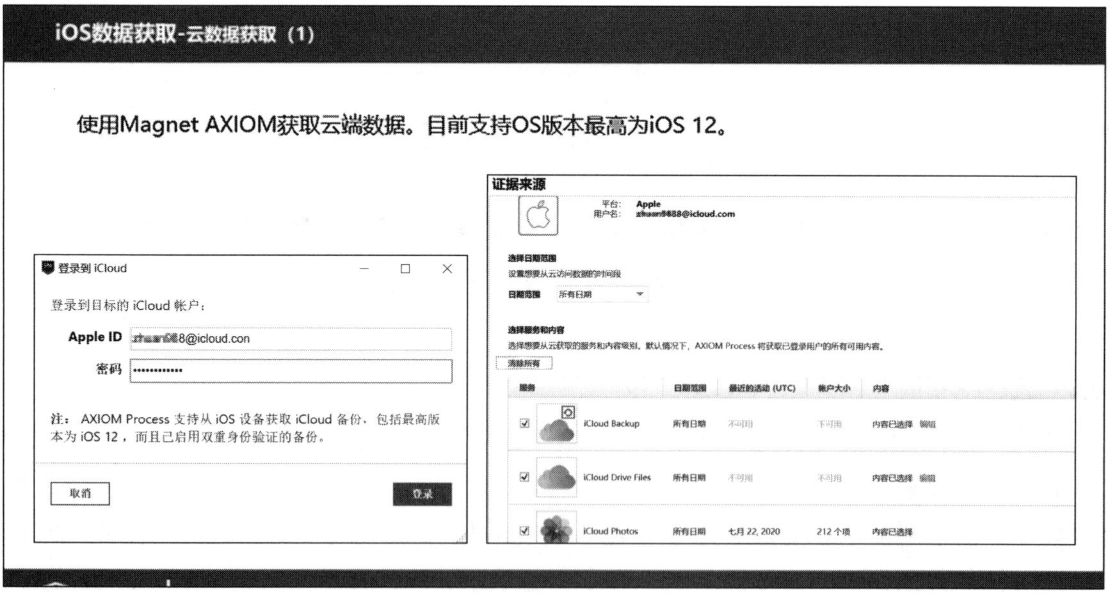

图5-28　云数据获取（2）

分别为账号密码、内存镜像以及token方式。无论采用哪种方式，对于前面提到的绝对密取来说，显然是无法达到预期效果的。

另外，实际测试过程中发现，Passware Kit Forensic在进行iCloud登录时，会有偶尔无法联机的情况发生。所以，如果取证人员需要获取云数据，建议还是采用取证分析类的商业软件以节省取证时间。

如图5–30所示，Oxygen Forensic Detective是一款非常优秀的手机取证分析软件，其云数据获取功能的使用效果同样非常优秀。它支持多种云数据的获取，同时也支持多种登录方式。对于iCloud而言，它支持单独获取某一项数据，同时也支持获取iCloud中的所有数据。

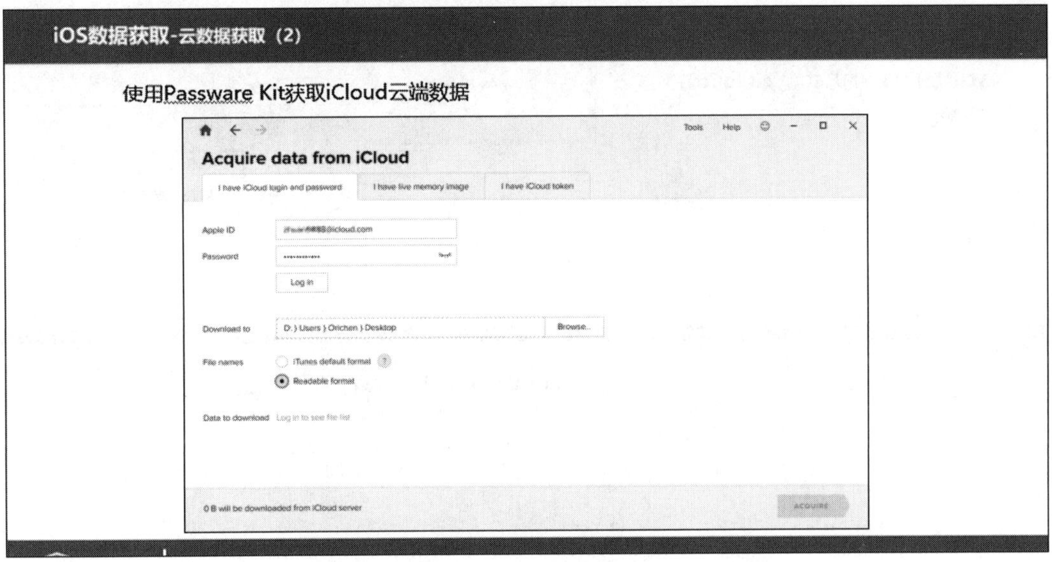

图5–29　Passware Kit Forensic软件云数据获取

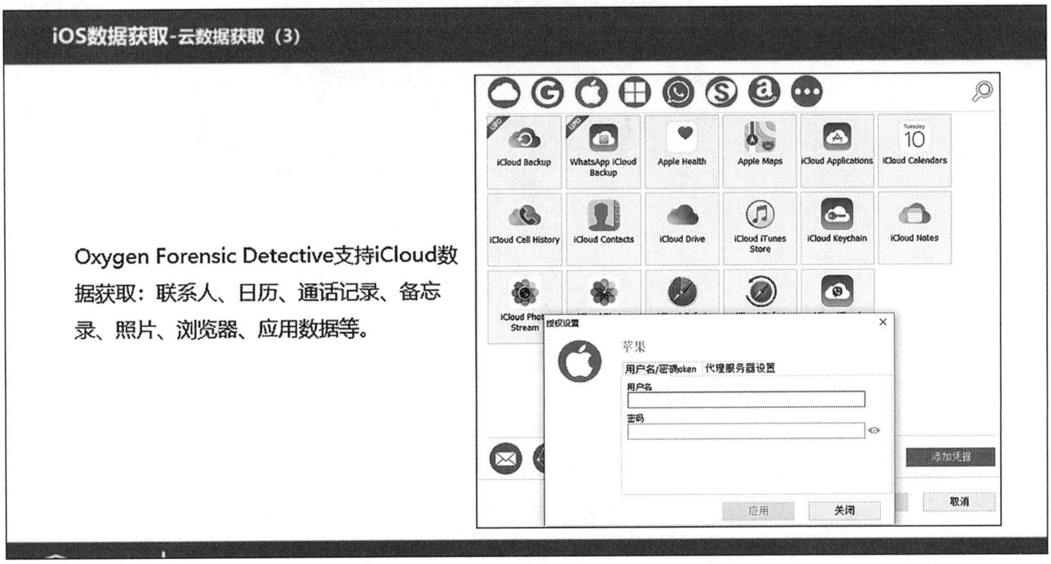

图5–30　Oxygen Forensic Detective软件云数据获取

如图5-31所示，Elcomsoft 公司出品的Elcomsoft Phone Breaker软件同样支持iCloud中数据的下载功能。就实际效果而言，各公司软件并无较大差别。取证人员可根据实际的情况做出选择，如果担心存在差异化，可使用多款商业软件对云数据进行多次下载提取。

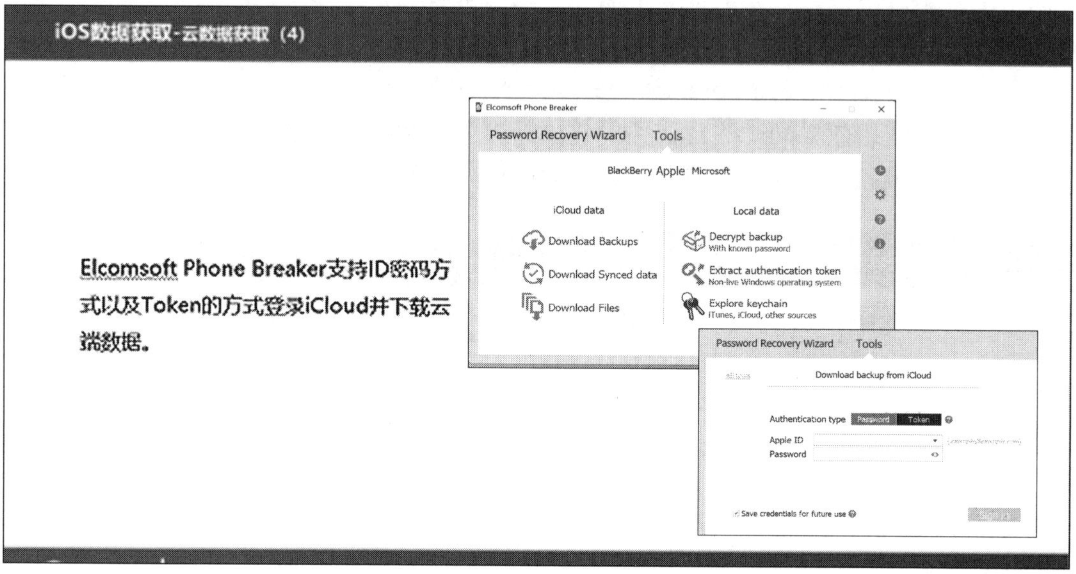

图5-31　Elcomsoft Phone Breaker软件云数据获取

第 6 章　iOS 系统备份数据分析

iOS系统备份数据是将iOS系统设备中的数据、设置、应用程序等信息存储到云端或本地设备中，以便后期进行恢复或转移。备份可以分为iCloud备份和本地备份，备份的内容包括照片、视频、音乐、联系人、短信、通话记录、应用程序等数据。

6.1　iTunes备份文件

iTunes作为苹果公司出品的一个音乐播放软件，同时具备整机备份的功能，在将它连接到计算机后，激活iTunes的备份功能，再把iOS系统设备中的数据全部备份就可以了。所以，iOS系统的证据固定最常规的手段就是利用 iTunes自身的备份功能对数据进行备份。

前文中提到操作系统为mac OS和Windows的计算机都可以用来备份iOS系统设备。在数据备份前应该检查硬盘中是否有遗留的备份文件，主要是为了避免与此次备份的数据混淆，浪费更多的取证时间。

如果在嫌疑人的计算机中发现以往的备份文件，那么将是非常幸运的，因为其中可能包含了设备中已删除的一些数据。这些数据有可能是嫌疑人在对设备进行了一次备份后又继续使用该设备，使用过程中虽然在设备中删除了某些数据，但备份文件并未删除，这将是非常有价值的信息。

如图6–1所示，备份文件通常存储在一个以40个数字和字母命名的文件夹中，即备份文件的存储目录会以设备的UDID命名（图6–2）。当然，还可能出现8～16位的UDID，如果出现，则说明此设备为A12以上的设备。

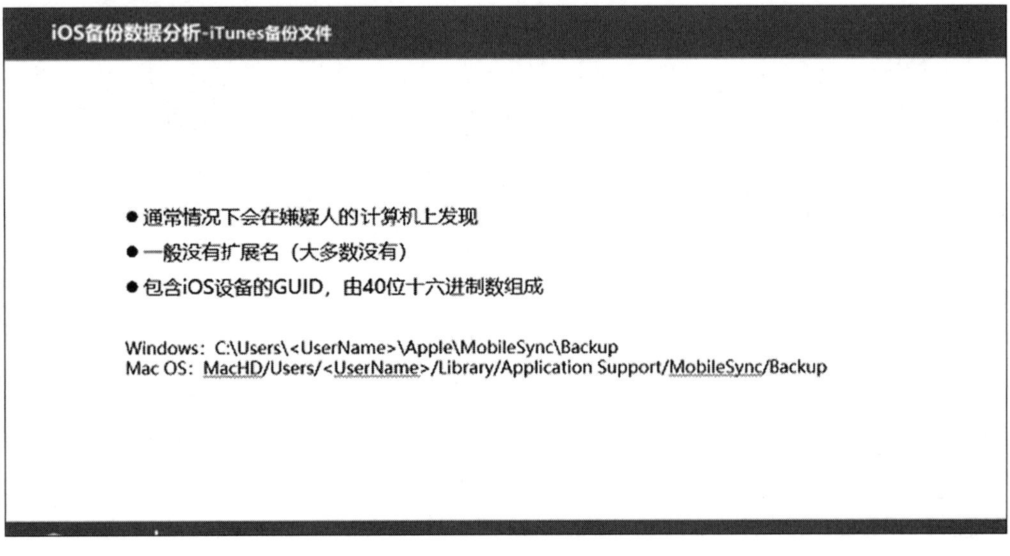

图6–1　iTunes备份文件（1）

图6–2　iTunes备份文件（2）

如图6–3所示，在iTunes备份文件中包含了大量重要的信息，iOS系统中为iTunes备份提供了对文件系统、数据库和plist文件的访问权限。

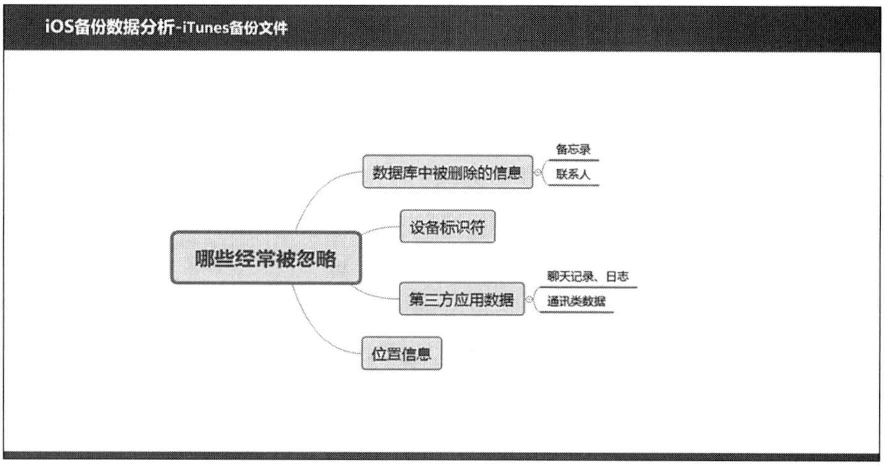

图6–3　iTunes备份文件（3）

iOS备份文件中可能包含联系人、短信、多媒体文件、日历、音乐、数据库、密钥等。但是商业软件不可能支持所有文件的解析，有时候会漏掉一些重要的信息，所以有时候需要手工进行数据分析。

iTunes备份的元文件在不同系统版本下存在着差异（图6–4），iOS 9以前的版本在备份完毕后会生成四个元文件：info.plist；manifest.plist；status.plist；manifest.mbdb。

而对于iOS 10及以上的系统在进行iTunes备份后，同样会生成四个元文件：info.plist；manifest.plist；status.plist；manifest.db。

它们在数量上一致，但文件名称发生了改变。

如图6–5所示，info.plist文件可以通过plist编辑器或者各类商业软件进行查看。

info.plist包含设备标识符、最后一次备份日期、设备名称、设备类型、同步设置、构建版本、应用程序等。需要注意的是，最后一次备份时间可能是商业软件的获取时间。因为商业软件在数据获取时会调用备份机制，所以这里的最后一次备份时间有可能并非嫌疑人最后一次进行手机备份的时间戳，如图6–6所示。

如果只是取得一个iTunes备份文件，在进行数据分析时应着重关注上述的内容。

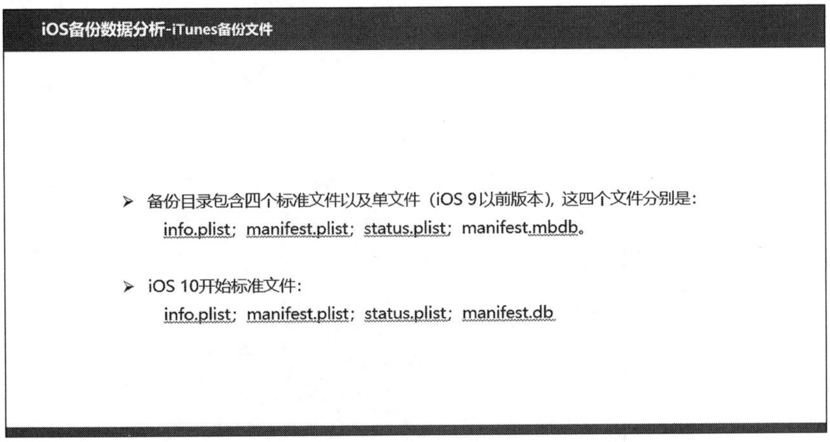

图6-4　iTunes备份文件（4）

图6-5　iTunes备份文件info.plist

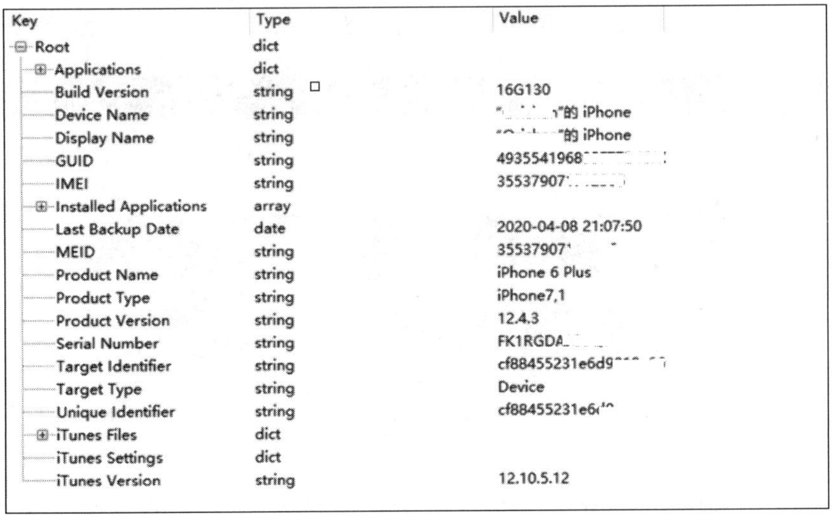

Key	Type	Value
⊟ Root	dict	
⊞ Applications	dict	
Build Version	string	16G130
Device Name	string	“……”的 iPhone
Display Name	string	“……”的 iPhone
GUID	string	4935541968…
IMEI	string	35537907…
⊞ Installed Applications	array	
Last Backup Date	date	2020-04-08 21:07:50
MEID	string	35537907…
Product Name	string	iPhone 6 Plus
Product Type	string	iPhone7,1
Product Version	string	12.4.3
Serial Number	string	FK1RGDA…
Target Identifier	string	cf88455231e6d9…
Target Type	string	Device
Unique Identifier	string	cf88455231e6…
⊞ iTunes Files	dict	
iTunes Settings	dict	
iTunes Version	string	12.10.5.12

图6-6　iTunes备份文件（5）

在info.plist中还会记录设备的名称信息，此信息为使用者自定义设置的，如图6–7和图6–8所示。

图6–7 iTunes备份文件（6）

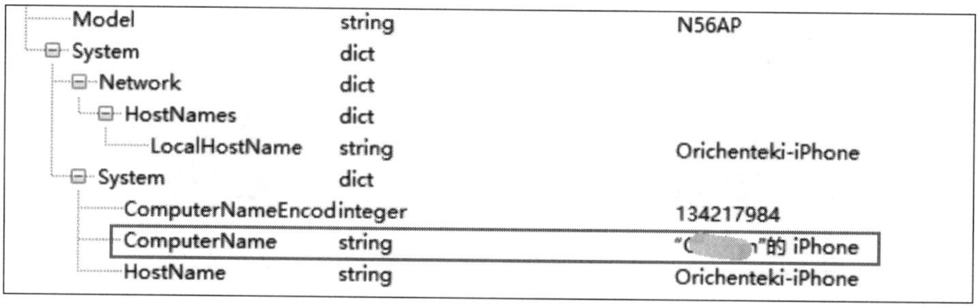

图6–8 iTunes备份文件（7）

如图6–9所示，Manifest.plist文件记录设备的加密设置和已安装的应用程序。文件中包含时间戳信息，记录最后一次更改加密设置的时间，这部分内容是重点但经常被忽略。

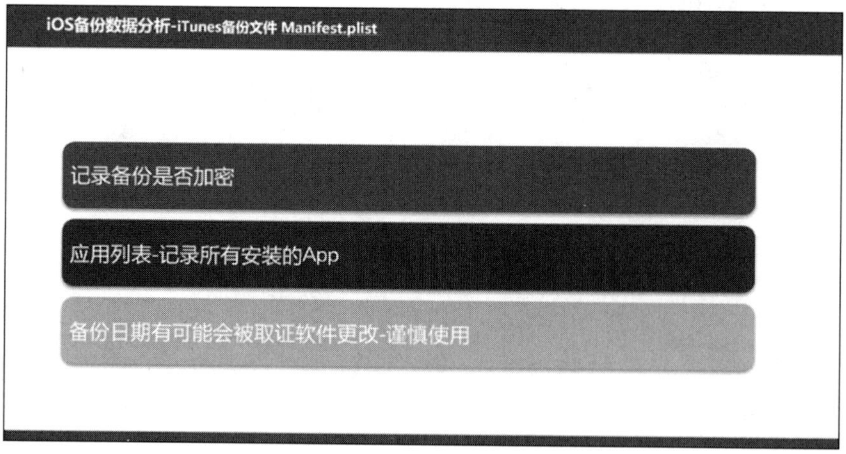

图6–9 iTunes备份文件Manifest.plist

如图6–10所示，如果设备当前已被设置了备份密码，而取证人员取消密码并重新做未加密的备份后，那么时间戳信息就会记录在此；同理，如果当前设备未被设置过备份密码，而取证人员做了加密备份，时间戳同样会被记录。所以，要将时间戳信息梳理清楚，可能会出现与取证人员进行iTunes备份操作的时间不完全相同的情况。由此可见，在对设备进行备份时，设备上也留下了一些不被察觉的痕迹。

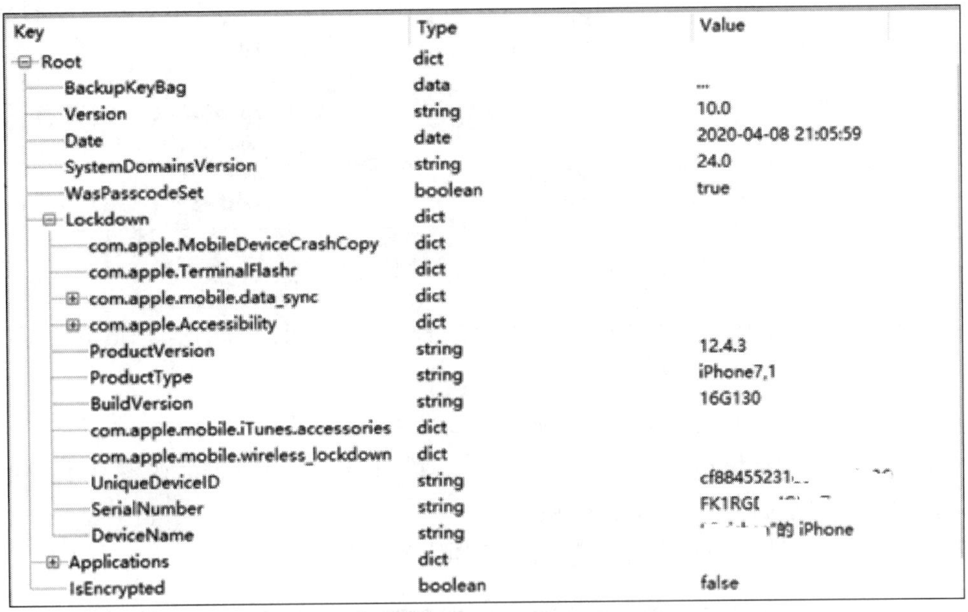

Key	Type	Value
⊟ Root	dict	
BackupKeyBag	data	...
Version	string	10.0
Date	date	2020-04-08 21:05:59
SystemDomainsVersion	string	24.0
WasPasscodeSet	boolean	true
⊟ Lockdown	dict	
com.apple.MobileDeviceCrashCopy	dict	
com.apple.TerminalFlashr	dict	
⊞ com.apple.mobile.data_sync	dict	
⊞ com.apple.Accessibility	dict	
ProductVersion	string	12.4.3
ProductType	string	iPhone7,1
BuildVersion	string	16G130
com.apple.mobile.iTunes.accessories	dict	
com.apple.mobile.wireless_lockdown	dict	
UniqueDeviceID	string	cf88455231
SerialNumber	string	FK1RG
DeviceName	string	的 iPhone
⊞ Applications	dict	
IsEncrypted	boolean	false

图6–10　iTunes备份文件（8）

如果iTunes是完全安装版（非微软商店版），那么status.plist将能够真实地反映出备份完成时间，如图6–11所示。

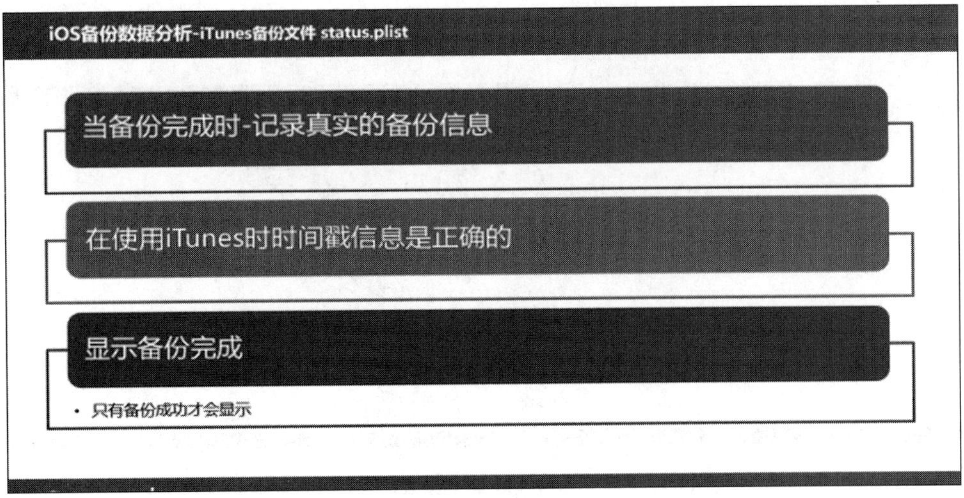

图6–11　iTunes备份文件status.plist

如图6–12所示，如果使用的是微软版iTunes备份的数据，则info.plist记录备份的开始时间，并且status.plist将不会被更新。

如果使用的是完整版iTunes备份的数据，则status.plist会被使用，并且会进行更新，如果备份失败则不进行更新。

另外，status.plist文件也是整个备份过程中被写入的第一个plist文件。

Key	Type	Value
Root	dict	
IsFullBackup	boolean	false
Version	string	3.3
UUID	string	FBC67813-[illegible]
Date	date	2020-04-08 21:07:44
BackupState	string	new
SnapshotState	string	finished

图6-12　iTunes备份文件（9）

如图6-13所示，使用完整版iTunes做的一份备份文件，可以看到三个plist中的时间戳都不相同。

Manifest.plist——上次该设备备份的加密状态改变时，这个时间戳会伴随改变。

info.plist——记录备份最后完成的日期，需注意的是，取证软件会改变这个时间戳。此外，它总是比实际完成备份的时间晚几秒。

status.plist——记录上次成功备份完成的真实时间。

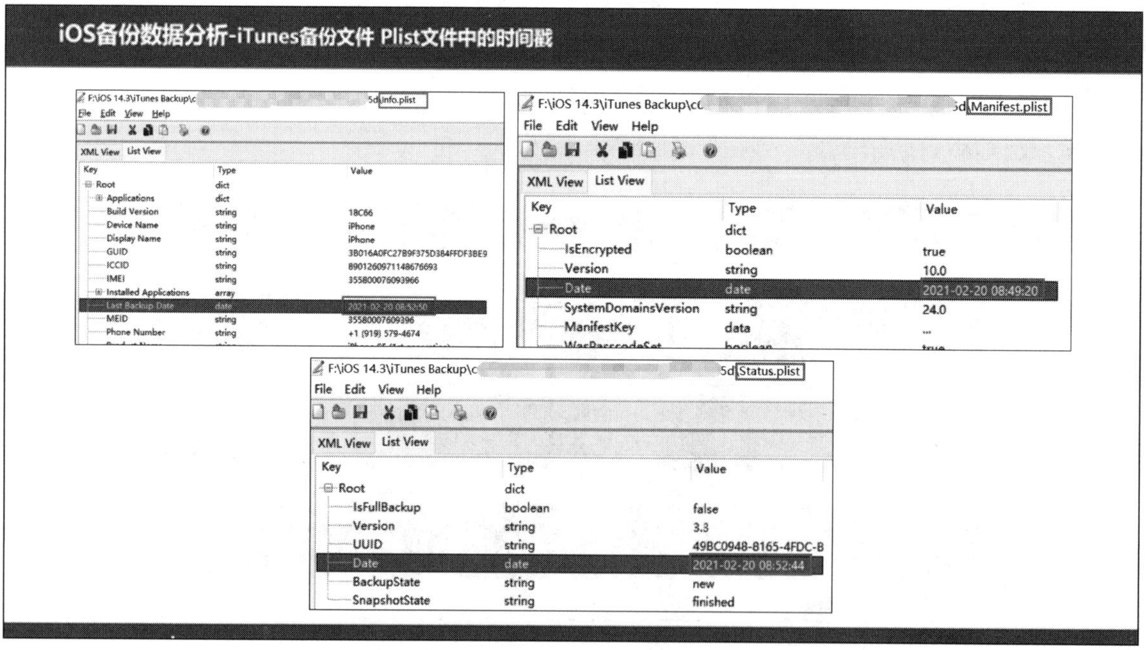

图6-13　iTunes备份文件plist文件中的时间戳

如图6-14所示，iOS 10之后的版本引入了一个全新的清单文件。如果用户选择加密备份，则这个数据库也会被一同加密。如图6-14中上方的图，这个SQLite数据库是不加密状态，说明这个备份在创建的时候没有选择加密备份。如图6–14中下方的图则为加密状态的清单文件，可以看出其底层数据为加密存储。在对加密状态的数据进行分析时，商业软件会要求取证人员提供备份密码，才可对数据进行解密和分析。

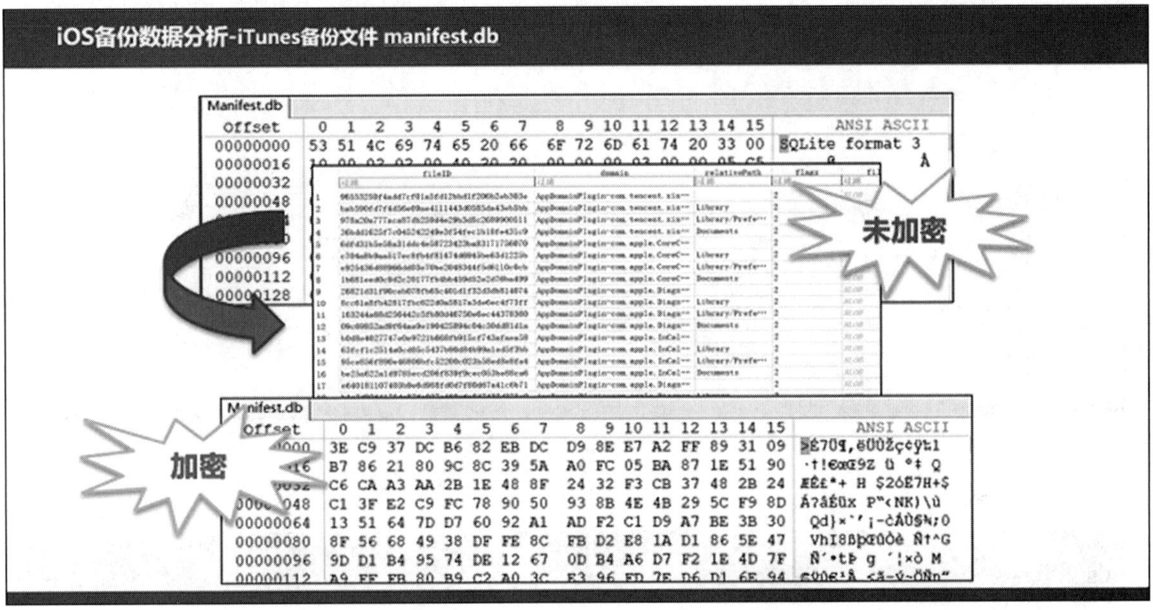

图6–14　iTunes备份文件Manifest.db

前文提到，在iOS 10之前的版本，创建iTunes备份时会创建一个名为manifest.mbdb清单文件。即使取证人员在iTunes备份时选择了加密备份的方式，但该清单文件并不会加密，所以虽然无法完全对备份文件的内容进行查看，但还是可以从清单文件中查看文件的列表。

6.2　数据文件

随着通联App的发展，日常生活中短信往往不会作为首选的通联工具，但并不影响其包含众多有价值的数据，作为最原始的通联手段，可以在不适用数据网络的情况下发送信息。例如，可以通过短信收取的验证码判断嫌疑人是否登录或注册过哪些网站或App的账号；通过银行发送的余额短信可以得知嫌疑人的经济往来以及开户行信息等。所以，短信仍是取证调查的重点数据，如图6–15所示。

如图6–15所示，短信Library/SMS/sms.db 域为HomeDomain，其路径为HomeDomain-Library/SMS/sms.db，计算哈希值得3d0d7e5fb2ce288813306e4d4636395e047a3d28。

文件系统下，短信的路径：\private\var\mobile\Library\SMS。

对于越狱后获取的文件系统，将保持手机中实际的存储状态，保持原有的目录结构。例如图6–16中的左图，可以看到sms.db文件的实际存储位置为private/var/mobile/SMS/sms.db；右图则为使用iTunes备份出的数据，同样是sms.db文件，但存储位置则按照iTunes的备份规则进行了分类存储。

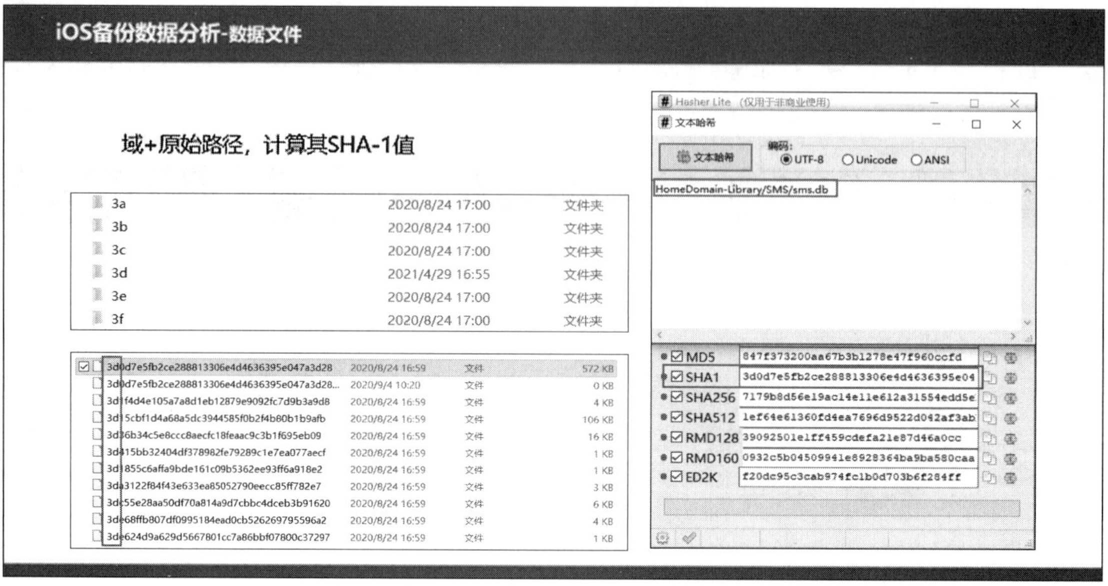

图6–15　数据文件（1）

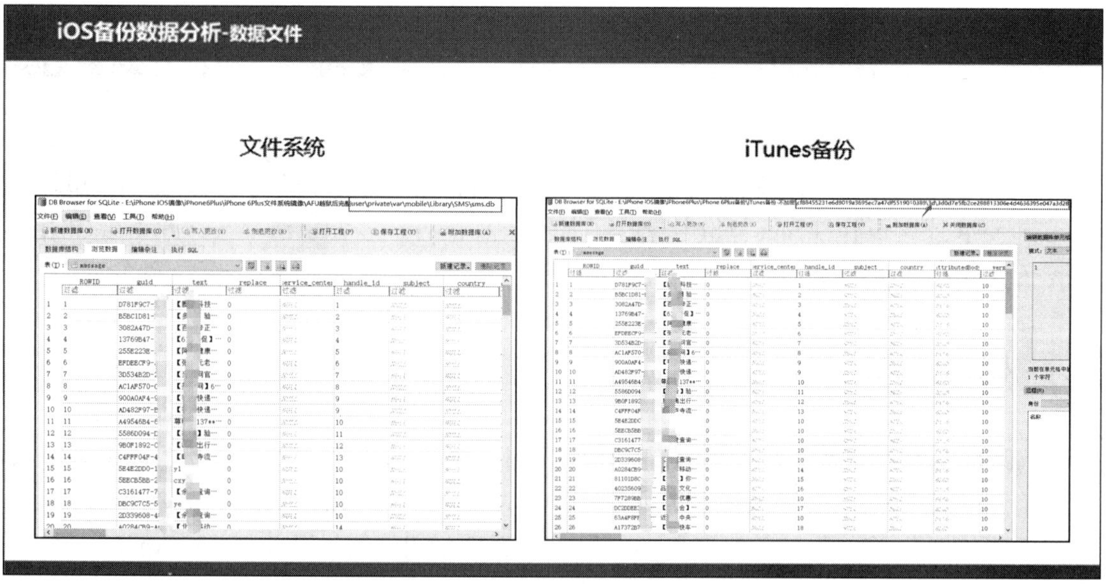

图6–16　数据文件（2）

6.3　iOS中的域

在iOS系统以及macOS系统中，不同类型的数据被存储于不同的域。例如：Wi-Fi相关数据默认存储于WirelessDomain中；App数据则被存储于AppDomain中等。对于使用iTunes进行数据备份的数据，则会依据不同数据所属域的不同来进行SHA-1计算，并将哈希结果作为最终文件名存储，如图6–17所示。

iOS备份数据分析-iOS中的域

序号	域名	路径
1	WirelessDomain	/var/wireless/
2	ManagedPreferencesDomain	/var/Managed Preferences/
3	MediaDomain	/var/mobile/
4	SystemPreferencesDomain	/var/preferences/
5	CameraRollDomain	/var/mobile/
6	RootDomain	/var/root/
7	MobileDeviceDomain	/var/MobileDevice/
8	KeychainDomain	/var/Keychains/
9	HomeDomain	/var/mobile/
10	DatabaseDomain	/var/db/
11	AppDomain<应用程序>	/var/mobile/Applications/<应用程序>/

图6–17　iOS中的域

6.4　AS 5100

可以说，所有的取证商业软件都支持iTunes备份数据的解析功能，软件品牌不同但操作步骤几乎都是类似的。如图6–18所示，这里以AS 5100为例，选择设备类型为“iOS—iTunes备份—数据文件”，指向备份文件所在位置即可自动加载软件进行数据分析。

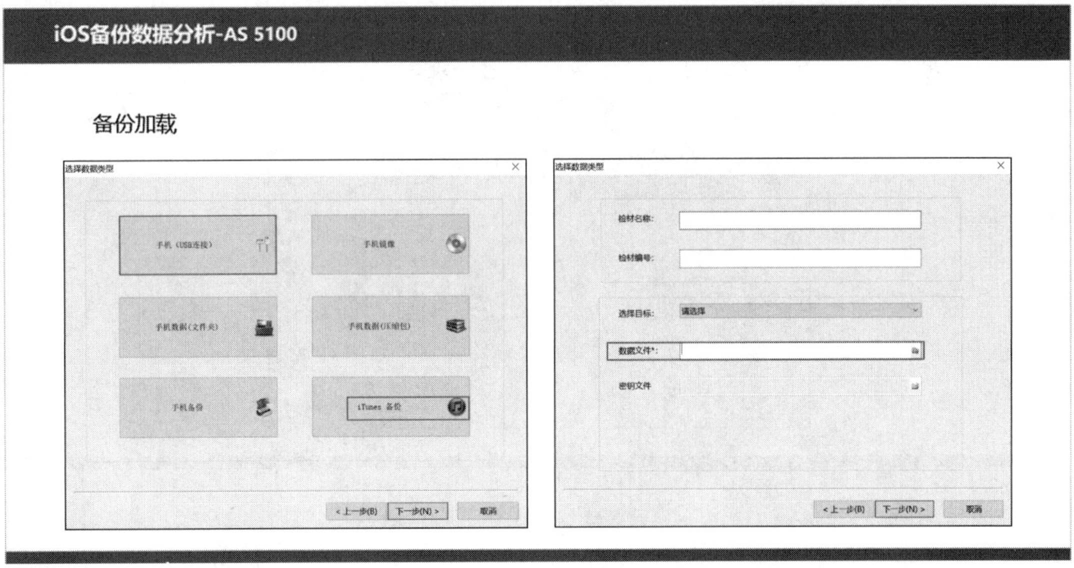

图6–18　AS 5100（1）

根据数据量大小的不同，数据读取过程的长短可能有所不同，甚至可能会出现假死状态。此时不必慌张，静候软件读取结束即可（图6–19）。

如图6-20所示，越狱提取所得为tar形式的数据包，包含完整的文件系统。在使用商业软件进行数据分析时，需以“手机数据（压缩包）”的形式添加，操作过程同添加iTunes数据备份完全相同。

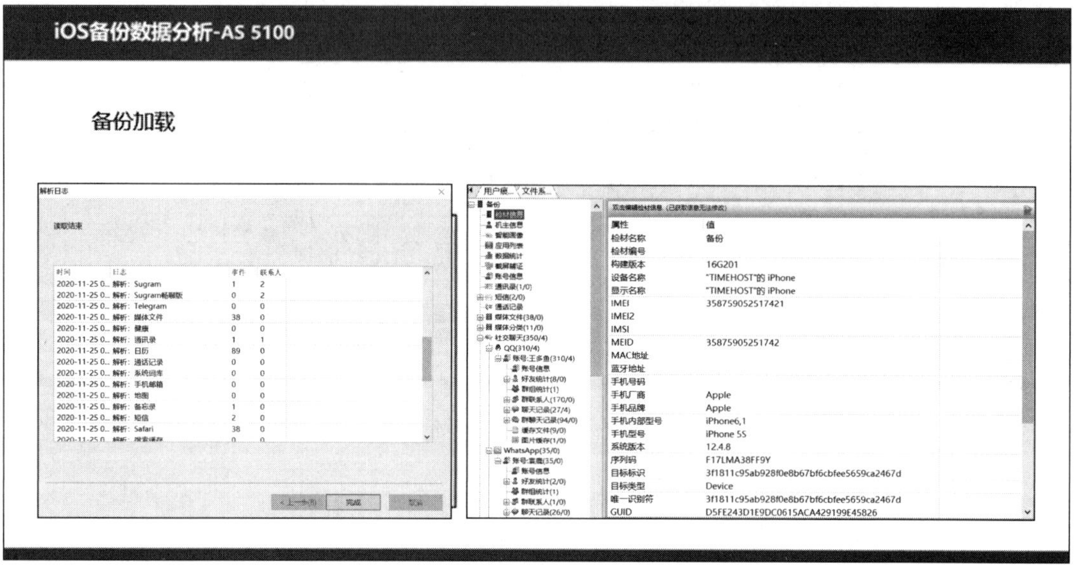

图6-19　AS 5100（2）

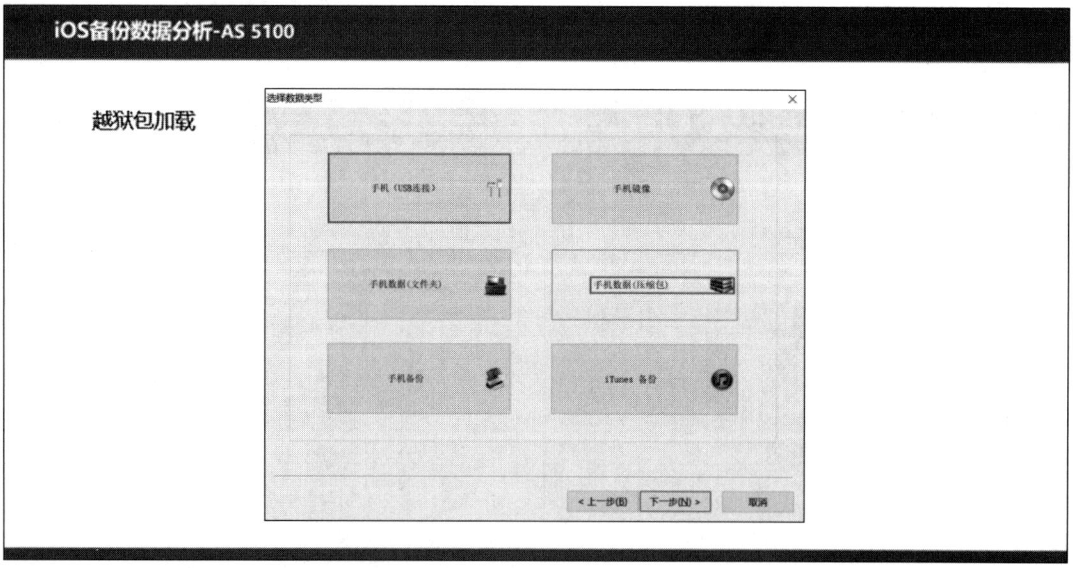

图6-20　AS 5100（3）

如图6-21所示，在实际操作中，取证人员发现经常会出现软件没有识别到任何手机信息的情况。那么，此时是不是数据获取有问题？有没有必要继续进行下一步操作？其实并非数据获取有误，因为这一步对于Android手机是通过adb指令实时获取的手机信息；而对于加载iTunes备份则是通过plist或者db文件获取到的。如图6-21所示，此时加载的是

tar压缩包，所以软件无法直接解析到设备的信息，属于正常情况，可继续进行接下来的操作。

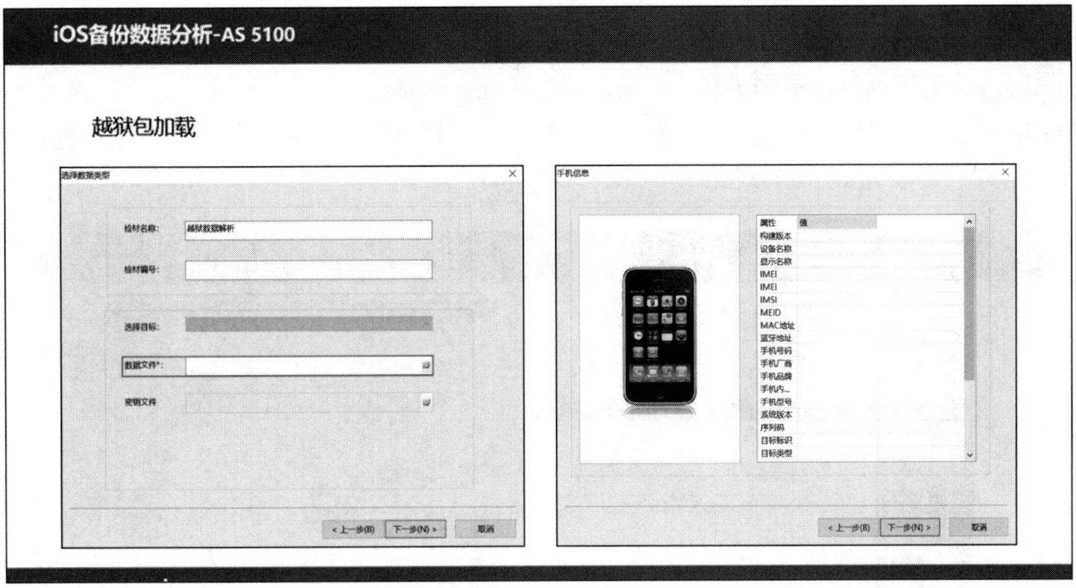

图6-21　AS 5100（4）

如图6-22所示，直到这一步才会对压缩包进行自动解压，根据数据包的实际大小，这里所花费的时间将有所差异。

在对应目录下的缓存文件夹中会保存解压后的结果，所以实际操作中，如果这一步停留时间过长，可检查对应的目录，查看其大小是否发生着变化，以此来判断取证软件是否仍继续工作。

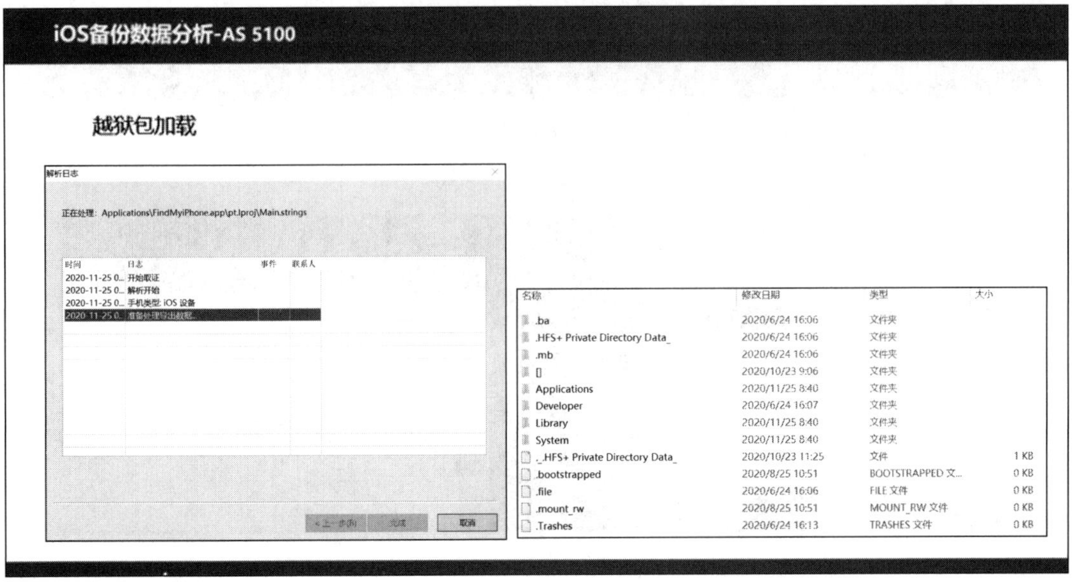

图6-22　AS 5100（5）

6.5 手机取证分析系统举例

如图6–23所示，这里以天鉴手机取证分析系统为例，来讲解手机取证分析系统。要对iTunes备份的数据进行加载和分析，首先“添加设备→手机备份→苹果备份→文件路径”，指向备份文件所在位置，即完成了数据的导入工作。接下来则只需取证人员选择需要分析的数据内容，即可自动完成整个分析工作（图6–24）。

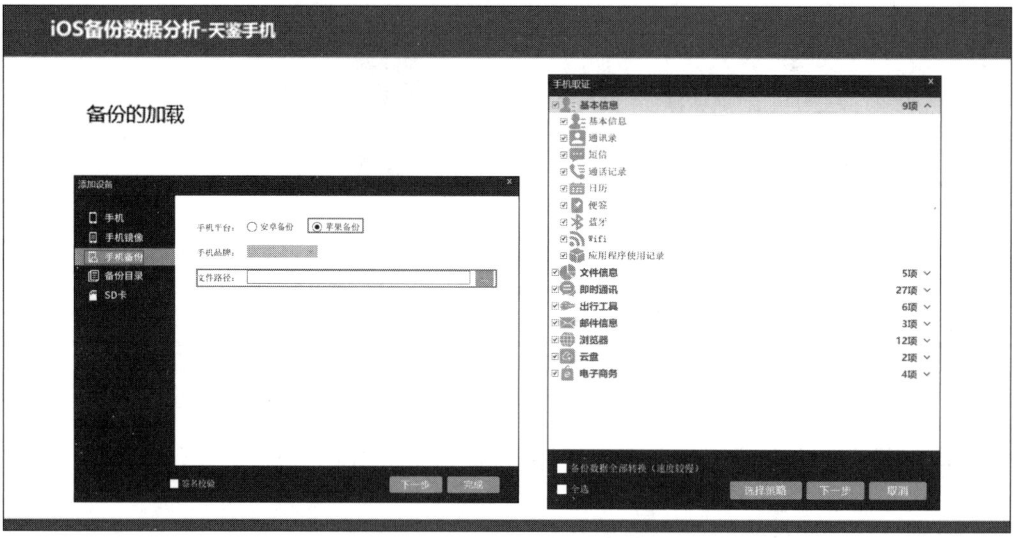

图6–23　天鉴手机取证分析系统（1）

如图6–24所示，备份加载过程中，可能会遇到由于iTunes文件过大而导致的软件假死状态，此时只需耐心等待即可，待数据分析完毕即可查看分析结果。

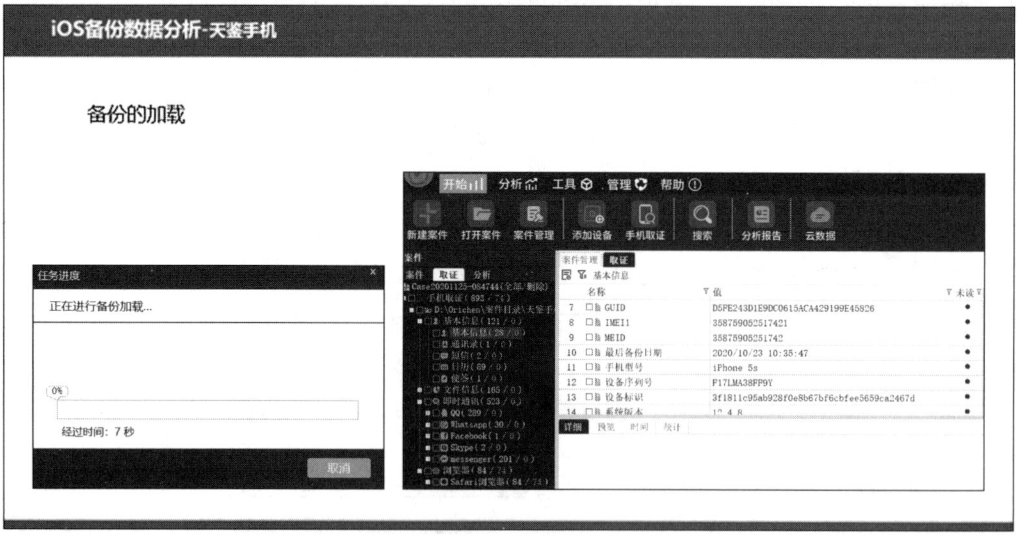

图6–24　天鉴手机取证分析系统（2）

如图6–25所示，因为越狱所得数据包为tar格式，所以在天鉴手机中需以手机镜像的方式添加，然后选择待分析的项目，进行下一步操作。

如图6–26所示，软件将自动对压缩包进行解压，调查员需耐心等待，剩下的步骤可参照iTunes备份文件的添加方式。

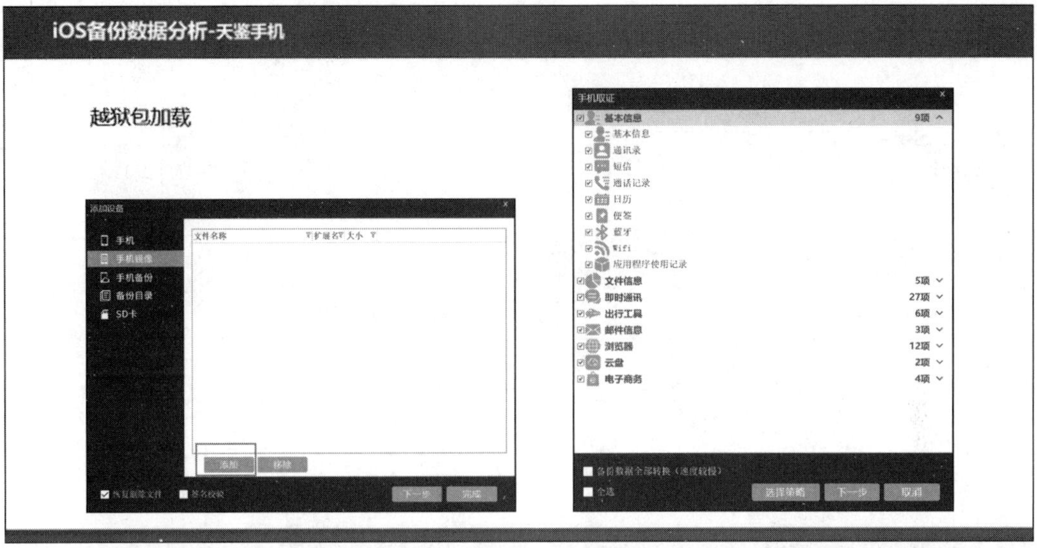

图6–25　天鉴手机取证分析系统（3）

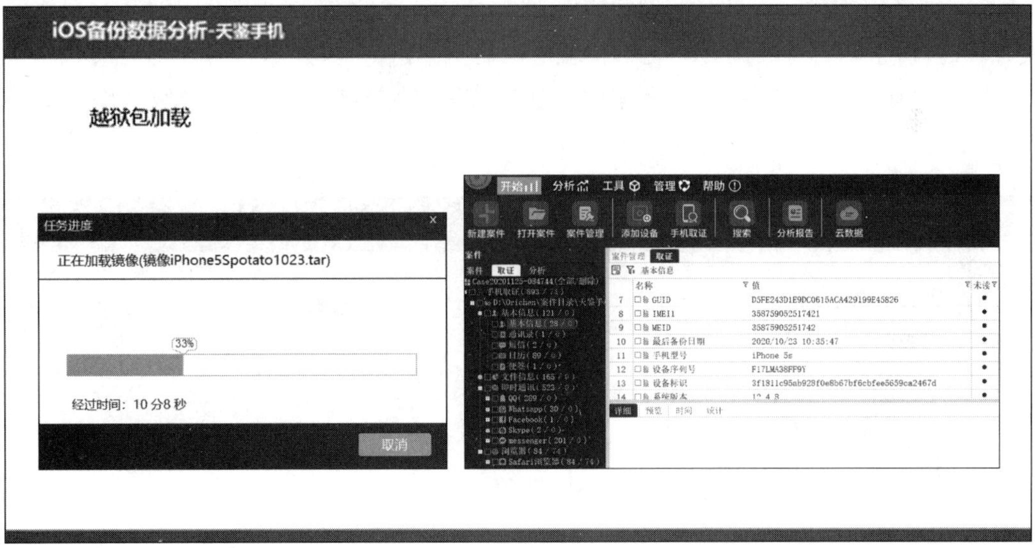

图6–26　天鉴手机取证分析系统（4）

6.6　AXIOM

Axis对象模型（AXIOM）是一个XML对象模型，设计用于提高XML处理期间的内存使用率和性能，基于Pull解析。AXIOM可以控制解析过程，以提供延迟构建支持。延迟构建是指AXIOM不完全构建对象模型，模型的其余部分基于用户的需要构建。

使用AXIOM分析iTunes备份文件，证据源选择“移动→iOS→文件和文件夹”，如图6–27所示。

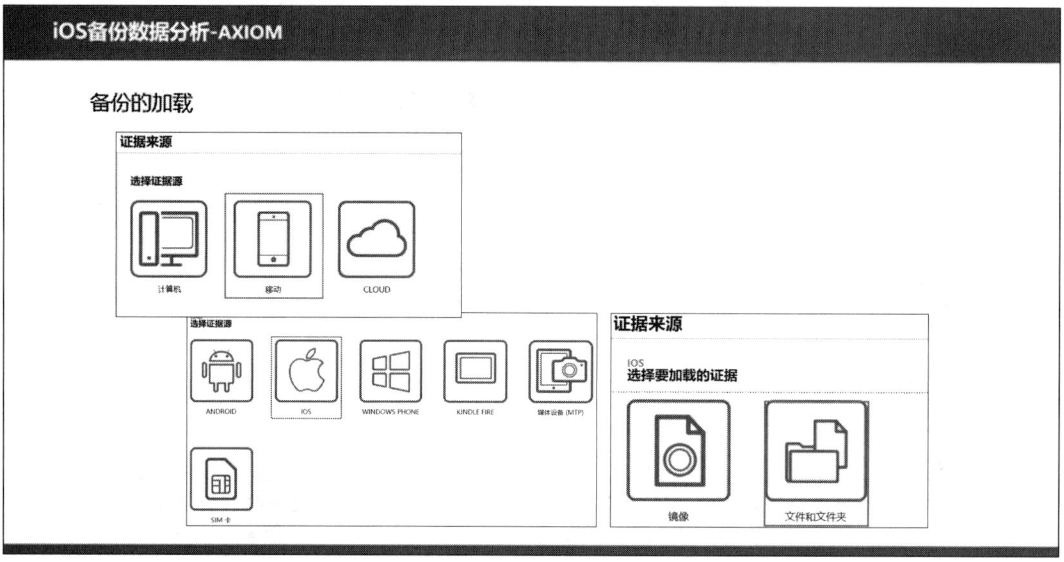

图6–27　AXIOM（1）

正确添加备份文件后，软件将自动开始数据分析。如果是加密备份，则在数据处理前会被要求输入备份密码，待数据处理完毕，就可以对数据进行分析和查看。

如图6–28所示，和iTunes备份数据的添加方式一样，越狱包的加载操作过程如图6–29和图6–30所示。

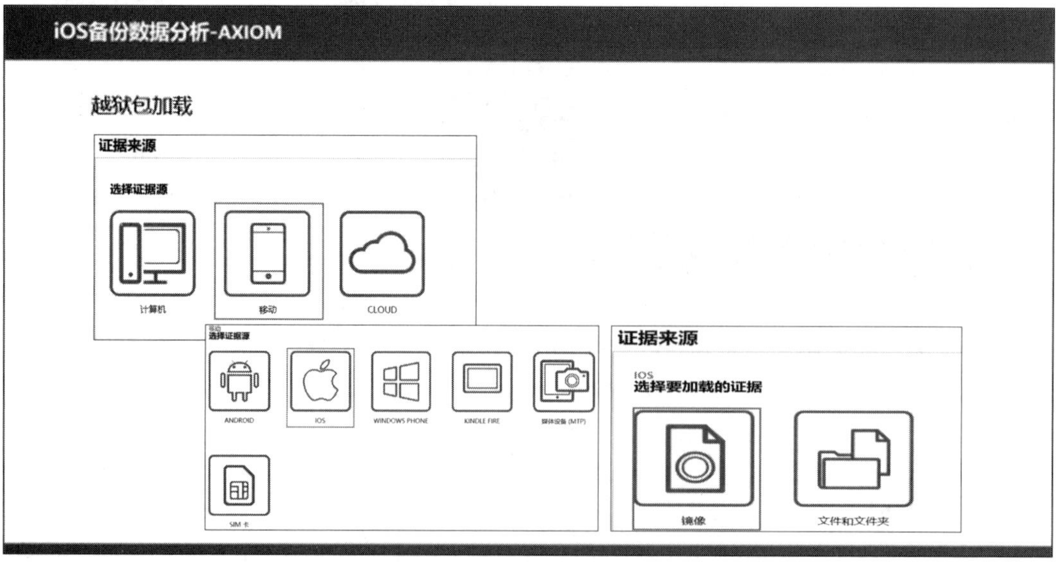

图6–28　AXIOM（2）

图6–29　AXIOM（3）

图6–30　AXIOM（4）

6.7　iBackupBot

软件iBackupBot支持iTunes备份的解析和查看，但有可能不支持解析iOS 10以上版本的备份文件，或者解析会出现问题，如图6–31所示。

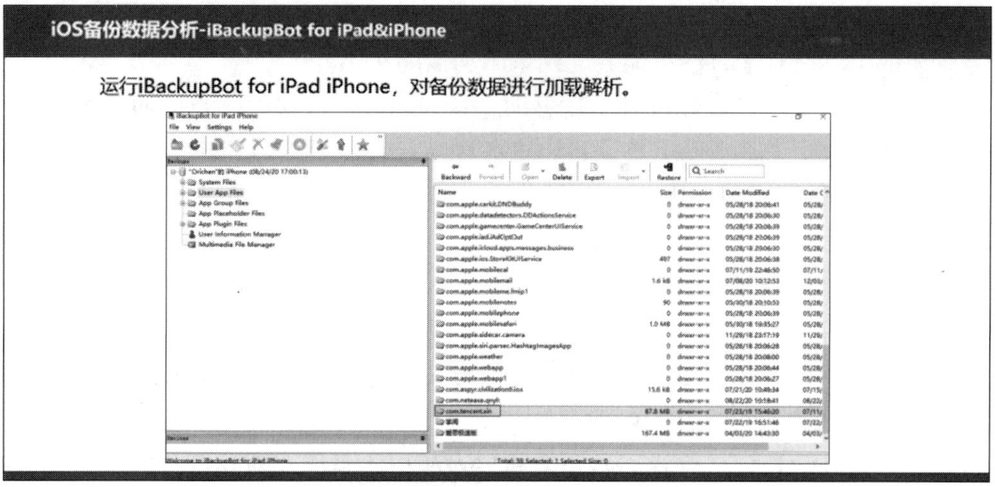

图6–31　iBackupBot

6.8 Elcomsoft Phone Viewer

Elcomsoft Phone Viewer对于iTunes备份数据的分析效果非常好，并可对数据原始路径进行溯源，如图6-32所示。

图6-32　Elcomsoft Phone Viewer

6.9 第三方手机助手软件

这里以爱思助手为例讲解第三方手机助手软件。作为免费第三方手机助手软件的爱思助手在解析iTunes备份方面甚至比一些商业软件还要优秀。在实际取证工作中会发现，这些免费的或者开源的工具在有些时候可能会起到事半功倍的作用。

在对iTunes备份文件进行分析时，爱思助手具有加载速度快的优点，而且主要项目会被列在左侧，方便查找，右侧则是iOS设备中的各种域。在地址栏内可进行跳转或者查看绝对路径，如图6-33所示。

6.10 关键位置相关信息

与通信相关的数据可以从/Library目录中获取，一般取证软件都会对此进行自动解析。对于数据库中标记为已删除的数据，可能会被一些工具尝试分析和数据恢复，但并非所有商业软件都会进行此操作。所以，在进行数据分析的过程中，可能会对这部分的数据区域有所遗漏。取证人员则需对数据库文件进行检查，以十六进制的形式检查其中的数据，以确保没有

图6–33　爱思助手

任何遗漏。可以使用免费脚本从SQLite的空闲页面中解析已删除的数据。

如图6–34所示，在iOS 8以下的版本中，通话记录一直存储在call_history.db中，而iOS 8版本到iOS 12版本设备上的通话记录存储在新的位置。这意味着iOS 7版本或更早版本的手机升级到iOS8以后，应该在两个位置都有通话记录（call_history.db和callhistory.storedata），但在实际操作中可能并非都是这样。例如一台新设备，从iTunes或iCloud下载iOS 7的备份数据，但实际iOS 7的call_history.db会被callhistory.storedata所覆盖并取代，如图6–34所示。

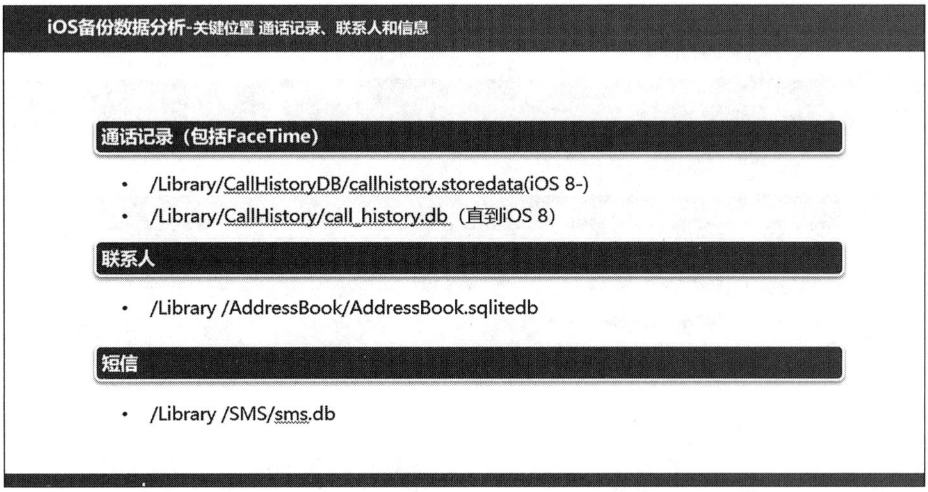

图6–34　通话记录、联系人和短信

在iOS系统中，联系人和短信文件的位置以及痕迹并没有发生变化，即使是iOS系统的更新也没有改变这些文件。但我们发现sms.db中包含的表和列会有一些变化。

图6–35中，ZDATE 表示呼出时间戳；ZDURATION表示呼出的持续时间；ZLOCATION表示号码位置；ZADDRESS表示电话号码；ZSERVICE PROVIDER表示服务提供者，如电话、facetime等。

从用户的角度来看，短信和iMessage基本上是一样的，除了iMessage是蓝色的，普通短信是绿色的，再就是短信不通过网络发送。

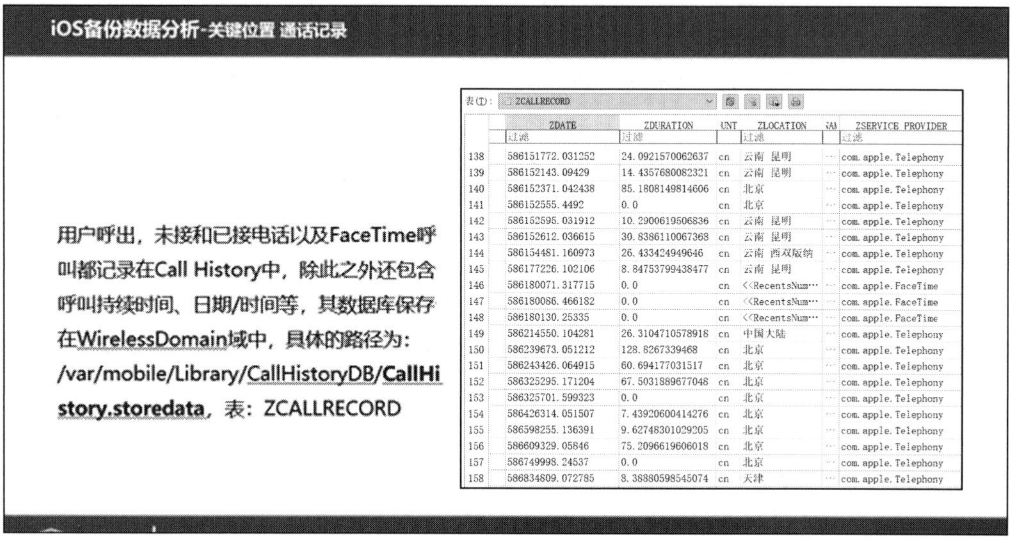

图6–35 通话记录

如图6–36所示，iMessage是从iOS 5版本引入iOS设备，实际上短信和iMessages都存储在同一个SMS.db数据库文件中。

在iOS 5版本之前，所有消息的日期和时间都是用UNIX 格式存储的。iOS 5版本之后的iMessage引入了Mac 时间戳格式。

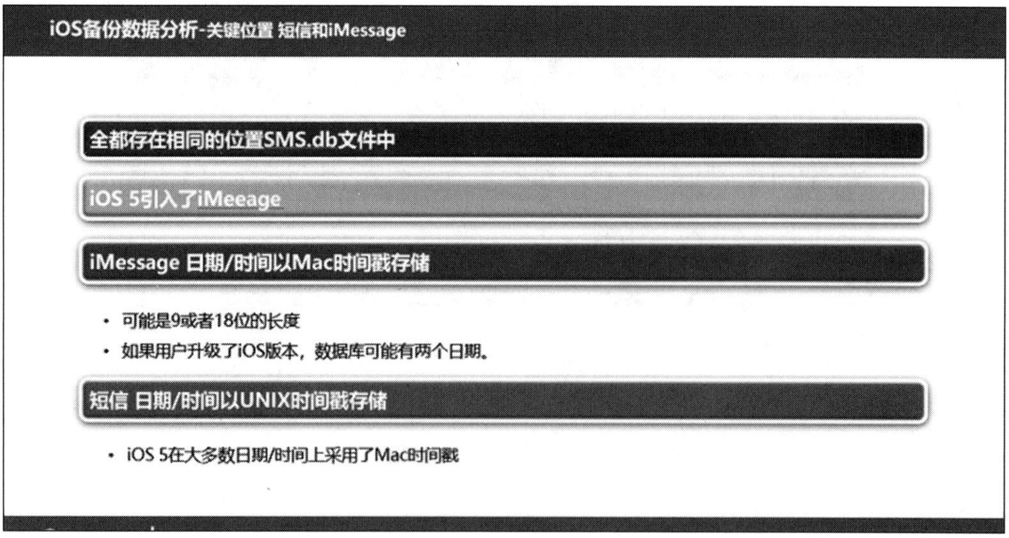

图6–36 短信和iMessage

iOS 8之前的版本以不同的方式处理iMessage，从iOS 8开始，判断iMessage变得简单了一些，因为services字段显示的iMessage还是SMS，如图6-37所示。

	service TEXT	account TEXT	acc o.. TEXT	err or..	date INTEGER
0	SMS	p:+8613718983387	7...	0	5850502485542880...
0	SMS	p:+8613718983387	7...	0	5851114539894839...
0	SMS	p:+8613718983387	7...	0	5851115126245059...
0	SMS	p:+8613718983387	7...	0	5851115756131980...
0	SMS	p:+8613718983387	7...	0	5851116387511390...
0	SMS	p:+8613718983387	7...	0	5851117070002750...

图6-37 iMessage（1）

从iOS 11版本起，数据库中iMessage对话开始使用了18位Mac时间戳作为时间记录。所以，数据库中的时间戳也有可能存在多种，而我们使用的商业软件如果未及时升级，就可能出现不支持数据分析的情况。当然，目前苹果公司已正式推出了iOS 15以上的版本，经历了几个版本的迭代，相信手里的商业软件应该不会再出现无法解析的情况。

如图6-38所示，如果在分析iOS数据时发现没有恢复出任何关于短信的数据，此时要考虑是不是用户开启了iCloud信息同步。如果开启了同步（绿色），则被删除的信息将直接从空闲页中清除，但是不包括iMessage。iMessage会一直被存储着，但具体能存储多久，那就要视情况而定了。至于iMessage具体什么时候被清除，或者什么条件下会触发清除，则很难确定。如果同步信息处于关闭状态，则被删除的信息会被保存在空闲页中。

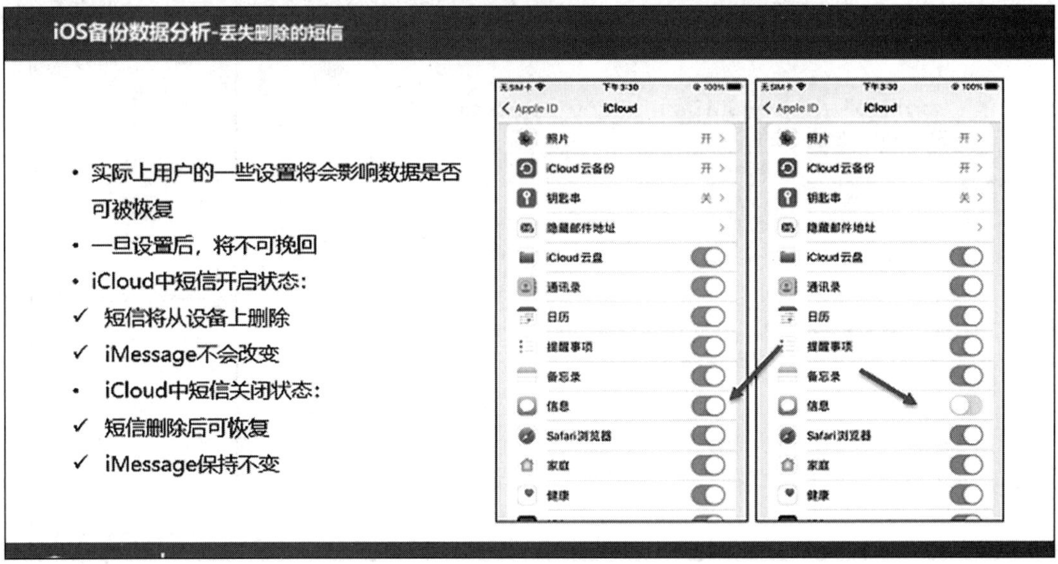

图6-38 iMessage（2）

如图6–39所示，在sms.db数据库中，表message是短信内容，handle_id对应表hand中的ROWID，从中可以获取到对方的电话号码。

Service字段表示短信类型是SMS还是iMessage；Date表示时间戳信息；is_finished中，1表示发送成功，0表示不成功；is from me表示是否为本机发出的信息。

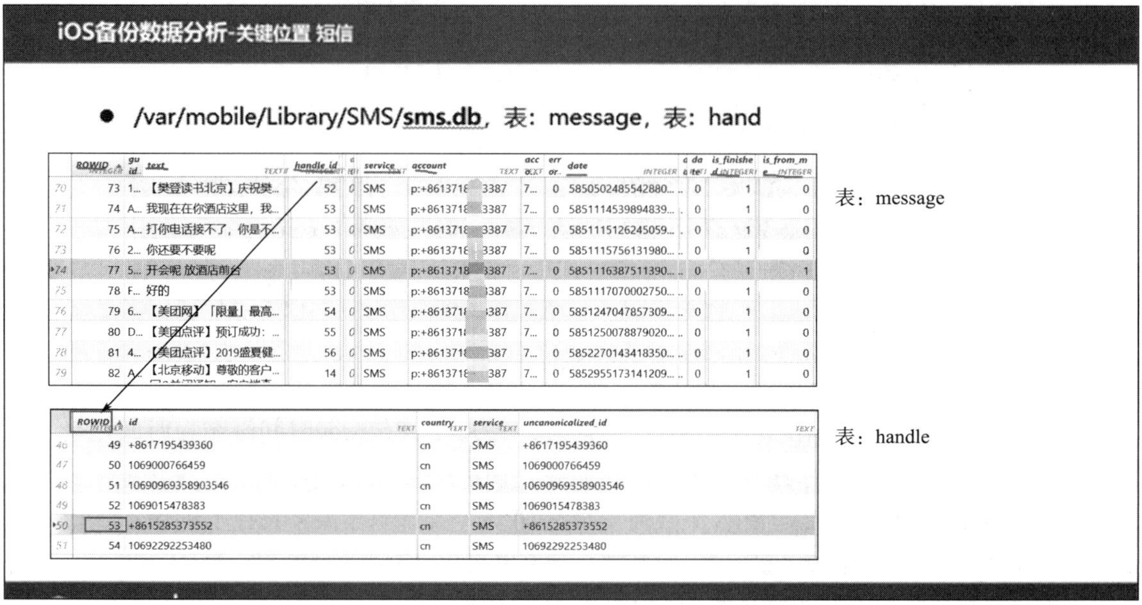

图6–39　短信（1）

如图6–40所示，表message中handle_id字段与表chat_handle_hoin中handle_id字段对应，由此可知，对应的chat_id也为53。

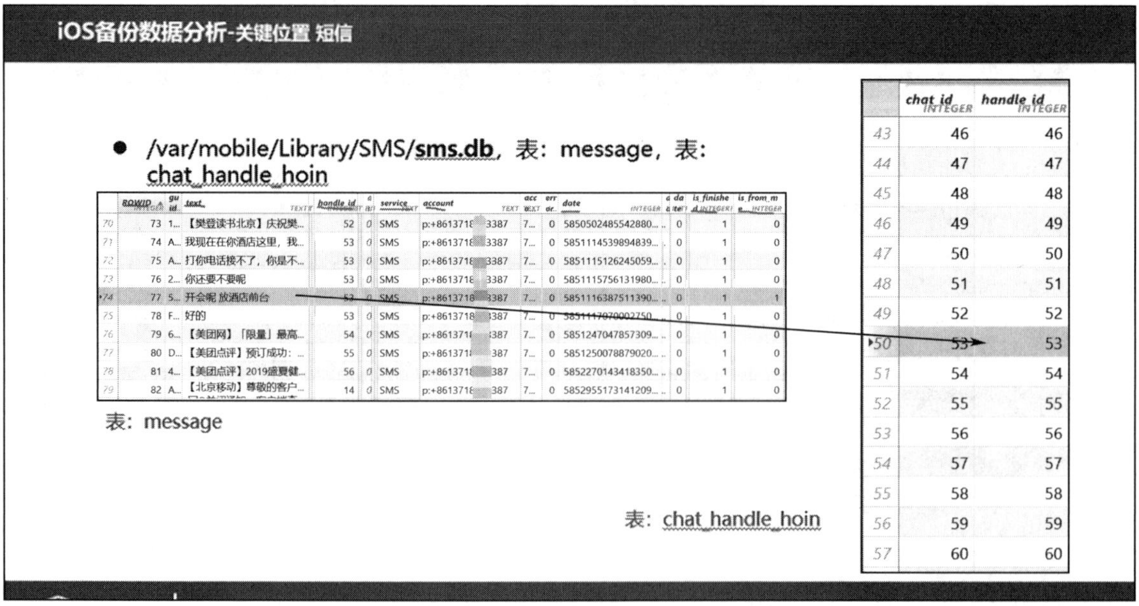

图6–40　短信（2）

如图6–41所示，表chat_message_join中chat_id字段与表chat_handle_hoin对应；从表chat_message_ join中可以看到53对应74、75、76、77、78；再回到表message中可以看到message_id字段对应的是ROWID。

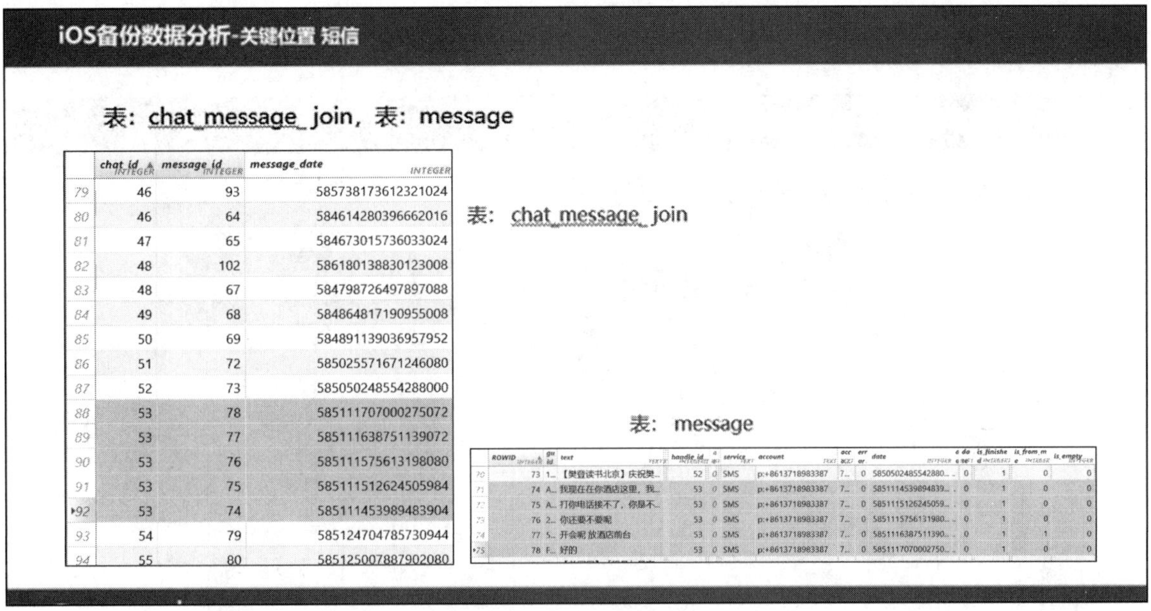

图6–41　短信（3）

如图6–42所示，AddressBook.sqlitedb数据库用于存储联系人信息，第三方App中涉及的联系人也可能会存储在数据库中。

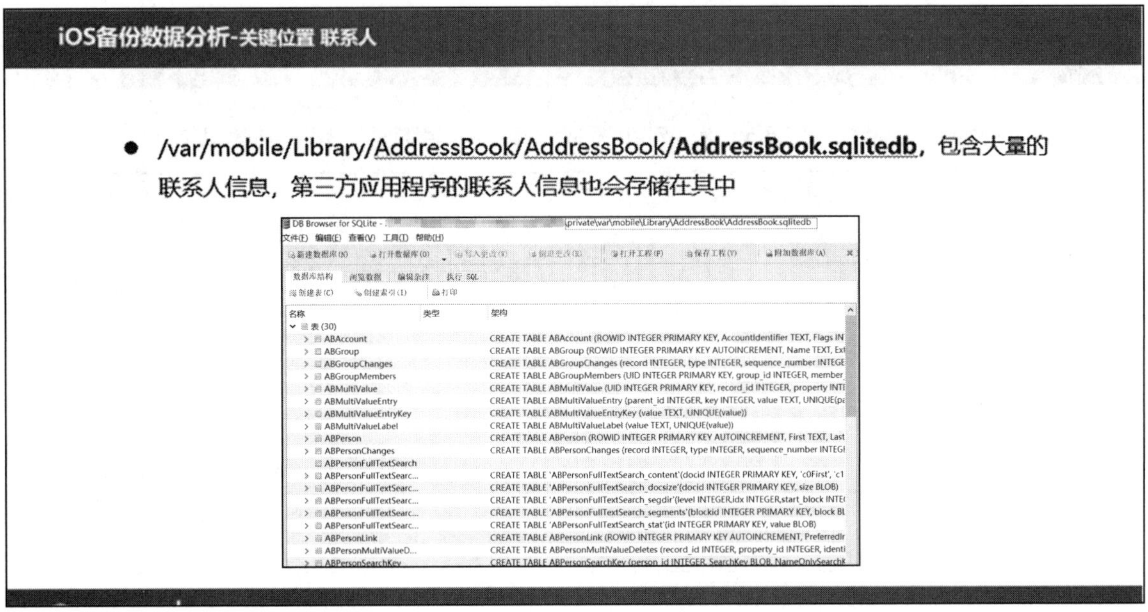

图6–42　联系人（1）

图6–43中，表ABPerson用于存储联系人相关信息，其中First字段对应姓氏；last字段对应名字。案例是小李个人的iPhone手机，从图6–43中可以看到，数据库中First字段记录的并非全是联系人的姓氏。这主要取决于使用者的使用习惯，因为小李一般习惯在创建联系人时，直接将联系人姓名只写在姓氏一栏中，所以对应数据库中，有些联系人只有First列有数据，而Last列为空。

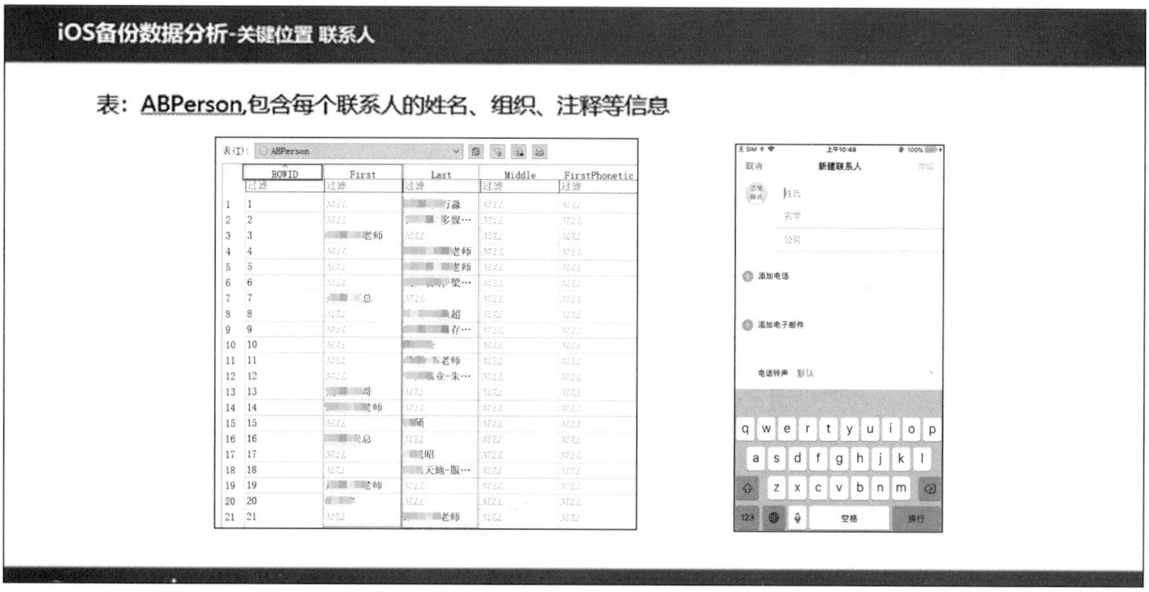

图6–43　联系人（2）

如图6–44所示，表ABPerson中ROWID字段与表ABMultiValue中的record_id字段相关联。

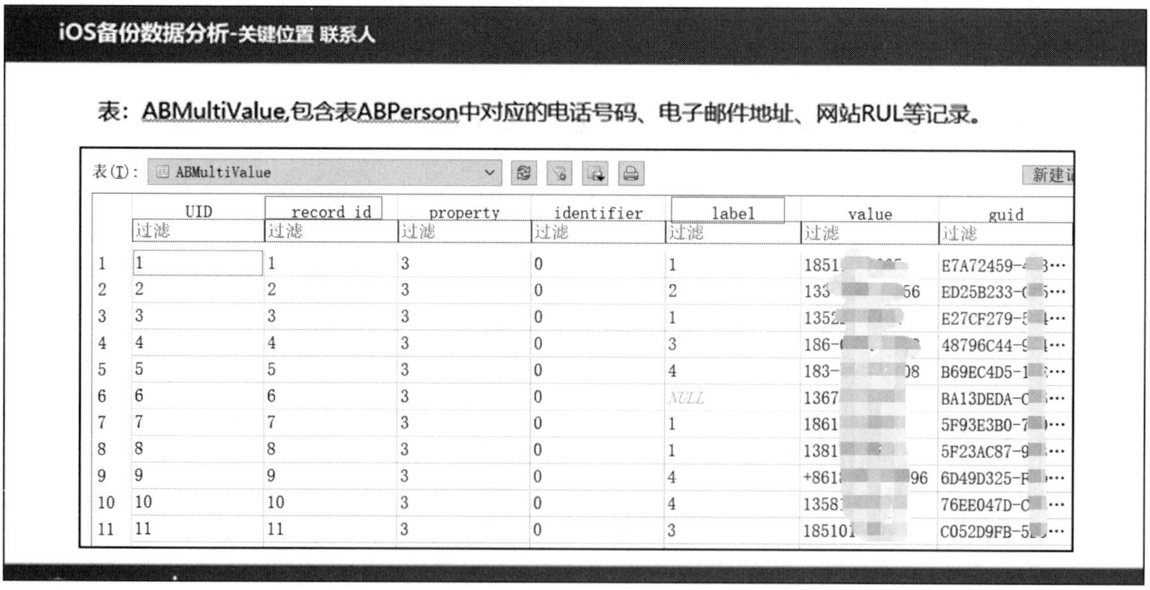

图6–44　联系人（3）

此表中包含了联系人的具体电话号码、电子邮件地址以及头像URL等信息，这里注意label字段列。

如图6-45所示，表ABMultiValueLabel中value列表示手机号码的类型，表ABMultiValue中的lable列对应的数字与这里的编号相对应。

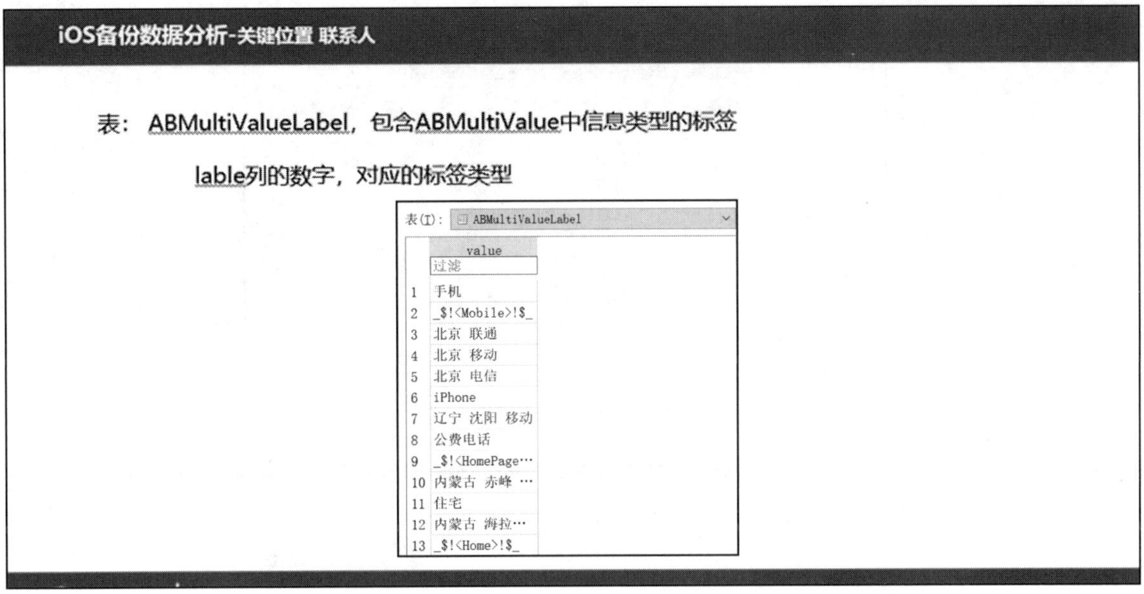

图6-45　联系人（4）

如图6-46所示，用户创建的日程信息会存储在日历中。该表显示当前设备中的日历事件类型，例如，ROWID8为中国节假日，与表ClendarItem关联。

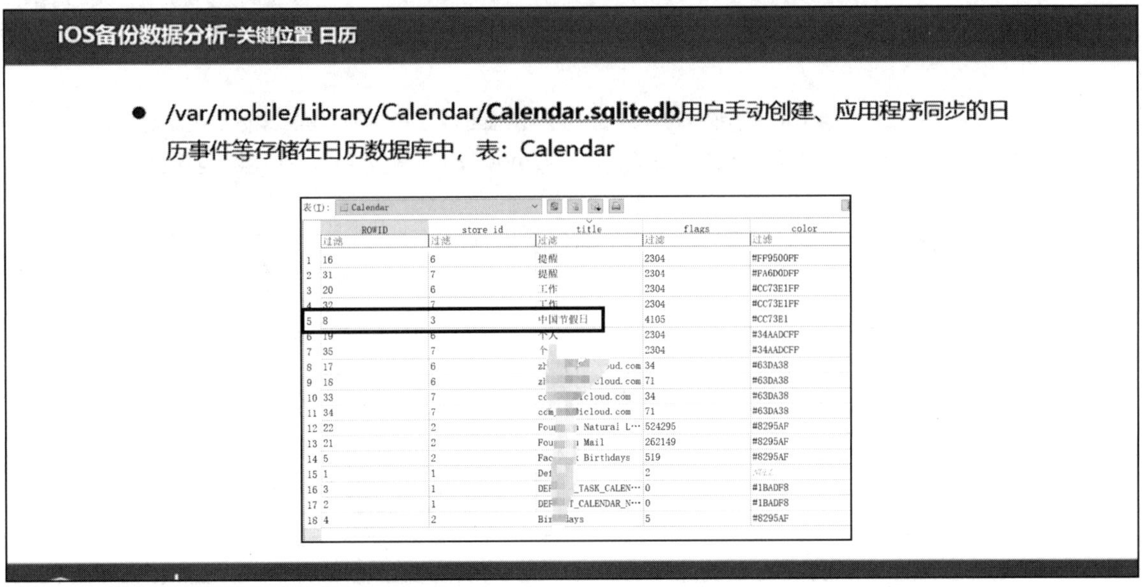

图6-46　日历（1）

表Calendar中ROWID列对应该表calendar_id字段，如图6-47所示。

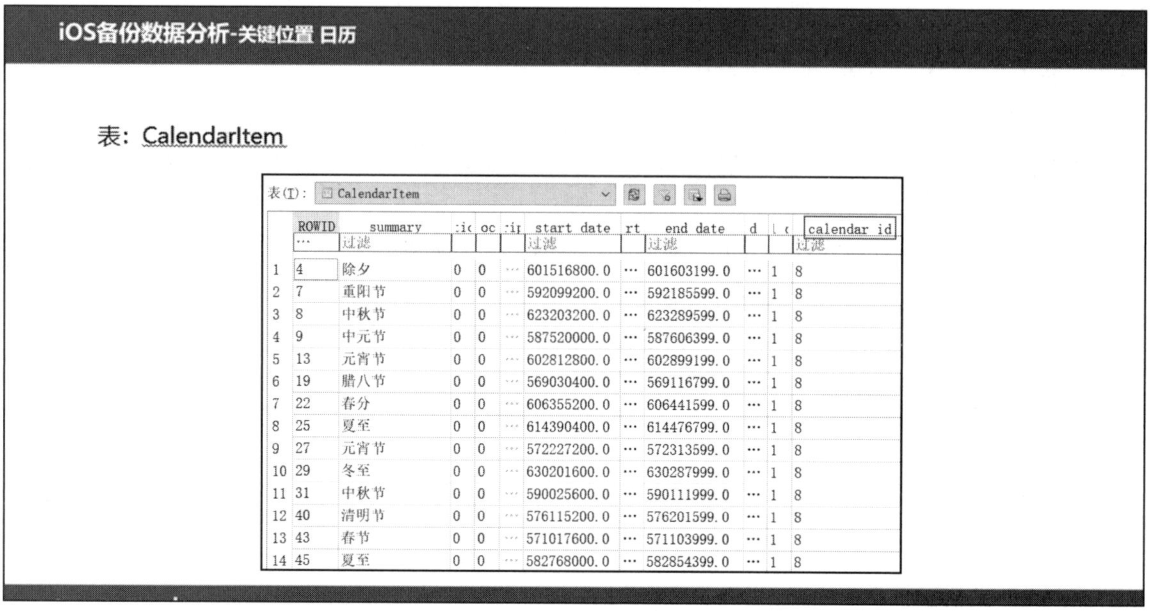

	ROWID	summary	:ic	oc	:ip	start date	rt	end date	d	l (	calendar id
	…	过滤				过滤		过滤			过滤
1	4	除夕	0	0	…	601516800.0	…	601603199.0	…	1	8
2	7	重阳节	0	0	…	592099200.0	…	592185599.0	…	1	8
3	8	中秋节	0	0	…	623203200.0	…	623289599.0	…	1	8
4	9	中元节	0	0	…	587520000.0	…	587606399.0	…	1	8
5	13	元宵节	0	0	…	602812800.0	…	602899199.0	…	1	8
6	19	腊八节	0	0	…	569030400.0	…	569116799.0	…	1	8
7	22	春分	0	0	…	606355200.0	…	606441599.0	…	1	8
8	25	夏至	0	0	…	614390400.0	…	614476799.0	…	1	8
9	27	元宵节	0	0	…	572227200.0	…	572313599.0	…	1	8
10	29	冬至	0	0	…	630201600.0	…	630287999.0	…	1	8
11	31	中秋节	0	0	…	590025600.0	…	590111999.0	…	1	8
12	40	清明节	0	0	…	576115200.0	…	576201599.0	…	1	8
13	43	春节	0	0	…	571017600.0	…	571103999.0	…	1	8
14	45	夏至	0	0	…	582768000.0	…	582854399.0	…	1	8

图6-47　日历（2）

如图6-48所示，iOS系统的备忘录是一个方便的工具，可以随时记录和保存重要的信息和提醒事项。用户使用内置的备忘录APP时，所存储的相关信息都保存在备忘录Note数据库中，往往需要重点关注。

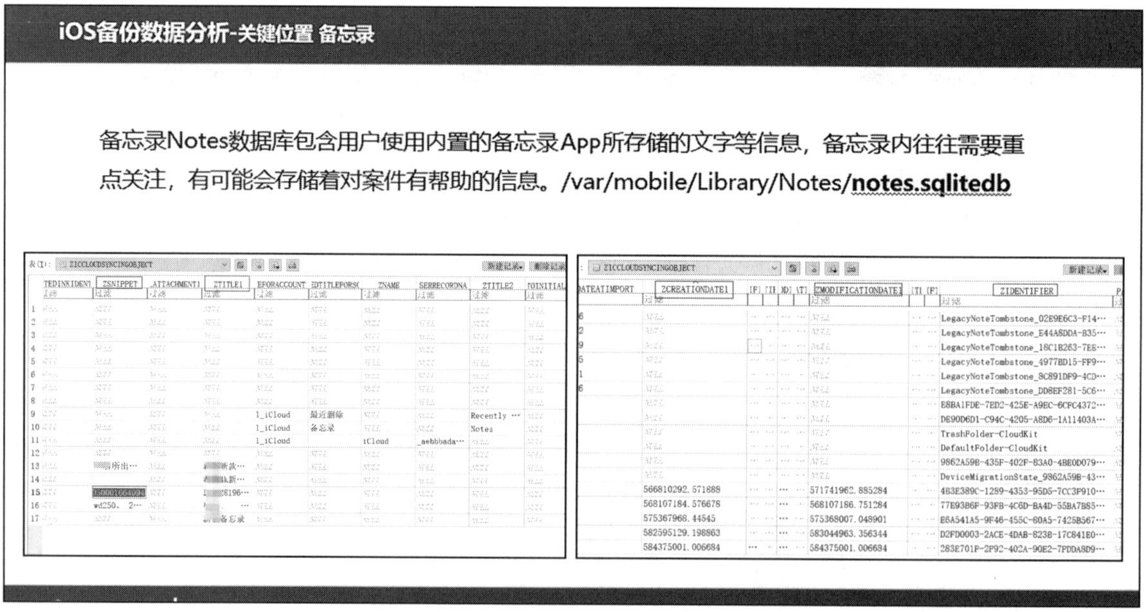

图6-48　备忘录

无论是数码相机还是手机一般默认将用户创建的照片和视频存储在DCIM文件夹中，无论安卓设备还是iOS设备都是如此，这包括用户通过电子邮件、彩信等保存的照片。可能出现的例外情况是第三方应用程序，它的图片文件一般存储在应用程序目录的本地。DCIM代表数码相机图片，通过查看这个文件夹可以查看用户用手机拍的所有照片（图6–49）。

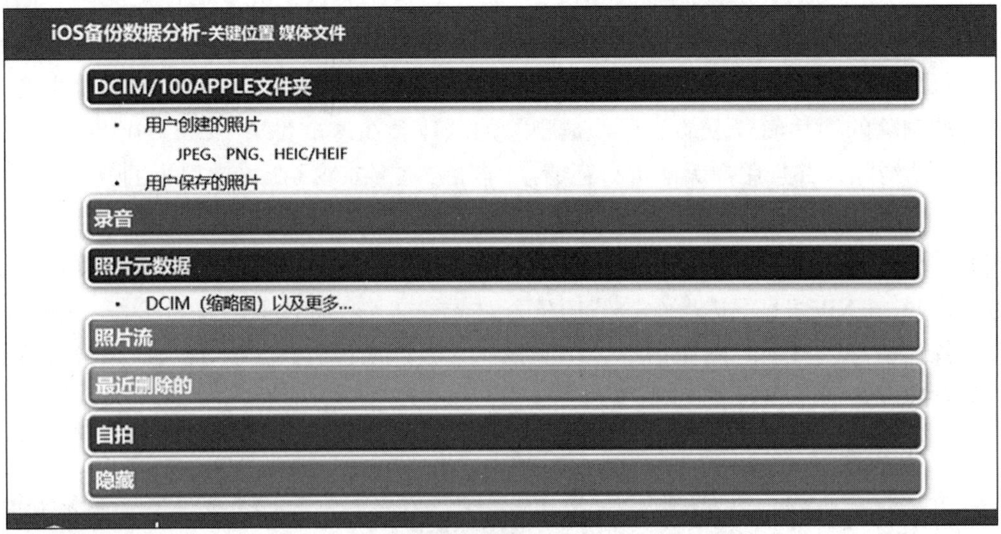

图6–49　媒体文件（1）

在iOS 11版本之前，iOS设备拍摄的照片格式一直是JPEG。但从iOS 11版本开始引入了HEIC格式，HEIF（高效图像格式）在进行图像压缩的同时保证了照片的质量。当查看HEIC/HEIF图像时，有可能并非所用的商业软件都支持，需要使用特定的软件才能查看（图6–50）。

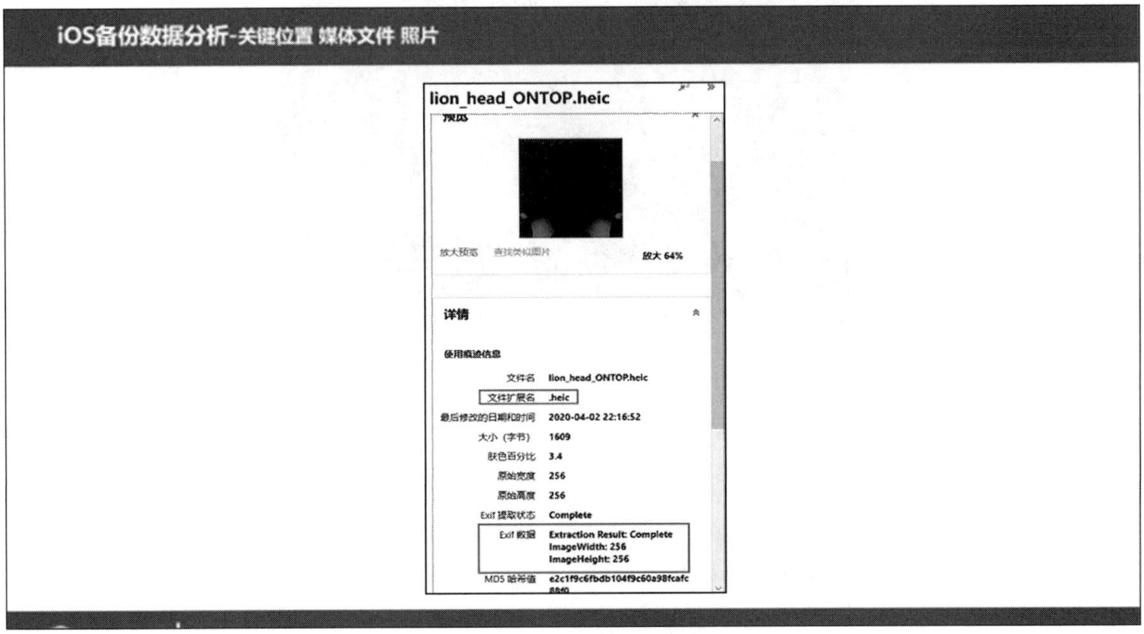

图6–50　媒体文件（2）

从图6–50中可以看到，此照片文件的扩展名为.heic格式，其中包含了Exif数据。与JPG图片并无差别，但能否被支持则取决于所使用的商业软件。

PhotoData文件夹通常包含每个照片的额外元数据和缩略图。iOS 7版本和iOS 8版本为“照片”引入了新功能，包括“照片流”和“最近删除的照片”。

“照片流”允许用户与多个设备同步照片，并且每个文件的元数据保持完整。因此。在分析过程中，可以将照片与拍摄照片的设备进行匹配。

“最近删除的照片”是iOS 8版本引入的一个新的功能。它是为了让用户改变主意时，能恢复最近被删除的照片而开发的。那些被删除的照片会在这个目录中保存30天，在30天之后它们将被自动清除，并且用户无法进行还原。“自拍”是在iOS 9版本中引入的，并且在iOS 11版本中引入了“隐藏照片”的功能。

在案件分析过程中除了关注照片本身内容外，还要关注包含的一些内在数据信息，比如照片的元数据、EXIF信息等内容。这些信息有时候往往比照片内容更加有价值。EXIF中包含了拍摄设备的信息、日期时间戳信息、拍照信息以及GPS位置信息，当然是否包含位置信息取决于用户的设置（图6–51）。

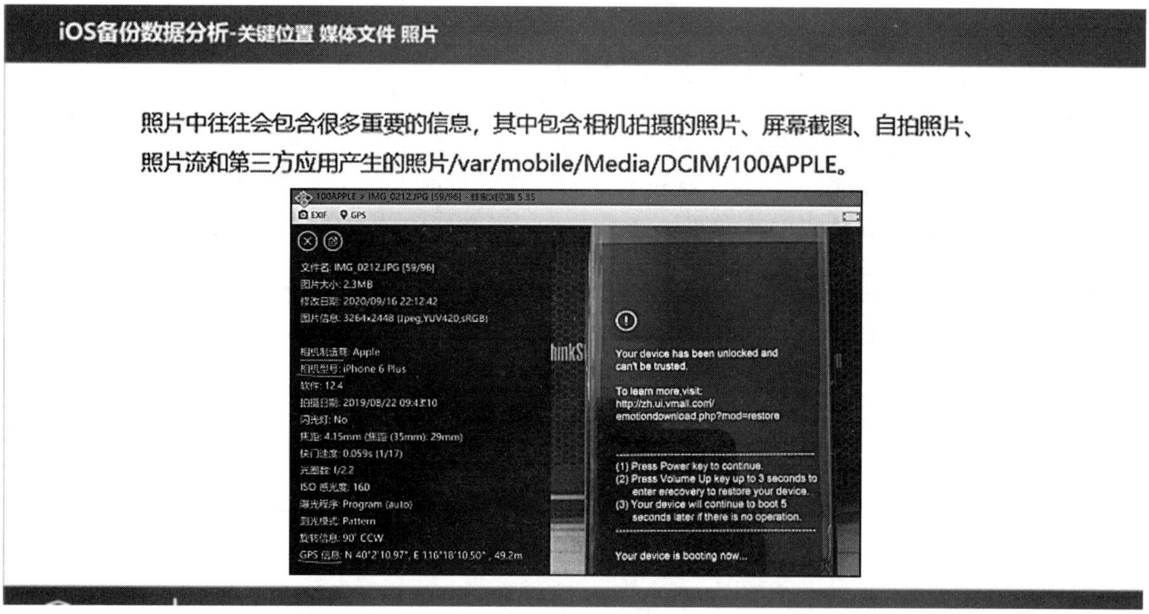

图6–51　媒体文件（3）

图6–52中照片在拍摄时被设置了允许访问位置信息，则位置信息会被存储于照片中，由此可以判断照片拍摄地点的位置信息。

当然，也可以使用免费软件exiftool（图片信息查看工具）来获取照片的EXIF信息，它能够快速地解析出照片的相关EXIF信息，而且也支持对相关EXIF信息进行编辑修改。exiftool是允许在命令行下使用的工具，获取照片exif信息的话，只需在工具目录下打开命令行窗口，

图6–52　媒体文件（4）

然后输入：exiftool.exe + /路径/PhotoName.jpg，如图6–53所示。

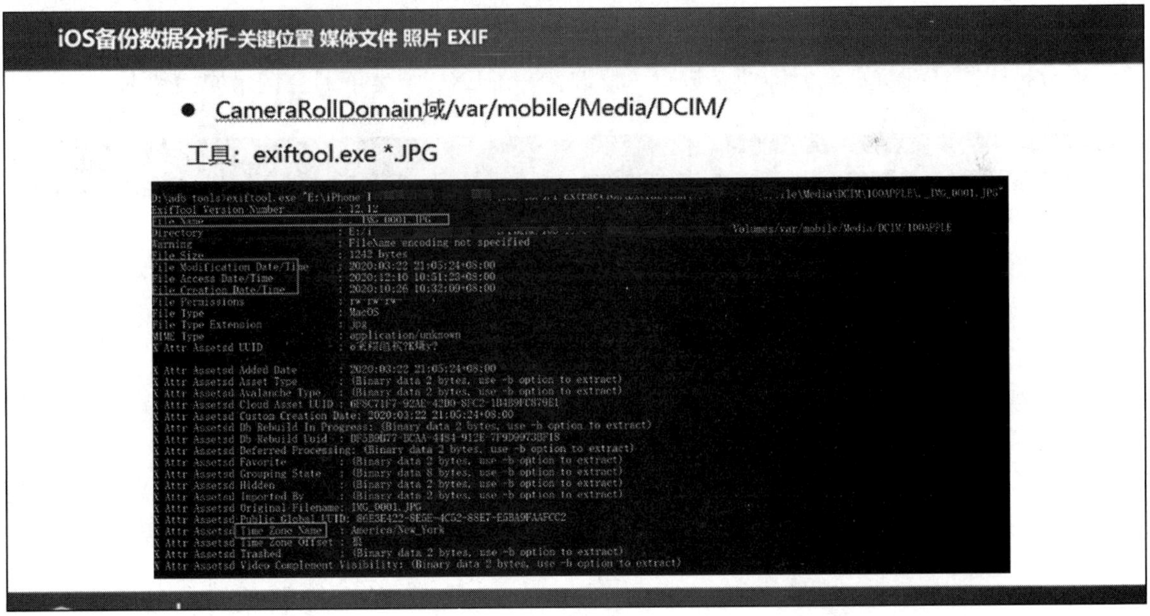

图6–53　媒体文件（5）

图6–54中照片是从一个iPhone 6S Media文件夹中恢复的。请注意，这里元数据仅显示关于此图片的基本信息，拍摄的设备以及位置信息都没有显示出来。所以，事实上EXIF并非会完整存储每张照片的所有信息。举个例子，假如在嫌疑人手机中发现某些照片被认定违法犯罪，但是，分析EXIF发现，其实这张图可能并非本机拍摄的。实际上是华为手机拍摄的，然后将图片

共享给了iPhone 6s手机，所以取证人员此时还可根据EXIF进行进一步的案件侦查分析。

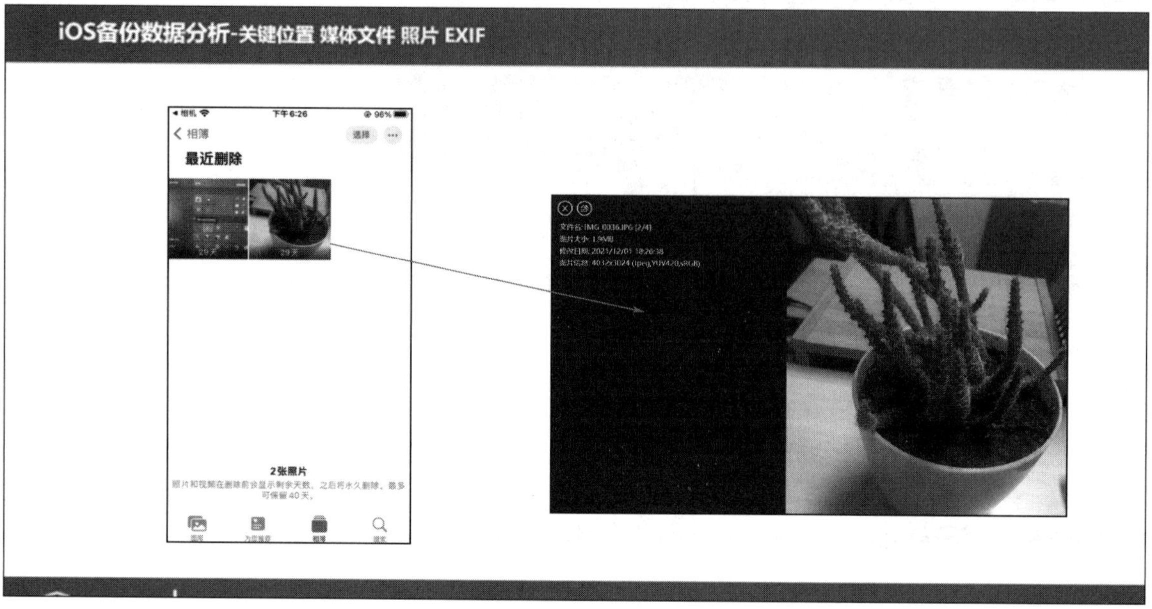

图6–54　媒体文件（6）

需要注意的是，EXIF信息是可以修改的，可以利用App或者在手机相册里直接就可以修改。由图6–55可以看到，可对时间进行调整，地理位置可更改或者不使用地理位置。所以，在对照片进行分析时需仔细辨别。但即便是进行了修改，一般EXIF中也依旧会记录原始数据。

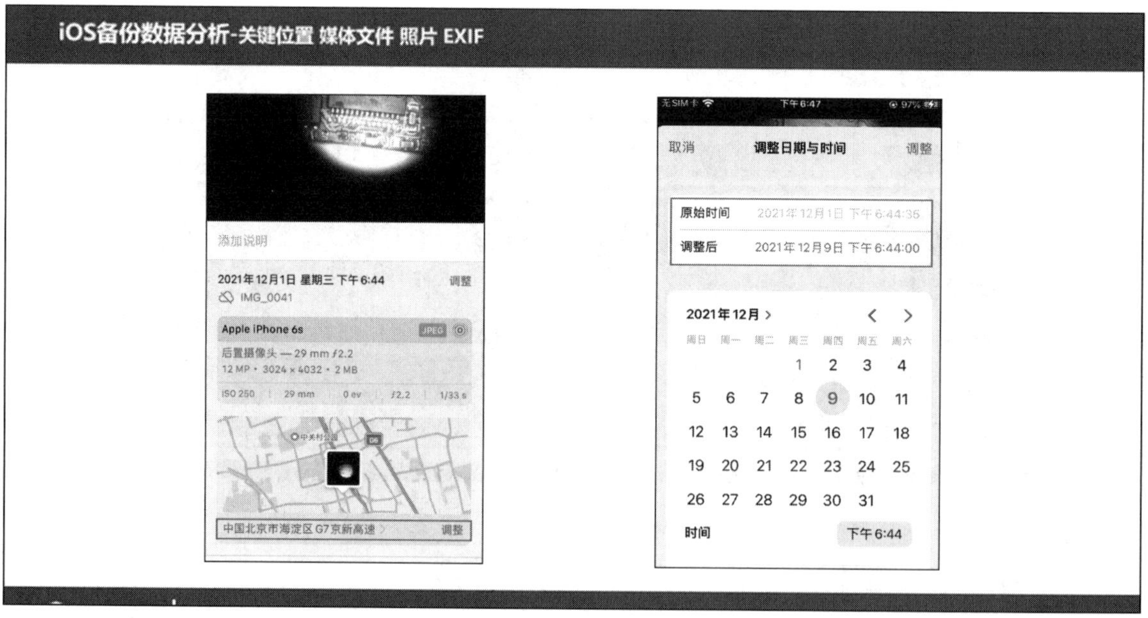

图6–55　媒体文件（7）

与照片相关的另一个重要证据数据来源是缩略图文件，这些文件不仅包含设备上实际照片的缩略图，还包含删除照片的缩略图，如图6–56所示。

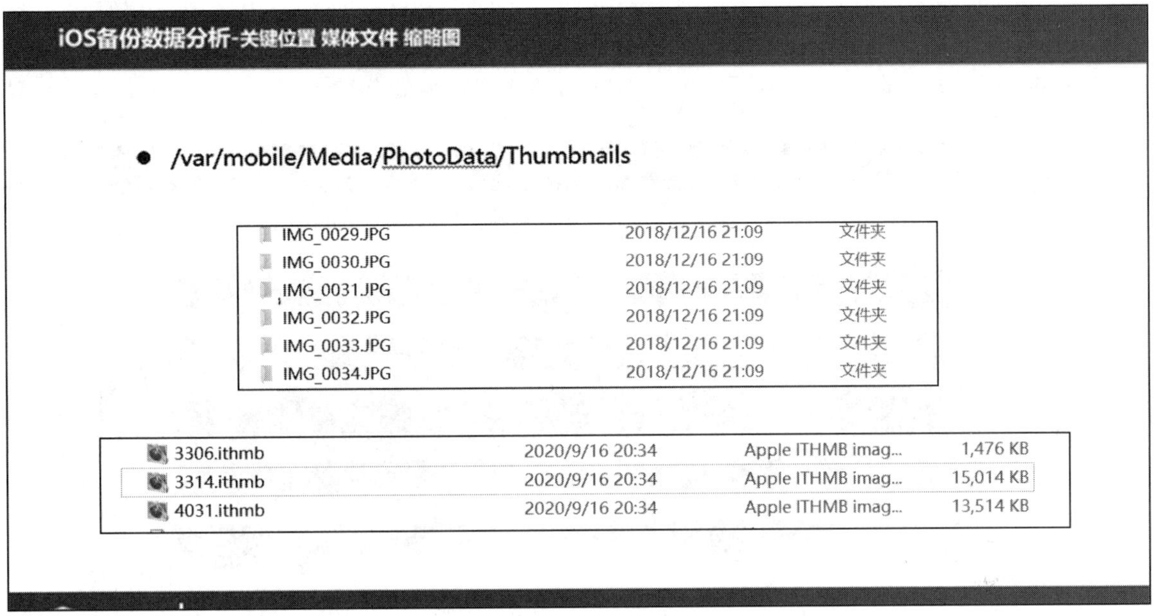

图6–56　媒体文件（8）

iThmb Corverter是一款专门用于将iThmb文件转换为JPG或PNG格式的软件。用户可以在windows或Mac上下载并安装这个软件，并将iThmb文件拖入软件中转换。所以，也可以通过软件iThmb Corverter获取照片的缩略图，如图6–57所示。

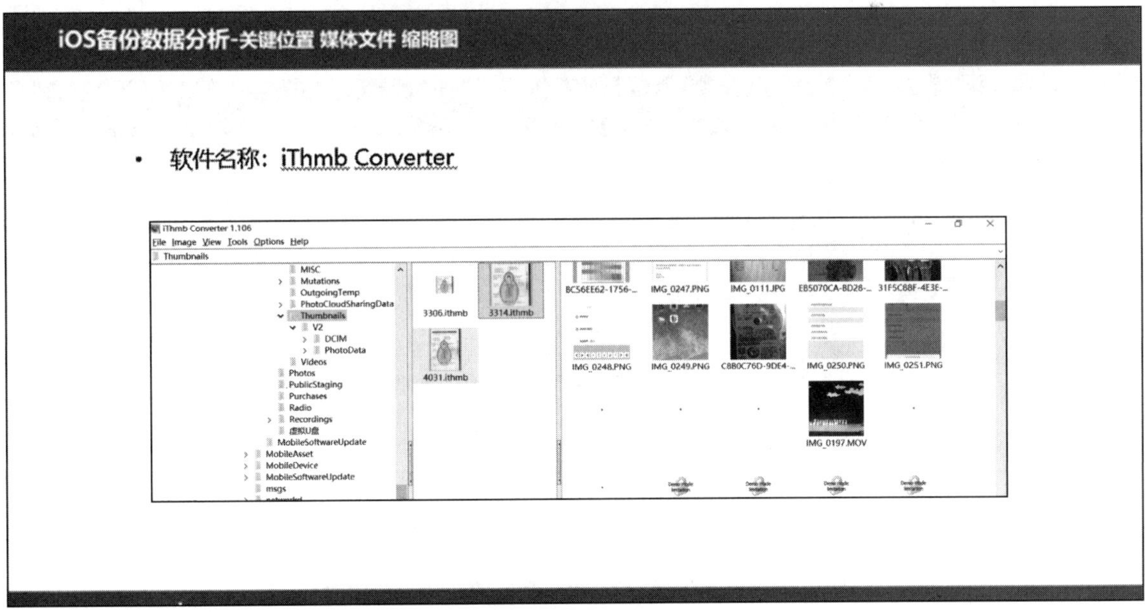

图6–57　媒体文件（9）

如图6–58所示，iOS设备将互联网活动存储在多个位置：书签、cookie、搜索项、上网历史记录和缓存图片文件等。一般Cellebrite Physical Analyzer、Oxygen Forensic Detective、AXIOM等工具都支持解析这些互联网活动数据。但即便如此，取证人员也应该检查每个数据库文件以获取更多信息，包括删除的数据。例如，cache.db 的存储路径是caches/com.apple.mobilesafari文件夹，在此文件夹下还可以访问到一些缓存的图片数据。

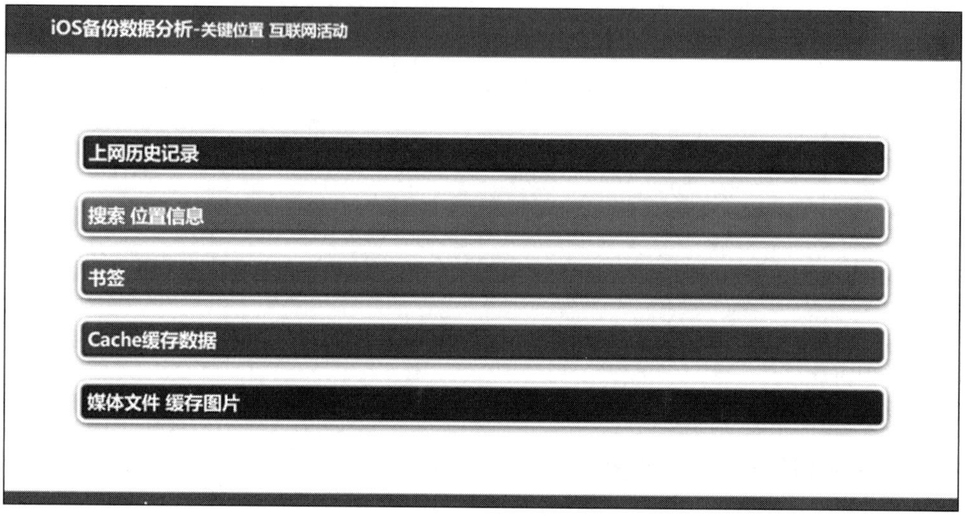

图6–58　互联网活动（1）

Safari浏览器是iOS系统下使用最多的浏览器，其中History.db数据库中表history_items用于存储历史记录内容，url字段表示的是访问过的页面。id列相与表history_visits中history_item字段关联。另外，表history_visits中visit_time列记录了访问时间戳信息；title字段则记录了网页的标题栏，如图6–59所示。

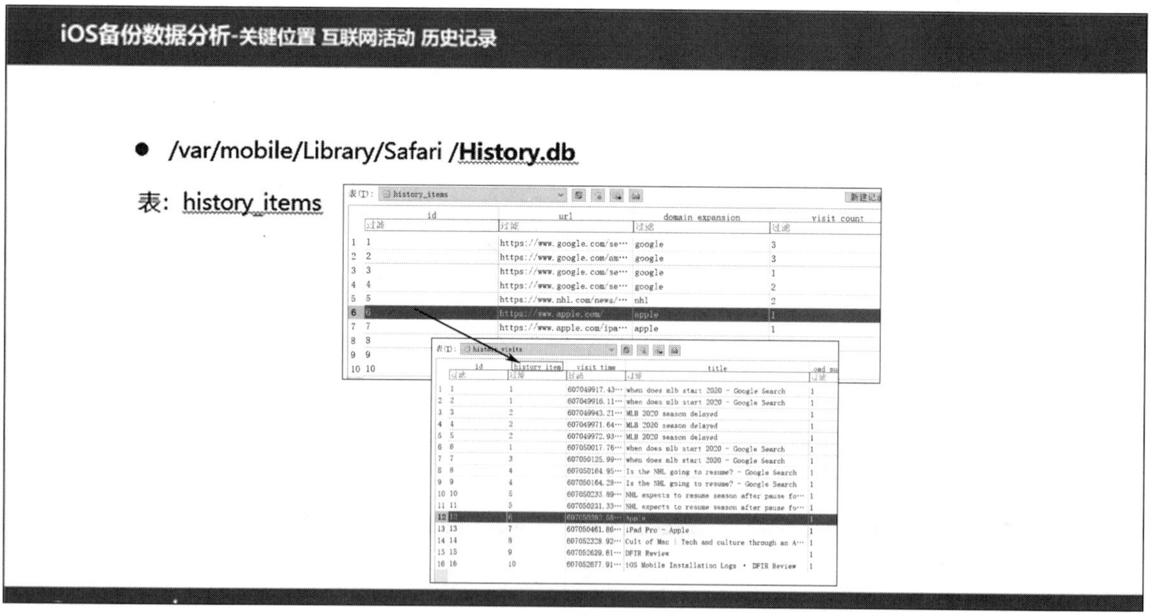

图6–59　互联网活动（2）

在进行数据分析时，有些取证软件会将SQLite数据库文件进行合并，例如history.db是浏览器的历史记录数据库，history.db是SQLite数据库文件，History.db_wal文件是预写入文件。也就是说当SQLite数据库中数据发生改变，例如写入时，首先将数据写入wal文件中，这样可以保证不改变原数据库结构，等到checkpoint时才将数据从wal中写入db中。当wal中记录超过1000，或者程序发出checkpoint时，数据库会自动执行（图6–60）。

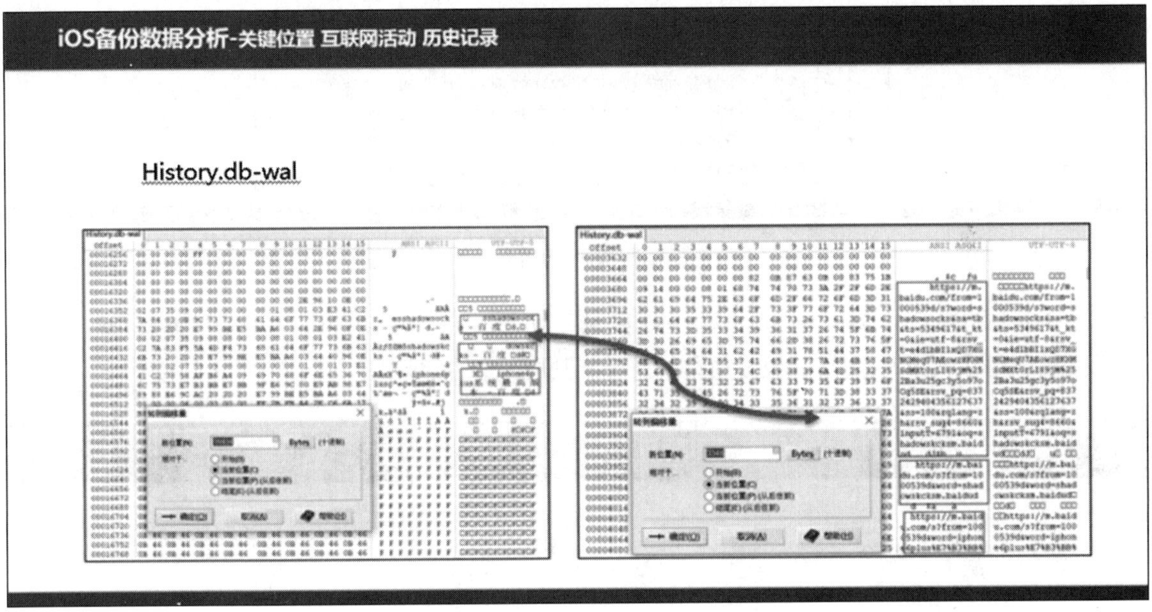

图6–60　互联网活动（3）

其实，将数据库合并的行为严格来说并不合规，所以在进行手工分析数据库文件时，如果看到wal文件存在并且有物理大小，则表示数据库没有回写，这个时候千万不要双击.db文件，否则数据会被写入db文件中，破坏了数据库原有结构。这对于数据库中的逻辑数据而言并无太大影响，但一旦数据库文件合并，那么取证人员需考虑数据库文件的创建时间是否会发生改变的问题。

AXIOM在数据分析过程中，不会将数据库合并，而是单独进行分析，取证人员在做手工数据分析时，也要如此以确保数据的原始性不被破坏，如图6–61所示。

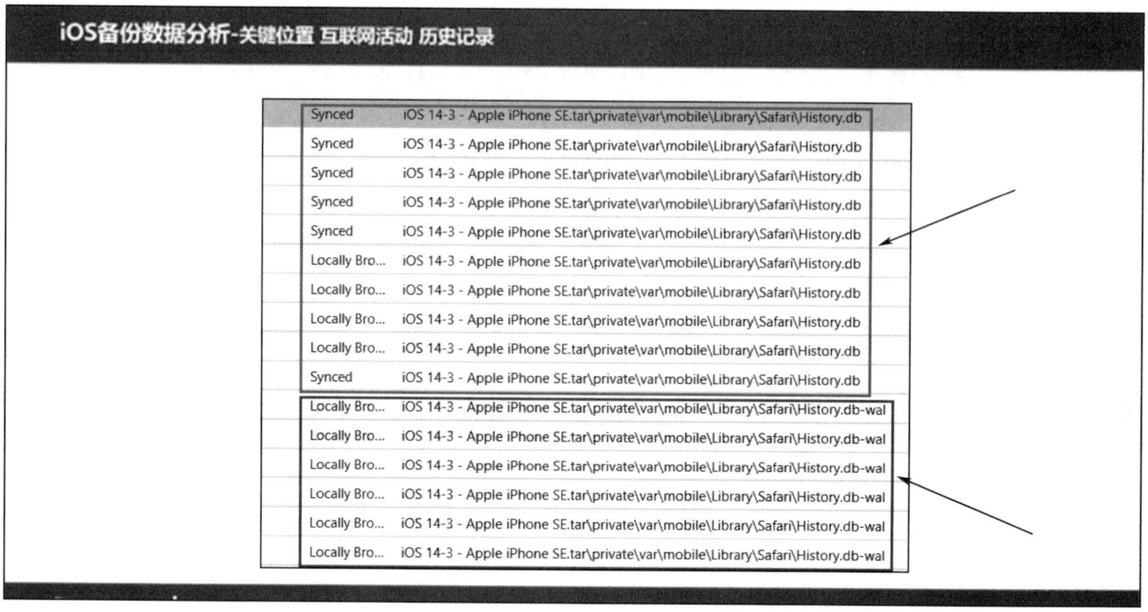

图6-61　互联网活动（4）

iOS 13版本之前，History.db不存在此目录，而是存在于safari应用程序的数据目录。应用程序目录以每个App的UUID命名，所以首先要识别App的UUID（图6-62）。

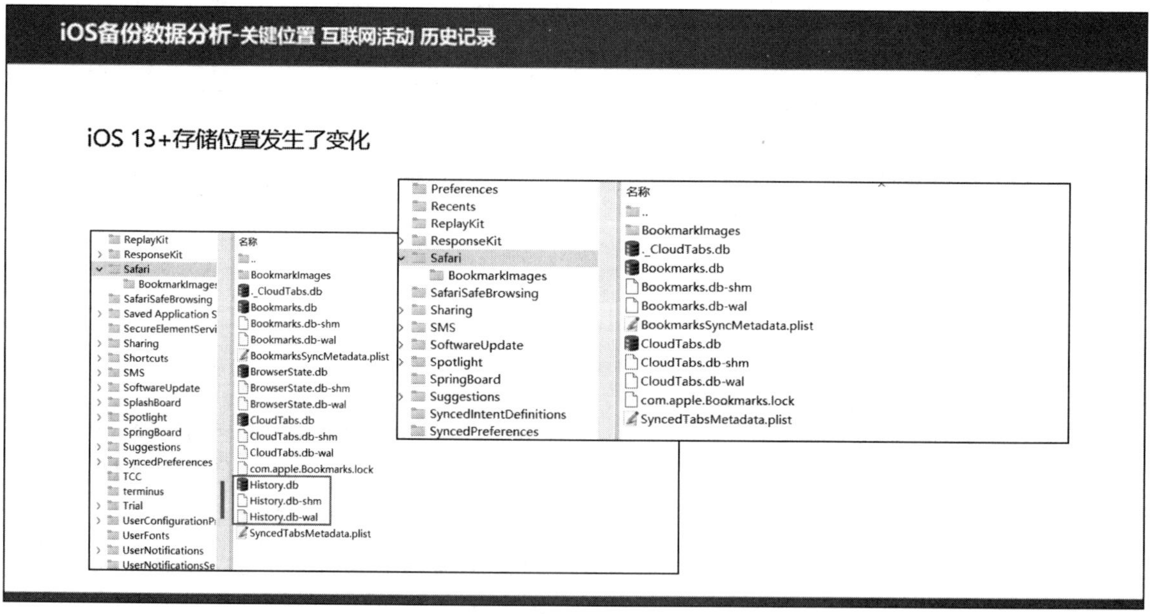

图6-62　互联网活动（5）

第三方应用UUID并不容易识别，但iOS系统下有一个文件记录了每个App的安装情况，/private/var/mobile/Library/FrontBoard/applicationstate.db。通过查看此文件即可得知App的安装路径以及数据目录。

“搜索”是指用户在浏览器搜索栏内输入的内容，浏览器都支持地址栏搜索功能，无须转至搜索引擎，例如百度、谷歌等，在地址栏即可完成搜索过程。但即便如此，最终搜索的结果依旧会在设置的默认搜索引擎中呈现，如图6–63所示。

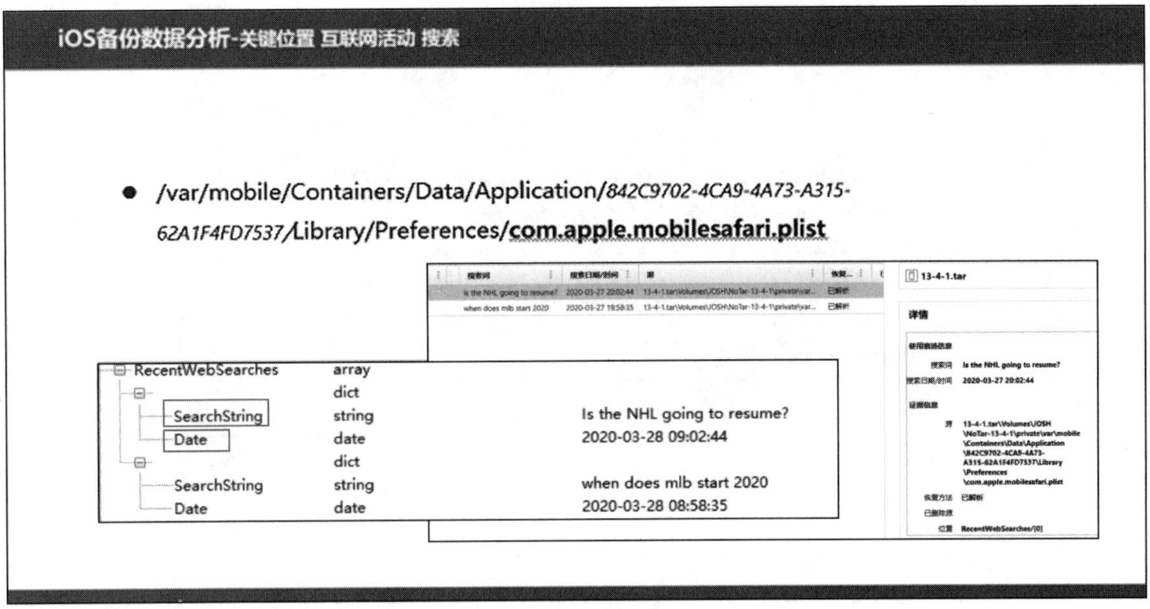

图6–63　互联网活动（6）

iOS系统中，数据库Bookmarks.db记录浏览器中保存的书签、收藏夹等内容，这里主要记录了标题和url地址，如图6–64所示。

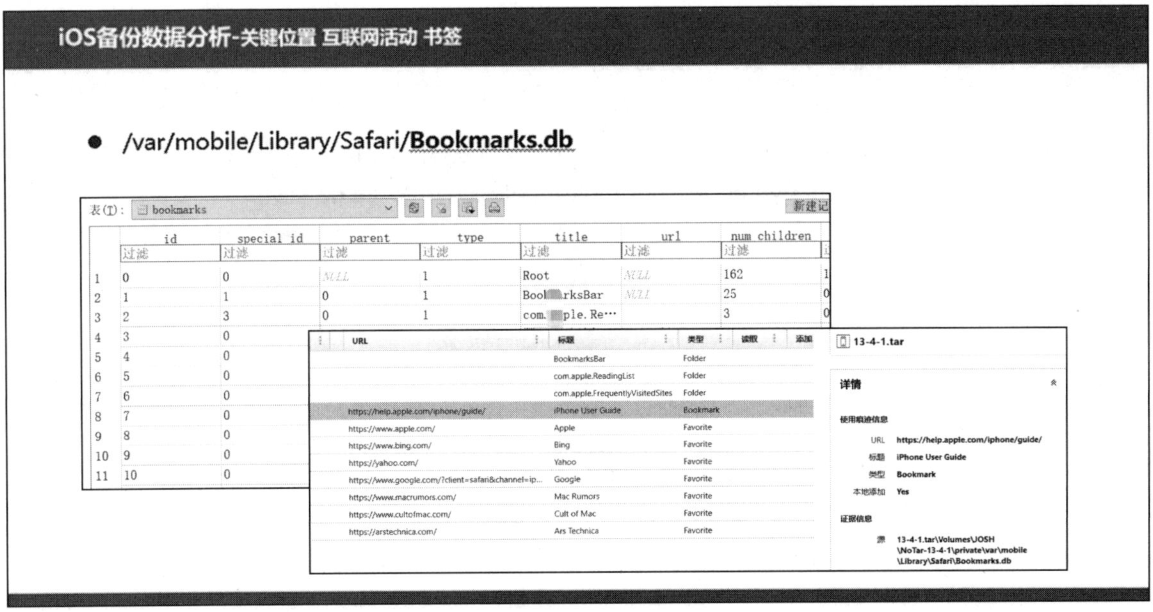

图6–64　互联网活动（7）

缓存数据库用于存储浏览器的cache缓存数据，表cfurl_cache_receiver_data中的entey_ID字段与表cfurl_cache_response中entry_ID列相互关联，如图6–65所示。

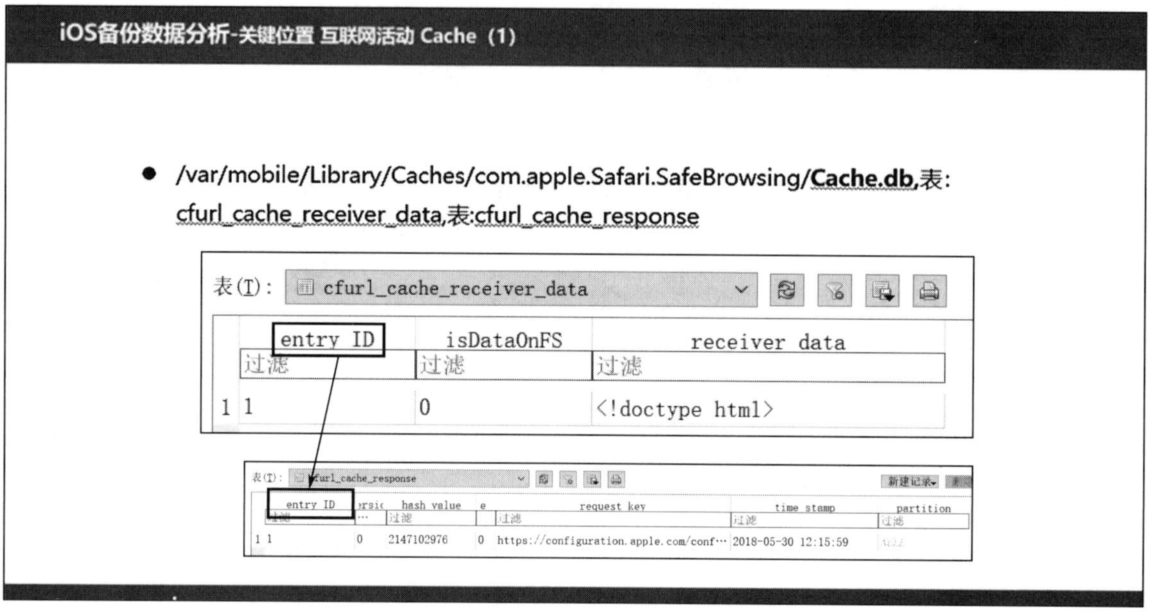

图6–65　互联网活动（8）

图6–66就是前文提到的，在cache中有时是可以获取到一些遗留下的图片文件，这些痕迹并非所有商业软件都能解析得到。BLOB类似于一个容器，写入其中的内容可以是二进制数据也可以是任意数据，不受数据库定义数据类型的限制。一般数据库中每条数据都被定义了

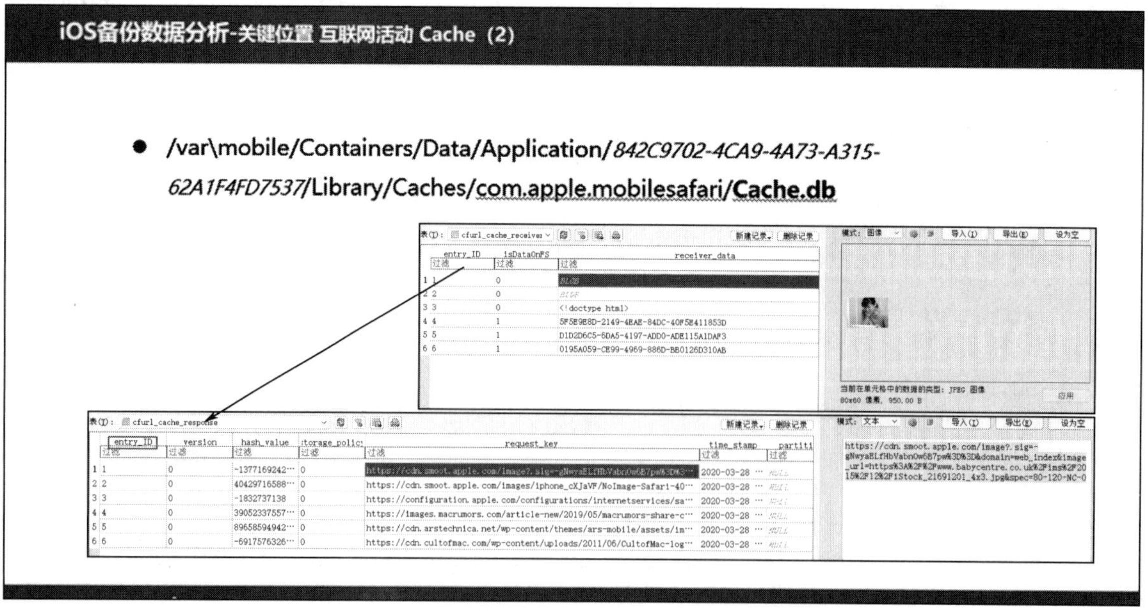

图6–66　互联网活动（9）

类型，例如文本型、字符串型等，但是BLOB中的数据不受数据库限制。所以，加密通信App非常喜欢使用BLOB，会在其中存储一些不易察觉的数据。

图6-67所示是使用AXIOM对cache进行解析的结果。

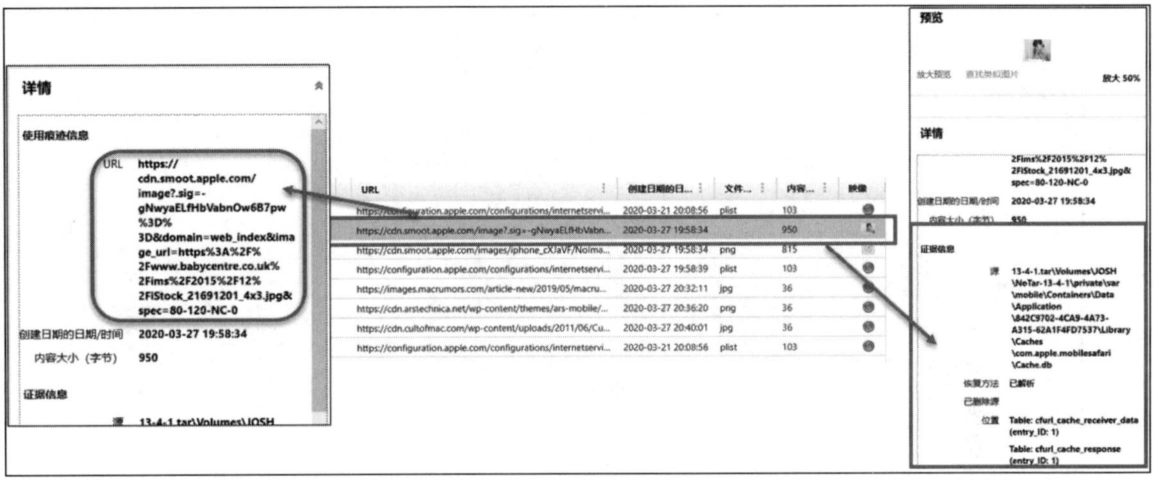

图6-67　互联网活动（10）

图6-68中的浏览器选项卡指的是所打开页面信息的缓存，表tab_sessions中tab_uuid字段与表tabs中uuid列相对应。

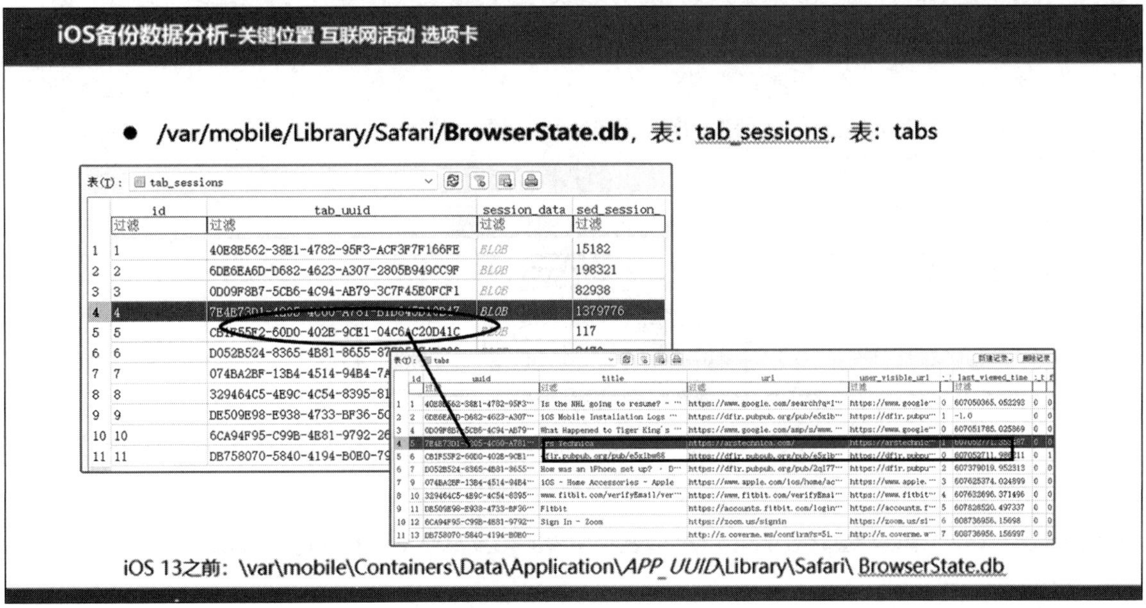

图6-68　互联网活动（11）

需要注意的是，在进行数据库手工分析时，不要遗忘了wal文件，其中同样包含着数据记录条目，只是未到checkpoint或者未达到1000条记录，所以未被写入db文件中，如图6–69所示。

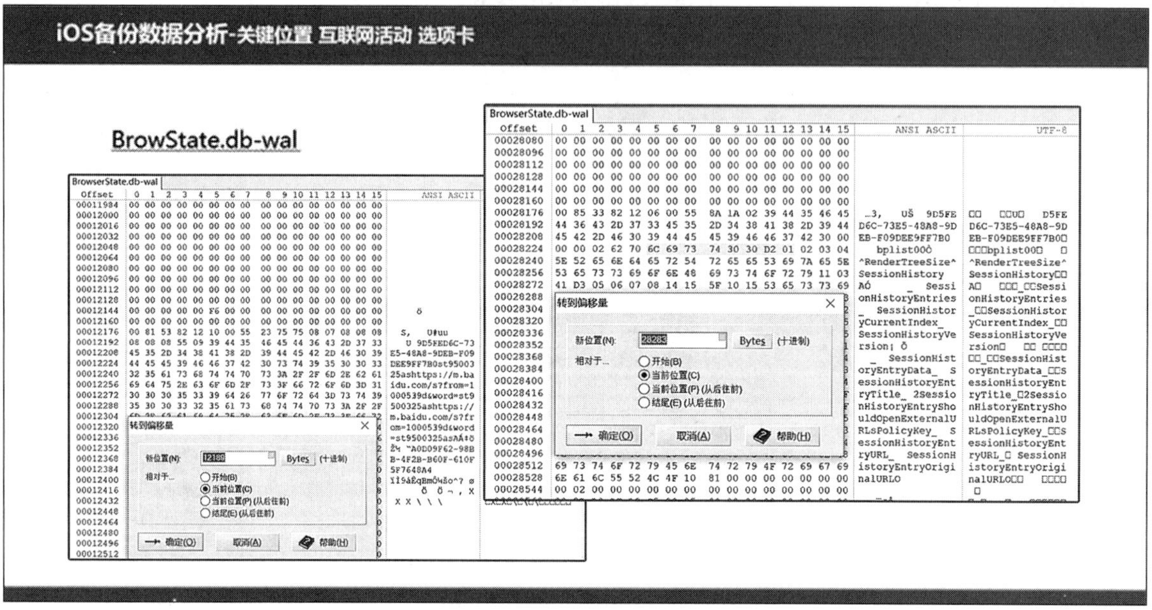

图6–69　互联网活动（12）

AXIOM作为一款综合的电子数据取证分析工具，支持Safari浏览器，也可以对iOS系统的缓存记录、书签、历史记录、选项卡等数据进行分析，如图6–70所示。

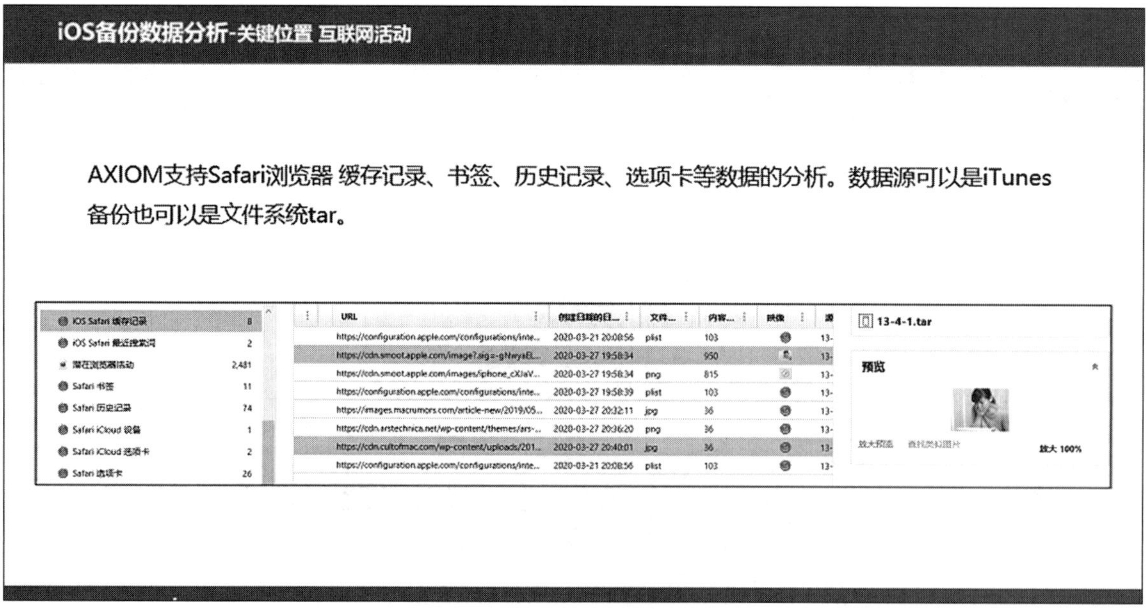

图6–70　互联网活动（13）

参考文献

［1］徐杰，梁广俊，徐家骐，等．电诈窝点勘查中计算机内存数据现场取证方法研究［J］．刑事技术，2023，48（5）：459-465.

［2］唐云阳．调查取证录音录像留存备查机制的解读及反思：以《监察法实施条例》第56条为视角［J］．西部法学评论，2023（1）：104-118.

［3］刘枧，邱平，苏顺华．苹果手机IOS系统3种取证方法测评对比研究［J］．中国人民公安大学学报（自然科学版），2020，26（4）：62-67.

［4］罗嘉炜．基于iOS平台的移动学习系统设计与实现［D］．桂林：广西师范大学，2019.

［5］CUI Y S，GUO M L，REN W Z．Design and construction of manuscript acquisition，editing and distribution platform based on iOS system［J］．IOP Conference Series： Materials Science and Engineering，2018，466：01298.

［6］季晨瑜．网络诈骗电子数据取证技术研究［J］．电脑知识与技术，2022，18（29）：67-70.

［7］刘少军，汪焕成．网络犯罪案件中电子数据取证问题研究［J］．湖北警官学院学报，2022，35（3）：16-28.

［8］张聪聪．侦查阶段电子数据取证规范性研究［D］．兰州：甘肃政法大学，2022.

［9］李子玉，于龙．公安机关开展电子数据取证工作的挑战及应对：基于公安大数据时代背景下的新思考［J］．山西省政法管理干部学院学报，2021，34（4）：65-68.

［10］王志刚，张雪．跨境电子数据取证的困境与出路［J］．重庆邮电大学学报（社会科学版），2021，33（5）：45-54.

［11］张波．浅谈案件侦办中手机电子数据取证现状及解决措施［J］．网络安全技术与应用，2021（9）：154-156.

［12］缪红．大数据背景下的网络犯罪电子数据取证研究［J］．电子技术与软件工程，2021（17）：235-236.

［13］尹鹤晓．电子数据侦查取证程序研究［D］．北京：中国人民公安大学，2019.

［14］李毅．电子数据取证发展概况［J］．中国信息安全，2019（5）：44-47.

［15］喻柳，李逸文，王筱彤．电子数据取证及验证问题研究［J］．法制博览，2018（13）：51.

［16］李自龙．网络犯罪案件的电子数据取证技术分析与应用研究［D］．兰州：甘肃政法学院，2018.

［17］李应骞．电子数据取证、保全、还原制度完善［D］．重庆：重庆邮电大学，2017.

［18］WU ZHAOXU，LUO HAIBO，PANG HAOMIN，et al. Research and practice of browser electronic data forensics based on SVM［P］. Neusoft Institute Guangdong （China），2022.

［19］WANG B，LIU Y X. Collection and judgment of electronic data evidence in criminal cases：From the perspective of investigation and evidence collection by public security organs［J］. Journal of Forensic Science and Medicine，2019，5（4）:187.

［20］傅桐乐. 电子数据取证中轨迹数据可视化应用研究［J］. 网络空间安全，2022，13（4）：35-39.

［21］陈光宣，刘雪花. 手机取证的挑战［J］. 中国信息安全，2019（5）：69-70.

［22］江汉祥. 电子取证面临的挑战与应对［J］. 中国刑事警察，2022（3）：4-6.

［23］HEBENTON B，LEE J，LU H，et al. Contemporary issues in crime，criminal justice and criminology in greater China：Editors' Introduction［J］. International Journal of Offender Therapy and Comparative Criminology，2021，65（4）：307-317.

［24］许正达. iOS平台数字取证系统的设计与实现［D］. 厦门：厦门大学，2018.

［25］刘畅. 基于云的网络安全框架下移动终端安全子系统的研究与实现［D］. 北京：北京邮电大学，2018.

［26］李海阳，王广峰，王国俊. 刑事侦查中电子数据取证的问题及规范建议［J］. 网络安全技术与应用，2023（2）：136-137.

［27］伍惠宇，李宇翔，郭铁涛，等. Android系统与iOS系统安全现状与趋势研究［J］. 保密科学技术，2020（3）：47-53.

［28］陈云云，梁达鹏. 基于大数据架构的电子数据取证技术研究［J］. 网络安全技术与应用，2022（3）：137-138.

［29］Chet Hosmer. 电子数据取证与Python方法［M］. 张俊，译. 北京：电子工业出版社，2017.

［30］於剑波. iOS应用隐私泄露检测技术的研究与实现［D］. 北京：北京邮电大学，2018.

［31］苏庆超. 基于iOS平台的手机取证系统的设计与实现［D］. 厦门：厦门大学，2017.

［32］王宇阳. 智能手机平台浏览器上网记录的提取与分析［D］. 长春：吉林大学，2015.

［33］陈飞. 智能移动终端应用数据取证技术研究［D］. 南京：东南大学，2015.

［34］刘浩阳. iOS设备取证技术［C］// 第29次全国计算机安全学术交流会论文集. 长春：出版者不详，2014：175-178.

［35］孙明泽. 初查阶段电子数据收集程序规制研究［J］. 广西社会科学，2020（10）：105-111.

［36］张鹤. 电子数据取证勘查调研综述［J］. 电脑知识与技术（学术版），2020（28）：34-38.

［37］唐昕淼. 数据挖掘在计算机动态取证技术中的应用分析［J］. 信息通信，2020（3）：160-161.